Bauwelt Fundamente 11

Herausgegeben von Ulrich Conrads
unter Mitarbeit von
Gerd Albers, Adolf Arndt,
Lucius Burckhardt, Werner Hebebrand,
Werner Kallmorgen, Hermann Mattern,
Julius Posener, Hans Scharoun,
Hansjörg Schneider

Julius Posener

Anfänge des Funktionalismus

Von Arts and Crafts zum
Deutschen Werkbund

Ullstein Berlin Frankfurt/M Wien

VERLAG ULLSTEIN GMBH · BERLIN · FRANKFURT/M · WIEN
Umschlagentwurf von Helmut Lortz
© 1964 by Verlag Ullstein GmbH, Frankfurt/M — Berlin
Alle Rechte, auch das der photomechanischen Wiedergabe, vorbehalten
Printed in Germany, Berlin West 1964 · Gesamtherstellung Druckhaus Tempelhof

Inhalt

Vorwort 7

William Richard Lethaby (1857–1931) 27

Aus seinen Schriften

Aphorismen 30
Architektur als Wagnis (1910) 34
Lehrjahre und Erziehung (1910) 36
Kunst und Handwerk (1913) 37
Moderne deutsche Architektur (1915) 38
Bestätigung: Hermann Muthesius, Die Zukunft der Deutschen Form (1915) 41
»Nationalökonomie« oder produktive Wirtschaft (1915) 42
Design und Industrie (1915) 44
Macht die Städte ordentlich! (1916) 46
Das Fundament ist Arbeit (1917) 47
Architektur und das moderne Leben (1917) 51
Städte, in denen man leben kann (1918) 53
Erziehung für Verständnis oder Erziehung für Tätigkeit (1919) 54
Ruskin: Niederlage und Sieg (1919) 54
Der Schwerpunkt (1920) 55
Wohnbau und Möbel (1920) 56
Architektur als Form in der Kultur (1920) 57
Industrie und der Begriff der Kunst (1926) 60
Architektur (1911) 61

Sir Thomas Graham Jackson (1835–1924) 67

Vernunft in der Architektur (1906), *Auszug* 68

Charles Francis Annesley Voysey (1857–1941) 71

Vernunft als Grundlage der Kunst (1906) 74
Aphorismen 75
Horace Townsend: Ein Urteil über Voysey aus der Zeit seiner Anfänge (1893) 76
Thomas Peatfield: Ein Urteil über Voysey aus dem Jahre 1962 93

Charles Robert Ashbee (1863–1942) 95

Die kunstgewerbliche Bewegung und ihr ethisches Ziel (1908) 97

Geoffrey Scott	105
Die Architektur des Humanismus (1914)	
Aus dem Kapitel »Die romantische Irrlehre«	106
Hermann Muthesius (1861—1927)	109
Aus seinen Schriften	
Das Englische Haus (1904), *Auszüge*	
Einleitung	117
Das Elisabethanische Haus	118
Das Palladianische Haus	120
Das Haus während des Kampfes des Klassizismus mit dem Romantizismus	121
Die Entwicklung des modernen englischen Hauses	
A. Unter den älteren Architekten	122
B. Unter den jüngeren Architekten	132
Ergebnis	146
Inneneinrichtung	147
Stilarchitektur und Baukunst (1903)	150
Die Bedeutung des Kunstgewerbes (1907)	176
Wo stehen wir? (1911)	187
Das Formproblem im Ingenieurbau (1913)	191
Die Tagung des Deutschen Werkbundes in Köln, Juli 1914	
Hermann Muthesius: Die Werkbundarbeit der Zukunft, *Auszug*	199
Bemerkung zur Tagung	204
Hermann Muthesius: Leitsätze	205
Henry van de Velde: Gegen-Leitsätze	206
Aus der Diskussion	
Peter Behrens	208
August Endell	208
Hermann Obrist	209
Karl Ernst Osthaus	210
Richard Riemerschmid	211
Wilhelm Ostwald	213
Bruno Taut	214
Walter Riezler	215
Rudolf Bosselt	218
Robert Breuer	218
Jòszef Vàgò	219
Erich Pistor	220
Karl Schaefer	221
Schlußwort von Hermann Muthesius	222
Friedrich Naumann: Werkbund und Weltwirtschaft	223
Karl Scheffler: Über die Auseinandersetzung im Deutschen Werkbund	225
Schluß	
Hermann Muthesius: Die neue Bauweise (1927), *Auszug*	228
Register	230

Vorwort

Haß ist klarsichtig. Im Jahre 1914 veröffentlichte Geoffrey Scott sein Buch: »The Architecture of Humanism«, in dem er mit den Theorien abrechnet, die seit Ruskin und Morris, ja, um genau zu sein, seit Pugin und Willis, also seit den dreißiger Jahren des neunzehnten Jahrhunderts in England herrschten. Er versucht, diese Theorien Punkt für Punkt zu widerlegen, und geht zu diesem Zweck mit den verschiedenen »Irrlehren« (fallacies) des Jahrhunderts ins Gericht. Er nennt die Folgenden: die romantische Irrlehre, die mechanische, die ethische, die biologische, endlich die akademische Tradition. Damit nennt er die Wurzeln des Funktionalismus; sogar die akademische Tradition (Guadet) gehört dazu.
Im Grunde enthält die romantische Irrlehre bereits die anderen — mit Ausnahme der akademischen Tradition. Durch ihren Hinweis auf das Mittelalter hat sie die Gotik wiederentdeckt, wiederbelebt, und die Gotik bot sich wie keine andere Architektur fruchtbaren Deutungen an. Da ist zunächst die im eigentlichsten Sinne romantische Deutung der Gotik als einer natürlichen, gewachsenen Baukunst, im Gegensatz zur künstlichen und komponierten Architektur der Renaissance: also Natur gegen Kunst; und Natur heißt Funktion. Da ist ferner die Deutung der mittelalterlichen Handwerksarbeit in den Gilden als einer Tätigkeit reiner Hingabe ans Werk; in Freiheit, die der Phantasie Raum läßt, zugleich aber auch in Bindung an die Regeln guten Handwerks: Ehrlichkeit, Gediegenheit und Sachlichkeit; und diese Sorgfalt wurde nicht allein der Kathedrale gewidmet, sondern auch jedem Gegenstand für den täglichen Gebrauch, dem Tisch, dem Stuhl, dem Hause. Das Haus aber trat um die Mitte des 19. Jahrhunderts entschieden in den Vordergrund. Man beschäftigte sich — wie nie zuvor — mit seinen Erfordernissen, und bereits Pugin, der erste ernsthafte Gotiker, hatte aus dem mittelalterlichen Haus das Fazit gezogen, »es solle an einem Gebäude nichts in Erscheinung treten, was nicht für die Bequemlichkeit, die Konstruktion und die Bestimmung des Baues notwendig sei. Das kleinste Detail solle einem Zweck dienen, und die Bauweise solle sich nach dem verwendeten Material richten«.
Endlich aber bietet sich die Gotik auch der wissenschaftlichen Deutung an.
Ihre Formen wurden als bedingt von der Konstruktion verstanden. Auch diese Deutung hat ihren Ursprung in England, bei Willis, obwohl sie ihre klassische, über die Gotik hinaus gültige Ausprägung in Frankreich erhalten hat, durch Viollet-le-Duc und Choisy.

Die Romantik bringt die Gotik in das Blickfeld zurück; jene andere Neigung des Jahrhunderts, der Rationalismus, leitet aus ihr die beiden Grundthesen dessen ab, was man Funktionalismus nennen kann: »Die Form folgt der Funktion«, wie Sullivan das später ausgedrückt hat, und die »Form folgt der Konstruktion.«

Beide Lehren aber erhalten ihren Nachdruck durch ihren ethischen Ton. Die Architektur, so wollten es die Propheten der Bewegung, solle wieder ehrlich werden, wieder das zur Erscheinung bringen, was im Bau »wirklich« ist; sein Programm sollte an seiner Form ablesbar sein — die Form folge der Funktion — und die Mittel, das Programm zu materialisieren ebenfalls — die Form folge der Konstruktion.

Vitruvius hatte die drei Grundbedingungen für gutes Bauen in die Ausdrücke gefaßt: Festigkeit, Gebrauch, Augenfreude — in Wottons englischer Übersetzung: firmness, commodity, delight. Der Funktionalismus strengster Form sagt nun: Löse die Aufgabe dem Zweck entsprechend, wähle die Konstruktion, die ihn am besten in dem vorgegebenen Material verwirklicht, und die Schönheit wird sich von selbst einstellen. Um es in Vitruvius-Wottons Worten auszudrücken: Kümmere dich um commodity und firmness, und delight wird die Folge sein: Was wir als Schönheit empfinden, sagt diese Lehre, ist die Eigenschaft, welche unser Auge im Angemessenen entdeckt. Im Grunde ist dies eine sehr ehrwürdige Lehre, wie denn bereits Thomas von Aquino sagt, daß das Schöne der Glanz des Wahren sei.

Dieser Funktionalismus strengster Observanz hat in der Theorie der Architektur meines Wissens keinen einzigen Vertreter gefunden. Viollet definiert den Begriff Stil als die sichtbare Eigenschaft des Angemessenen (Dictionnaire Raisonné de l'Architecture), nicht aber den der Schönheit, und vielleicht zeigt sich die Einwirkung der akademischen Tradition in der Art, wie selbst entschiedene Funktionalisten — wie Le Corbusier in seinen Anfängen es war — oder Konstruktivisten — wie Perret — darauf bestehen, daß die Schönheit woanders herkommen müsse, nämlich von dem, was Perret »die ewigen Gesetze« nennt — nach Guadet, ganz offenbar — und Le Corbusier Maß, Zahl und Ordnung, was ja im Grunde das gleiche ist.

Die Engländer bleiben der Grundlehre des Funktionalismus viel näher, und Lethaby fordert geradezu: man tue das Richtige, tue es gut und mit aller Liebe, die gute Arbeit verdient, und denke nicht an Schönheit, noch weniger an Kunst. Muthesius, in seiner englischen Zeit, sieht das Problem der Beziehung zwischen Wesen und Form genauer an. Er erkennt an, daß die Schönheit sich nicht von selbst einstelle, nicht sozusagen eine Funktion der Funktion sei, da es ja vollkommen zweckentsprechende Gebilde gebe, die der Schönheit ermangeln. Er meint aber, daß der Mensch, der etwas macht, immer danach strebe, seinem Gegenstand Form zu geben, mag dieses Streben nun bewußt sein oder instinktiv. Auch der Ingenieur treffe eine Wahl, gebrauche seine Phantasie, auch bei ihm sei die Konstruktion nicht das Ergebnis einer Berechnung. Es genüge offenbar nicht, daß ein Gegenstand seinem Zweck diene und sich in einer dem Zweck und dem Material angemessenen Weise verwirkliche: er müsse sein Dienen und seine Konstruktion ü b e r z e u g e n d zur Anschauung bringen. Damit vermeidet er jene Dichotomie, welche die Theorien Le Corbusiers logisch unbefriedigend macht. Ein Haus, sagt diese Theorie, ist eine Wohnmaschine. Das ist reiner Funktionalismus. Zugleich aber sagt sie, Architektur sei Ordnung, Maß und Zahl, und das Spiel des Lichtes auf geometrischen Körpern. Das ist ganz etwas anderes, und beides ist nicht auf den gleichen Nenner zu bringen. Le Corbusier hat den Versuch unternommen, hier eine Einheit herzustellen, indem er behauptet hat, daß jene rein geometrischen Körper sich immer dann sozusagen automatisch einstellen, wenn der Ingenieur seine Aufgabe sachlich zu Ende denkt. Das läßt sich aber nicht beweisen. Die Beispiele, die er gibt: Schiffe, Flugzeuge und Wagen seiner Frühzeit sind in der Tat komplexe Gebilde, die sich aus einfachen Elementen aufbauen. Heute sind solche Arbeiten des Ingenieurs im Umriß geschlossen, von einheitlichem Gesamtbau, aber geometrisch keineswegs einfach. Die Formen, die das Ergebnis der gedanklichen Durchdringung der Ingenieuraufgabe sind, sind also durchaus andere, sind das Gegenteil der Formen, die Le Corbusier postuliert hatte und in gewissen Arbeiten seiner Zeit zu erkennen glaubte. Die Dichotomie seiner Theorie bleibt ungelöst.

Nun ist aber Funktionalismus, wie wir den Ausdruck heute als ein Streben und einen Stil der zwanziger Jahre auf dem Kontinent verstehen, nicht lediglich die Anwendung einer allgemeinen Theorie des Architektonischen, oder, weiter gefaßt, eines jeden Gegenstände herstellenden Schaffens. Es kommen zwei Bedingungen hinzu:

1. daß der Architekt sich der neuen Materialien bediene und sie unbelastet vom Überkommenen, von den aus früher gebrauchten Materialien hergeleiteten Schönheitsvorstellungen, anwende;

2. daß sein Werk dem Geist und der Lebensform unseres Jahrhunderts entspreche.

Die erste Bedingung war bereits den großen Franzosen klar. Sie ist eine Folge ihrer Stillehre, welche sagt, daß jede Epoche aus den ihr gegebenen Materialien und Konstruktionen ihren Stil entwickelt habe; demnach sei es die Sache der neuen Zeit, eine Metallarchitektur zu entwickeln. Ruskin hat diese Theorie gekannt und ausdrücklich abgelehnt. Die zweite Bedingung spielt eine erheblich größere Rolle in der Formierung des Stils, den man den funktionalistischen nennt. Auch Lethaby — und Muthesius — hat eine Architektur verlangt, die den veränderten Bedingungen des Lebens entspreche. Den Funktionalisten der zwanziger Jahre aber genügt das nicht: sie verlangen eine Architektur, welche die veränderten Lebensbedingungen a u s d r ü c k e. Diesem Ziel dient die Versammlung aller Künste im Bauhaus, das Verlangen nach kubistischer Form, nach dynamischer Form. Das geht über die Forderung, daß der Zweck sich im Bau darstellen müsse, und die Entwicklung einer neuen Bauweise aus neuen Materialien hinaus, und der Unterschied ist, scheint mir, entscheidend: die Bewegung der zwanziger Jahre ist in letzter Analysis eben doch wieder eine stilistische Bewegung.

Dies ist der Grund, warum man die englische Bewegung, welche in den Schriften Lethabys und den Bauten Voyseys gipfelt — also in der Zeit zwischen 1890 und 1907 — mit Fug funktionalistisch nennen darf, wenn man an die allgemeine Theorie des Funktionalismus denkt. Man kann sie aber nicht funktionalistisch nennen, wenn man an den Stil denkt, welcher in den zwanziger Jahren auf dem Kontinent diesen Namen für sich beansprucht. Die englische Bewegung lehnt die Maschine und die neuen Materialien nicht geradezu ab — insofern ist sie über Ruskin erheblich hinausgegangen; aber sie behandelt sie mit Vorsicht; und trotz einiger sehr entschiedener Äußerungen von Lethaby und einigen anderen, Jackson im besonderen, kann man sagen, daß die englische Bewegung sich von ihrer Beziehung zum Mittelalter nie völlig gelöst hat.

Die englische Bewegung kam aus der Wiederbelebung der Gotik; die ersten Architekten des englischen Landhauses, Webb, Shaw, kamen aus dem Büro des letzten großen Gotikers, Street. Über das Malerische, die freie Gruppierung, kam man sozusagen unwillkürlich zum freien Plan. Das Malerische hatte bereits Nash in seinen gotischen Villen am Regents Park angestrebt, und sogar vor ihm John Buonarrotti Papworth in seinen Musterblättern für kleine »Cottages«. Nun aber begann man, die mittelalterlichen Häuser genauer anzusehen und über die malerische Gruppierung hinaus das Haus als Organismus zu entdecken; und Shaw befreite sich genügend vom rein Stilistischen, um imstande zu sein, den freien Plan auf seinen neuen Stil anzuwenden, den er, kunstgeschichtlich wenig genau, »Queen Anne« nannte. »Wir waren«, sagte er bereits in den siebziger Jahren, »alle sehr gotisch, und wir hatten alle sehr unrecht.« Immerhin hielt man sich noch an einen Stil, sei es nun der Neugotische oder sei es der Queen-Anne-Stil des Gartenvorortes Bedford Park (Shaw); aber in den letzten Jahrzehnten des Jahrhunderts wurde das stilistische Element auf ein Minimum reduziert. Die Häuser von Baillie Scott und besonders die von Voysey waren von etwas Mittelalterlichem abgeleitet, gewiß, aber wovon? Ganz gewiß nicht mehr von dem schloßartigen Manorhouse, sondern von dem allgemeinsten Haustyp der Vergangenheit, dem Bauernhaus der Cotswolds oder Northumberlands, w e n n sie von ihm abgeleitet waren; sie hatten seine breiten, gekuppelten Fenster, sie hatten seine verhältnismäßig flache Dachneigung; aber schon das Material war anders: an Stelle des Steinbaues der Cotswolds waren diese Häuser fast alle rauh verputzt, und die steinernen Fensterrahmen waren in die Putzflächen eingesetzt. Die Fenster wurden zu Bändern vereinigt, besonders im Obergeschoß; und den Aufbau eines Voyseyschen Hauses kann man ebenfalls nicht mehr mittelalterlich nennen: diese meist sehr langen, niedrigen Baukörper, in denen eine Zeile von Räumen aufgereiht ist, sind neu, verlassen die Vorbilder der Vergangenheit. Das Dach vollends, einheitlich, scharfkantig, mit kleinen Schieferplatten gedeckt, gehört durchaus unserem Jahrhundert an. Die englische, freie Architektur war entstanden, oder, wie Lethaby im Jahre 1915 sagt, sie war »very, very nearly« entstanden; und das Programm dieser Häuser war keineswegs mehr das des Mittelalters.

Das Manorhouse hatte in seinem Kern die Halle, einen durch eine lange Tradi-

John Nash, The King's Cottage, Windsor. 1814

tion vorgegebenen Raum-Organismus, und an diese reihten sich je nach Bedarf einzelne Räume an. Die Halle selbst und ihre unmittelbare Umgebung: die Wirtschaftsräume auf der einen Seite, die Schlafräume der Besitzer und ihre Söller an der anderen, hinter dem Eßtisch des Herrn und seiner Familie, waren ein Organismus, das ganze Haus war jedoch eine Summe loser Einzelteile, und oft stand über jedem einzelnen seiner Räume ein eigener Giebel. Voyseys Häuser sind als ein Ganzes geplant, aus der alten Wohnhalle ist die Treppenhalle geworden, an sie schließen sich die verschiedenen Wohnräume an und weiterhin die Schlafräume und in ihrem besonderen Flügel die Wirtschaftsräume. Die großen Häuser der Zeit[1] entsprechen einem äußerst differenzierten Raumprogramm. Es genügt nicht mehr, ein Eßzimmer zu haben, man braucht ein besonderes Frühstückszimmer. Es genügt nicht, ein Wohnzimmer zu haben; das Leben im Landhaus, wie es sich im neunzehnten Jahrhundert entwickelt hat, verlangt Rauchzimmer und Bibliothek für die Herren und einen besonderen »drawing room« — ursprünglich »withdrawing room«, den Raum, in den man sich zurückzog — für die Damen, nach dem Abendessen. Aus dem Schlafzimmer der Eltern war eine Raumgruppe geworden, mit Bad und Ankleidezimmer, in welchem ein Sofa oder ein Bett für den Herrn stand. Die Kinder hatten neben ihren Schlafräumen ihr Spielzimmer und auch ihr Schulzimmer. Der Wirtschaftsflügel war schon im Mittelalter eine vielgliedrige Raumgruppe gewesen, mit den verschiedenen Räumen für den Küchenbetrieb, der buttery, dem Raum des

---

[1] Voysey baute meist kleinere Landhäuser.

Great Dixter, Northiam, Sussex. Um 1450. Die große Halle mit offenem Dachstuhl

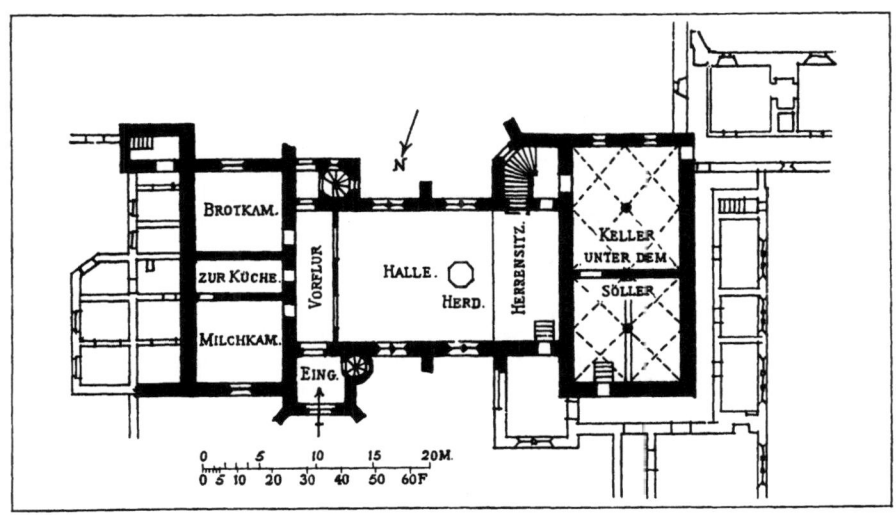

Schloß Penshurst Place, Kent. Um 1350. Grundriß

Butlers, der Gesindehalle und den Schlafzimmern der Dienerschaft. Endlich gab es Spezialräume, wie die Galerie, den Billardraum, das Treibhaus. Ein jeder dieser Räume stand für sich, enthielt seine eigenen Unterteilungen: Erker, Kaminnische, Bücherecke, und hatte möglichst nur eine Tür. Der Garten setzte diesen vielgliedrigen Organismus fort: zum Wirtschaftsflügel gehörte der Küchengarten, zum drawing room der Rosengarten usw. Man begann diese Räume und Raumgruppen zu orientieren: die Schlafzimmer nach Osten, die Küche nach Norden, die besten Wohnräume nach Süden und Westen, aber das Frühstückszimmer wieder nach Osten oder Südosten. Allenfalls kann man sagen, daß dieses Eigenleben der Räume auf mittelalterliche Gewohnheit zurückgeht; aber als Ganzes ist dieses komplexe Gebilde, das englische Landhaus, etwas Neues und seine Architektur ist funktionsbedingt. Die Baumaterialien und die Bauelemente sind die alten geblieben, die Bauformen sind es bereits nicht mehr. Neu ist auch die Einfachheit dieser Räume und des äußeren Aspektes der Häuser. Voysey war einer der führenden Kunstgewerbler seiner Zeit. Er hat sich jahrelang damit beschäftigt, Tapeten zu entwerfen, ehe er anfing, selbständig zu bauen; aber in seinen Häusern findet man keine Voysey-Tapeten. Im Grunde hat er die Tapete verachtet. Wenn man in klare, moderne Räume die üblichen schlechten Möbel stellen muß, sagt er, so mag eine Tapete immerhin dazu dienen, diese Scheußlichkeiten zu übertönen und den Raum zusammenzubinden; aber ideal sei das nicht, er bevorzuge leichte, lichte Anstriche. Man dürfe dem Auge niemals zu viele Formen und Farben zumuten. Er entwickelt eine psychologische Theorie der häuslichen Architektur, eine wesentlich negative, die sich aber durchaus sehen lassen kann: es ist ihm um das Ausscheiden jeder Beanspruchung des Menschen durch seine Umgebung zu tun: die Umgebung soll den Menschen sammeln, sie soll ihm wohltun, sie soll ihm Vertrauen einflößen, und da sie überdies in jeder Einzelheit vom Menschen für den Menschen geformt ist, so wird er sie nicht lediglich ertragen, sondern lieben können. Als dann der Funktionalismus kontinentaler Prägung in den dreißiger Jahren nach England kam, hat man Voysey noch zu seinen Lebzeiten zum ersten Male »entdeckt« und ihm die Ehre erweisen wollen, ihn als einen »Vorläufer« in die Reihe der älteren Meister des Funktionalismus einzureihen; er hat sich entschieden dagegen verwahrt.

Denn das englische Landhaus, neu als Organismus, bewußt funktional als Planung, von einer Flächigkeit und Schärfe der Formen, die unserem Jahrhundert angehört, ist alt in seiner Bauart und romantisch in seiner Haltung und in seiner Poesie. Die Poesie des Hauses und des Gartens, des Lebens der Familie in dieser Umwelt ist romantisch, der Sinn für gutes Handwerk, welcher es bis in jedes einzelne Möbel durchdringt, ist romantisch und auf das Mittelalter bezogen; zugleich aber sind eben diese Dinge der Lebensreform zugewandt.

Der Weg von der Romantik über die neue Gotik zur Lebensreform ist ein gerader Weg: im Grunde war die Reform bereits in Pugins Werk »Kontraste« sichtbar, sie erscheint stärker, bewußter in Ruskins ethischer Begründung der Ästhetik, in Morris' Handwerksgilden-Sozialismus; seit etwa 1890 ist sie der Motor der gesamten, auf breiter Front vorstoßenden Bewegung des Kunstgewerbes, der Rückkehr zum Lande und zur Natur, der neuen Frauenkleidung, des Landhauses, der Gartenstadt. Im Namen des Einfachen, des Echten, des Natürlichen, des vollen Lebens, einer reinen Beziehung des Menschen zu den Dingen seiner Umwelt liefen alle diese Bewegungen. Sie sind gegen das Kommerzielle, gegen die Maschine, gegen die Großstadt gerichtet. Sie sind gegen Rausch und städtische Vergnügungen, gegen die Lernschule und das reine Buchwissen und für die Erhaltung der Fähigkeit der menschlichen Hand; sie sind gegen die Massenproduktion von Schund und für die Einzelproduktion von Qualitätsgütern, sie wollen zwischen wichtigen und unnötigen Gegenständen für das tägliche Leben unterscheiden. Und unter diesen Bewegungen ist die von Morris gegründete Bewegung der Arts-and-Crafts die wichtigste. Kunstgewerbe ist keine genaue Übersetzung dieses Ausdrucks. Rein sprachlich mag das Wort angehen; was man aber in Deutschland unter dem Wort Kunstgewerbe verstanden hat und noch versteht, hat kaum jemals den Anspruch erhoben, wichtigstes Agens in einer Reform des ganzen Lebens zu sein[1]: nicht nur eine bessere Umwelt herzustellen, sondern zu bewirken, daß das Leben selbst wieder wirklich werde. Dies aber ist der Sinn der Arts-and-Crafts-Bewegung in England und das Verlangen, welches Männer wie Lethaby und Ashbee immer und immer wieder vortrugen: daß das Leben wieder wirklich werde.

---

[1] Immerhin kommt Muthesius in seinem Vortrag von 1907 über die Bedeutung des Kunstgewerbes dieser englischen Auffassung nahe.

Astley Hall, Lancashire, 17. Jahrhundert. Gartenseite

Freilich konnte eine solche Bewegung der Maschine nicht freundlich gegenüberstehen, und die Bedeutung neuer Baumaterialien berührt sie nur wenig. Was vollends den Lebensstil der neuen Zeit angeht, so hat sie ihn verabscheut; den Stil, meine ich: die neuen Lebens b e d i n g u n g e n hat sie als Bedingungen für die gestaltende Arbeit voll anerkannt. Bei aller Ähnlichkeit in der Theorie also und trotz des verwandten Klanges gewisser Grundthesen ist die englische Bewegung von dem Funktionalismus der zwanziger Jahre völlig verschieden.
Und so stirbt diese Bewegung in den ersten Jahren des Jahrhunderts ab; man kann es nicht anders nennen. Man kann auch nicht den Krieg von 1914 für dieses Verwelken der Bewegung verantwortlich machen. Dies liegt vorher. Der Krieg besiegelt nur dieses Ende; denn freilich war eine Rückkehr zu der optimistischen Stimmung der Lebensreform in einem reichen Land, welches meinte, es stünde auf der Schwelle eines im großen und ganzen friedlichen Überganges zu einem insularen Sozialismus, nach 1918 nicht mehr möglich; aber das Ende der Bewegung liegt vor 1914. Vor der Jahrhundertwende bereits verlassen einige Architekten die »freie englische Architektur« und kehren zum achtzehnten Jahrhundert zurück. Es erscheint jene englische Form des Wilhelminismus, die man dort als »Edwardian Baroque« bezeichnet (nach Edward VII.). Und wie um zu zeigen, daß der gerade Weg nach vorn versperrt war, kehren die »modernen« Architekten ihrerseits zu dem Ursprung ihrer Bewegung zurück, zur Neugotik. Voysey hatte noch in einem vagen »Queen-Anne«-Stil begonnen, wenigstens zeigen einige seiner frühen Häuser Formen aus dem Arsenal von

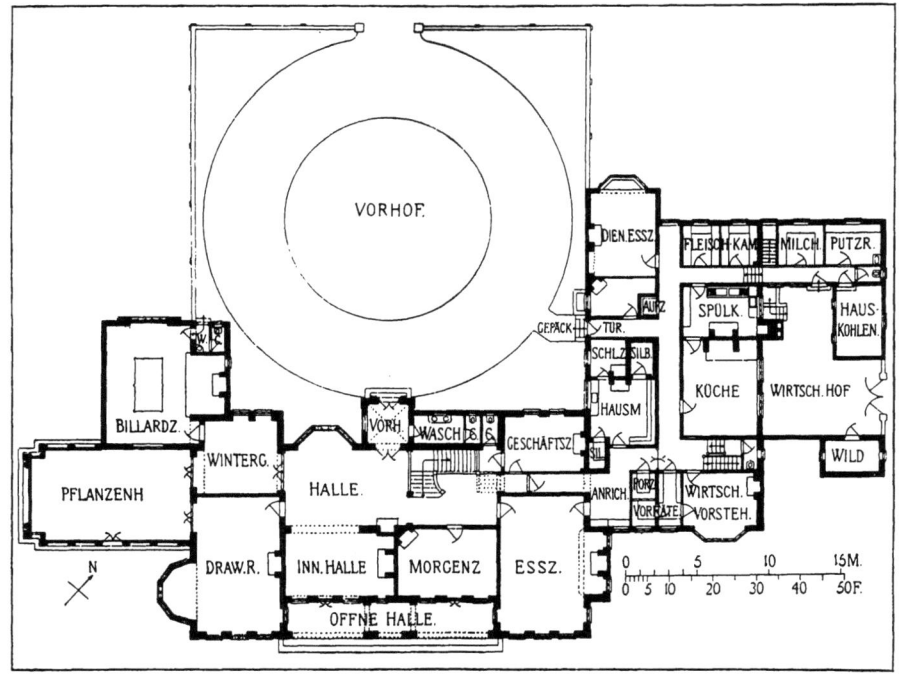

A. N. Prentice, Cavenham Hall, Suffolk. Grundriß des Erdgeschosses

Norman Shaw. (Shaw selbst hatte die Rückkehr zu klassischen Formen und zu axialer Planung bereits vollzogen.) Jetzt aber, seit etwa 1905, erscheinen zum ersten Male gotische Formen in seinen Entwürfen: der gotische Stil protestiert gegen den »georgian« Stil, einen Stil der Renaissance; die »freie Architektur« ist sozusagen zwischen die beiden stilistischen Stühle gefallen. Im Jahre 1914 findet die Rückkehr zur Renaissance ihre Doktrin in dem Buch von Geoffrey Scott, The Architecture of Humanism. Es ist anti-romantisch, anti-konstruktivistisch, anti-funktionalistisch; es betrachtet die Architektur wieder als eine reine Kunst, welche ihre Werte in sich selbst trägt und nicht in den poetischen, wissenschaftlichen oder gar ethischen Forderungen, die man an sie gestellt hat. Im Jahre 1908 hat Ashbees »Gilde des Handwerks« sich, wie er es ausdrückt, »zeitweise« ruiniert. Es war aber kein zeitweiser Ruin, der Ruin war endgültig; das heißt, der stärkste Vorstoß der kunstgewerblichen Bewegung als einer Macht, die das Leben reformieren wollte, ist gescheitert. Lethaby war sich dessen, was geschehen war, klarer bewußt als irgendein anderer: In dem Vortrag aus dem zweiten Kriegsjahr über die neue deutsche Architektur spricht er es deutlich aus:

England hat sich schlafen gelegt. Deutschland hat das große englische Experiment für sich selbst verwertet und benutzt es zu neuen, anderen, eigenen Zwecken. Ja, er nennt den Namen des Mannes, welcher diese Übertragung der englischen Leistung und der englischen Philosophie nach Deutschland bewirkt hat: Muthesius. Es ist reizend, wie er diesen Namen im Krieg nennt, mit Abneigung zuerst: er ist hergeschickt worden, man hat ihn der Gesandtschaft beigegeben, um zu spionieren; er hat alle besucht, die irgend etwas mit dem englischen Hausbau zu tun haben, er hat sie studiert, tabuliert, registriert, »und, man muß schon sagen, er hat sie verstanden«. Mitten in dem Ärger, in den er sich hineinzusteigern versucht, erscheint das Bild Hermann Muthesius', den er gut gekannt hat: eines kultivierten, bemühten, verständnisvollen, ja begeisterten Adepten, der das englische Landhaus besser verstanden hat als die Engländer selbst. Lethaby sieht auch klar, was Muthesius aus der kunstgewerblichen Bewegung gemacht hat: Ihm ist es gelungen, jene Assoziation zwischen Künstlern, Fabrikanten und Kaufleuten ins Leben zu rufen, den Deutschen Werkbund nämlich, die Lethaby und seine Freunde in England vergeblich schaffen wollten.
Nur der Gartenstadtbewegung ist es gelungen, nach der ersten Gründung von 1903 in Letchworth eine zweite nach dem Krieg (1922) in Welwyn zu bewirken; damit ist auch dieser Teil der englischen Reformbewegung am Ende angelangt[1].
Muthesius kam 1896, am Todestag von Morris, in England an und blieb sieben Jahre dort. Lethaby spricht die Wahrheit: er ist dorthin geschickt worden, und zwar auf Anregung von höchster Stelle. Sein Vorgesetzter im preußischen Finanzministerium, Herr von Seefeld, war dann der erste, der im Jahre 1904 den Mut hatte, sich von ihm ein englisches Landhaus in Zehlendorf bauen zu lassen, ein Haus mit weißem Rauhputz, mit tief heruntergezogenem Dach, niedrigen Räumen, einem Erdgeschoß in Höhe des Gartens, also ohne den in Deutschland bis dahin üblichen Hochkeller, mit Kaminen und Erkern. Dieses Haus machte im Jahre 1904 Sensation, und die Leute pilgerten nach Zehlendorf, um es zu sehen.
Damit beginnt Muthesius seine ausgedehnte Praxis als der Architekt des »englischen Landhausstils«. Sein bestes Haus ist wahrscheinlich das Haus seines Nachbarn Freudenberg in Nikolassee, dessen gebrochener Grundriß einen sehr eigenartigen Plan des englischen Architekten Prior abwandelt und entwickelt. Wenn irgendwo, so hat er in diesem Haus sein Wollen verwirklicht.
Ebenso wichtig aber wie seine eigenen Bauten war das dreibändige Buch »Das englische Haus«, welches er von England mitbrachte. Der erste Band ist der Geschichte, der zweite dem Plan und Aufbau, der dritte dem Innenraum des englischen Hauses gewidmet. Der englische Einfluß war bereits vor Muthesius' Entdeckung in Deutschland fühlbar. Trotzdem kann man sagen, daß er ein neues Land entdeckt hat, ein Vorbild, und jede Seite des Buches vibriert von

---
[1] In diesem einen Fall kann man allerdings von einem Wiederaufleben nach dem zweiten Kriege in den sogenannten Neuen Städten sprechen.

seiner Entdecker- und Lehrerfreude. Dabei ist das Buch nicht unkritisch; da er den gesamten Komplex des englischen Hauses zu behandeln hatte, so hatte er auch von den erbärmlichen Reihenhäusern für die Armen zu sprechen. Da er bestimmte Typen der neuen englischen Architektur, also Baillie Scott, Bidlake, Walton und die frühen Bauten von Lutyens als Vorbilder zeigen will, so hat er immerhin seine Zweifel, bei aller Bewunderung, an dem fürs tägliche Leben zu hohen Ton der Innenräume von Mackintosh[1]. Der Hauptteil des Buches ist dem englischen Landhaus gewidmet, wie es sich seit jenem Red House für Morris (Architekt Philip Webb) entwickelt hatte. Das Leben, dem es dient, und die Art, wie es ihm dient, sind der Gegenstand seiner klugen und einsichtigen Verehrung. Die Sachlichkeit, die liebevolle Sorgfalt, mit der der einzelne Raum, ein komplexer Organismus, seinen Zwecken gemäß geformt ist, der Mangel an Prätention, an Ostentation, die luxuriöse Bescheidenheit, die Sicherheit im Auftreten dieser Architektur für den Alltag — die der ihrer Bewohner entspricht —, ihre Einfachheit, ihre Naturverbundenheit: der enge Zusammenhang des vielgliedrigen Hauses mit dem vielteiligen Garten, seine Poesie des Alltags, die Gediegenheit seiner Möbel, ja, auch die »neue Schönheit« seiner Badezimmer und Küchen sind für ihn Gegenstand unablässigen Hinweisens und Mahnens, an die Adresse der deutschen Parvenüs der Gründerjahre gerichtet.

Es bedurfte dieses deutschen Hintergrundes, um dem Buch seine Eindringlichkeit zu geben. Kein Engländer konnte in das Englische so verliebt sein, wie dieser Deutsche es war, der hier glaubte, das Ideal mit Augen zu sehen[2]. »Das Englische Haus« ist Muthesius' persönlichstes Werk.

So hat er auch die kunstgewerbliche Bewegung gesehen, besonders wieder die jüngste, also Voysey, Ambrose Heal, Mackintosh, und er hat das Sachliche, Gediegene, im besten Sinne Alltägliche ihrer besten Produkte mit dem Jugendstil verglichen, der »belgischen Schule«, deren sachliche Manifeste so völlig im Gegensatz zu dem Linienschwung ihrer Produkte stünden[3] — nicht zu reden

---

[1] Übrigens darf man nicht verschweigen, daß er Voysey gegenüber auch Bedenken hat: Voysey erscheint ihm zu praktisch, zu nüchtern. Muthesius steht zwischen den Londonern und den Glasgowern, also etwa bei Baillie Scott und Walton.
[2] Muthesius stellt sich entschieden gegen die Neigung, die englischen Resultate auf Deutschland einfach zu übertragen. Man müsse, verlangt er, aus deutschen Traditionen und Bedürfnissen ein deutsches Landhaus entwickeln. Das ist aber eine Arbeit, die, wenn sie überhaupt unternommen werden konnte, erheblich mehr Zeit beansprucht hätte als die Lebenszeit eines Architekten. Er war aber ein bauender Architekt, und so ist es unausbleiblich, daß sein eigenes Werk als Architekt stark englisch gefärbt ist. Zuweilen kann man geradezu auf die Vorbilder hinweisen: Walton, Bidlake, Baillie Scott.
[3] Van de Velde, »Vom neuen Stil«, Leipzig 1907, »Semper verkündet das Prinzip, das wir heute in allen Äußerungen des modernen Geistes und des modernen Wesens erkennen: das fundamentale Prinzip von der unvermeidlichen Notwendigkeit aller Konstruktionen, aller Formen, aller Gegenstände, das fundamentale Prinzip der modernen Auffassung, die nichts zuläßt, was nicht so wäre, wie es sein muß, was nicht als das erschiene, als was es erscheinen muß!... Der vollkommen nützliche Gegenstand, der nach dem Prinzip einer rationellen und folgerichtigen Konstruktion geschaffen wurde, erfüllt die erste Bedingung der Schönheit, erfüllt eine unentbehrliche Schönheit.«

von dem Strom deutscher Nachahmungen, welche die Verve der Schöpfungen van de Veldes nicht erreichten, sondern eine dekorative Formel auswalzten, was schließlich auch nicht besser sei als die Wiederholung älterer Stile.
Muthesius hatte Lethaby viel zu aufmerksam gelesen (und die Engländer viel zu gut angesehen), als daß er nicht vom deutschen Kunstgewerbe enttäuscht gewesen wäre. Er sah darin Kunst, ein Wort, dem er mit Vorbehalten gegenüberstand, wo es auf die Gegenstände des täglichen Gebrauchs und der unmittelbaren Umwelt im Haus angewandt wurde: Kunst im Sinne einer persönlichen, besonderen, expressiven Leistung Einzelner. Die Gegenstände, die uns umgeben und uns dienen, sollten vielmehr guten, durch Generationen verbesserten Typen angehören, so wie das in den Zeiten des guten Handwerks vor 1800 der Fall gewesen sei, so wie es bei gewissen modernen Gegenständen für besondere Zwecke, Kameras zum Beispiel, wieder der Fall sei. Dies ist das Thema der großen Auseinandersetzung mit van de Velde auf der Werkbundversammlung im Juli 1914 in Köln, und man darf heute rückschauend sagen, daß Muthesius recht behalten hat.
Die Lage in Deutschland war anders, als es die Lage in England gewesen war. Deutschland war schnell zu Reichtum gelangt und hatte sich in Dingen der Gestaltung mehr als England wie ein Parvenü benommen. Seine Bürger wollten, wie Muthesius das ausdrückte, scheinen, was sie nicht waren. Und dieses Bürgertum wurde reich in einer erheblich weiter fortgeschrittenen Phase der industriellen Revolution, als es jene gewesen war, mit der man sich in England seit 1860 auseinanderzusetzen hatte. Es ist immerhin verständlich, daß die Männer der kunstgewerblichen Bewegung in England die Maschine ablehnten und daß sie von den Leistungen des bauenden Ingenieurs weniger beeindruckt waren, als ihre Nachfolger in Deutschland.
Der Werkbund war, im Jahre 1907, Muthesius' Gründung mehr als die irgendeines anderen gewesen. Ich gebe für diese Vorgänge Hans Ecksteins knappe und vorzügliche Darstellung aus dem Jubiläumsbuch über den deutschen Werkbund aus dem Jahr 1957:
»Den unmittelbaren Anstoß zur Gründung des Werkbundes gab der Widerspruch, den eine Rede von Hermann Muthesius beim Verband für die wirtschaftlichen Interessen des Kunstgewerbes erregte. Muthesius, durch gebautes Beispiel, gesprochenes und geschriebenes Wort unermüdlich um die Gesundung der bürgerlichen Baukunst, im besonderen der Landhausarchitektur, für die ihm die englische Vorbild war, bemüht, wirkte seit 1903 als Referent für das Kunstgewerbe im Landesgewerbeamt in Berlin für ein lebendig in der Zeit stehendes Kunsthandwerk. In einer Rede, die er 1907 in der neuen Berliner Handelshochschule hielt, warnte er das Handwerk und die Industrie eindringlich vor einer historisierenden Stilisierung ihrer Produkte[1]. Die Gegenwart erfordere für die gewandelten Bedürfnisse zeiteigene Formen.«
Das Mißvergnügen, das Muthesius bei der organisierten kunstgewerblichen In-

---

[1] Wir geben diese Rede in extenso auf S. 207-212 wieder.

dustrie hervorrief, machte sich in einem Gegenschlag Luft, den der Verband für die wirtschaftlichen Interessen des Kunstgewerbes in Berlin wenig später auf seiner Düsseldorfer Tagung, im Juni 1907, gegen den Geheimen Regierungsrat im Landesgewerbeamt zu führen gedachte. Peter Bruckmann, Fabrikant, Inhaber einer Besteckfabrik in Heilbronn, später langjähriger Vorsitzender des Deutschen Werkbundes, hat über jene Tagung anläßlich des fünfundzwanzigjährigen Bestehens des Werkbundes in der Werkbundzeitschrift »Die Form« berichtet:
»Ich kannte Muthesius nicht persönlich. Aber gerade als Industrieller hatte ich die feste Überzeugung, daß er mit seinen Ausführungen auf der Hochschule recht hatte. Die Ausplünderung der alten Stile und die furchtbaren Entgleisungen des Jugendstils hatte ich im eigenen Betrieb erfahren, und ich empfand die vollkommene Anarchie der Formgebung als einen unmöglichen Zustand, der die angewandte Kunst in Deutschland zu raschem Verfall bringen mußte. Ich ahnte, daß in Düsseldorf eine Wende kommen würde und fühlte, daß ein Vertreter der Industrie für Muthesius und seine Gedanken eintreten müsse.
Ich besann mich keinen Augenblick, fuhr nach Nikolassee, stellte mich Muthesius vor. Er zeigte mir verschiedene Bauten, die er ausgeführt hatte, und ich lernte ihn in seiner ganzen klugen, logischen und künstlerischen Eigenart kennen. Ich wußte, daß ich eine gute Sache vertrat, wenn ich in Düsseldorf mich für ihn einsetzte. Dort kam ich ganz durch Zufall mit Dr. Wolf Dohrn von den Dresdener Werkstätten und mit Joseph August Lux, dem kunstgewerblichen Schriftsteller, zusammen, die ich beide nicht kannte. Beim Fall Muthesius entwickelte nun der Referent, Kommerzienrat Sy, die Beschwerden des Handwerks und der Industrie, verdammte Muthesius als ihren Schädiger und als Feind der deutschen Kunst. Nirgends war zu erkennen, daß man die Schuld an der Verwilderung der Formgebung und am Sinken der Qualität der Arbeit zu einem großen Teil sich selbst zu verdanken hatte. Auch das wichtige Gebiet der gewerblichen Erziehung wurde mit durchaus unsozialen, brutalen Äußerungen abgetan, die Notwendigkeit der Zusammenarbeit zwischen Künstlern, Handwerkern und Industriellen wurde abgelehnt, zum letzten Male trat vor der Öffentlichkeit eine Anschauung zutage, die von vielen denkenden Männern schon überwunden war, die ein neues geistiges Durcharbeiten all dieser Fragen gerade im Sinne von Muthesius und im Sinne von Friedrich Naumann, Theodor Fischer, Karl Schmidt und anderen dringend forderten.
Dohrn, Lux und ich traten den Referenten und der ganzen Versammlung entgegen. Wir bekamen zehn Minuten Redezeit. Ich darf vielleicht einen Satz aus meinen damaligen Ausführungen wiederholen: ›Künstlerische und kaufmännische Kräfte müssen sich die Hand reichen und die Hilfsarbeiter bis zum Lehrling hinab mit Freude und innerer Anteilnahme führen, um gemeinsam gute Arbeit zu leisten. Dies letztere erstrebt auch Muthesius, und wenn sich die Fabrikanten auf die Dauer dagegen sträuben, werden sie ihre größte Konkurrenz in den modernen Betrieben bekommen, die jetzt schon solche Ziele bewußt verfolgen. Es handelt sich hier um neue Ideen, die in Deutschland schon viel

Verbreitung gefunden haben. Und gegen eine Idee, die eine selbständige künstlerische Arbeit erstrebt, können Sie nicht dadurch kämpfen, daß Sie dem, der sie vertritt, das Wort verbieten. Wenn Sie vom Fachverband Herrn Muthesius aus seiner Stellung drängen wollen, so würde die Idee doch bleiben. Es ist, als wenn Sie mit Pfeilen gegen die Sonne schießen (große Heiterkeit). Ich sage nicht, daß Herr Muthesius die Sonne ist (erneute Heiterkeit). Nein, die Sonne ist das junge moderne Gewerbe, das nicht nur die Mode befriedigen, sondern ein Teil Kulturarbeit sein will...‹
Dr. Dohrn erklärte den Austritt der Dresdener Werkstätten aus dem Fachverband und Joseph Lux den Austritt der Firma Karl Bertsch in München und der Königlichen Manufaktur Nymphenburg und bemerkte zugleich, Mitglied eines Verbandes zu sein, der sich zum Schutz der künstlerischen Interessen bildet... Dr. Dohrn, Lux und ich verließen unter großer Unruhe die Versammlung.«
Den neuen Verband, »der sich zum Schutz der künstlerischen Interessen bildet«, hätten Dohrn und Lux wohl kaum mit solcher Sicherheit angekündigt, und diese Gegengründung, nämlich die des Deutschen Werkbundes, hätte kaum schon nach einem guten Vierteljahr erfolgen können, wäre nicht der scharfen Düsseldorfer Polemik ein Ereignis vorausgegangen, das die Männer bereits zusammengeführt hatte, die im Oktober 1907 die Initiative zur Gründung eines Bundes ergriffen, der sich der offiziellen Vertretung der kunstgewerblichen Industrie entgegenstellte.
Anlaß zu diesem Vorspiel gab die Dritte Deutsche Kunstgewerbeausstellung 1906 in Dresden. Für sie hatte Fritz Schumacher... ein Programm aufgestellt, das das des späteren Werkbundes vorwegnimmt... In der Dresdener Ausstellung traten zum ersten Male in ganzer Breite die Kräfte in Erscheinung, die den gesamten Umkreis der aus dem praktischen Leben erwachsenden gestalterischen Aufgaben aus den Bedingnissen und der Formkraft der Gegenwart in Angriff zu nehmen entschlossen waren. Das schlichte Bürgerzimmer und die Stube des Arbeiters wurden mit demselben künstlerischen Ernst behandelt wie die Luxuswohnung. Für Büroräume, Gerichtssaal, Schulbau, Bahnhofshalle, Eisenbahnwagen und Schiffsraum wurden aus der gleichen Gesinnung neue Losungen gesucht. Muthesius schrieb an Schumacher, die Ausstellung habe »den Sieg des deutschen Kunstgewerbes besiegelt«. Ja, sie war — ein Jahr vor der Werkbundgründung — wenn nicht dem Namen nach, so doch dem Geist nach die erste Werkbundausstellung.
Der Protest des »Kunstgewerbes als Geschäft« (gegen die Ausstellung) festigt die Gegenfront. Muthesius, Karl Schmidt und Scharvogel regten bei Schumacher an, »die Ausstellung in die Gründung eines Bundes von Künstlern und hochqualifizierten Vertretern von Gewerbe und Industrie ausmünden zu lassen«. Die heftigen Angriffe der Fachverbände für das Kunstgewerbe gegen Muthesius, dessen Entfernung aus seinem Amt vom Kaiser gefordert wurde, trugen wesentlich dazu bei, daß der Plan einer Organisation des »Kunstgewerbes als Kunst« schon sehr bald verwirklicht wurde. Zwölf Künstler und zwölf Firmen erließen

einen Aufruf zur Gründung eines Bundes zur Wahrung der künstlerischen Interessen[1]. Soweit Ecksteins Darstellung.
Der Bund wurde am 5. und 6. Oktober in München gegründet. Aus Schumachers Rede bei der Gründung zitiere ich nur einen Ausschnitt, der mir für das Gemeinsame und das Unterscheidende zwischen der deutschen und der englischen Bewegung aufschlußreich erscheint:
»Aus einer unhemmbaren wirtschaftlichen und technischen Entwicklung der Zeit hat sich eine große Gefahr an der Wurzel kunstgewerblichen Lebens herausgebildet, die Gefahr der Entfremdung zwischen dem ausführenden und dem erfindenden Geiste. Diese Gefahr läßt sich nicht verschleiern, auch aus der Welt zu schaffen ist sie nie wieder, solange es eine Industrie gibt. Man muß also versuchen, sie zu überwinden, dadurch, daß man die entstandene Trennung zu überbrücken trachtet.
Das ist das große Ziel unseres Bundes.
Wenn sich Kunst mit der Arbeit eines Volkes enger verschwistert, so sind die Folgen nicht nur ästhetischer Natur. Nicht etwa nur für den feinfühlenden Menschen, den äußere Disharmonien schmerzen, wird gearbeitet, nein, die Wirkung geht weit über den Kreis der Genießenden hinaus. Sie erstreckt sich zunächst vor allem auf den Kreis der Schaffenden, auf den Arbeitenden selber, der das Werk hervorbringt. Spielt in sein Tun der Lebenshauch der Kunst herein, so steigert sich sein Daseinsgefühl, und mit dem Daseinsgefühl steigert sich seine Leistungskraft. Jeder, der als Erfinder mit Arbeitenden zu tun gehabt hat, wird diese Beobachtung als einen der schönsten Eindrücke seines Berufes kennengelernt haben. Die Freude an der Arbeit müssen wir wiedergewinnen, das ist gleichbedeutend mit einer Steigerung der Qualität. Und so ist Kunst nicht nur ästhetische, sondern zugleich eine sittliche Kraft, beides zusammen aber führt in letzter Linie zur wichtigsten der Kräfte: der wirtschaftlichen Kraft...«
Der Satz vom gesteigerten Daseinsgefühl, welches die Leistungskraft steigert, könnte von Lethaby oder Ashbee stammen, obwohl die Engländer es etwas anders gefaßt hatten: sie sprachen von der Qualität des Produkts und dessen, der produziert, von einer Rückführung des Lebens durch die Arbeit zum Echten. Schumachers Formel klingt ein klein wenig nach Kraft durch Freude, obwohl es so noch nicht gemeint war. Daß aber als wichtigste der Kräfte, auf die es schließlich hinauslaufen sollte, die wirtschaftliche Kraft bezeichnet wird, das zeigt sehr deutlich den Unterschied in der Lebensstimmung dort und hier. Dieser Unterschied ist nicht oder doch gewiß nicht in erster Linie ein nationaler. Schumacher — und mit ihm der Werkbund — hatte eingesehen, daß die Gefahr einer Ent-

---

[1] Die Künstler waren: Peter Behrens, Theodor Fischer, Joseph Hoffmann, Wilhelm Kreis, Max Läuger, Adalbert Niemeyer, Joseph Olbrich, Bruno Paul, Richard Riemerschmid, J. J. Scharvogel, Paul Schultze-Naumburg, Fritz Schumacher. Ihnen standen folgende Firmen zur Seite: Peter Bruckmann und Söhne, Deutsche Werkstätten für Handwerkskunst Dresden, Eugen Diederichs, Gebrüder Klingspohr, Kunstdruckerei, Künstlerbund Karlsruhe, Pöschel und Trepte, Saalecker Werkstätten, Vereinigte Werkstätten für Kunst und Handwerk München, Werkstätten für Deutschen Hausrat Theophil Müller Dresden, Wiener Werkstätten, Wilhelm und Co., Gottlob Wunderlich.

fremdung zwischen dem ausführenden und dem erfindenden Geiste nie wieder aus der Welt zu schaffen ist, solange es eine Industrie gibt. Und er war weit davon entfernt, wie viele Engländer vor ihm, sich g e g e n die Industrie zu stellen. Damit aber fällt das englische Ideal, daß der Ausführende und der Erfindende wieder ein und dieselbe Person sein könnten; darum sprechen die Deutschen vom Künstler auf der einen Seite, vom Arbeitenden auf der anderen, weil es nämlich zwei sind und bleiben. Diese Tatsache wird dadurch nicht berührt, daß Muthesius, hierin den Engländern am nächsten, das Wort Kunst auf die Arbeit, die dem Alltag dient, nicht angewendet wissen will (am eindeutigsten in seinem Bericht von 1914).

»Der Zweck des Bundes«, heißt es in der Satzung, »ist die Veredelung der gewerblichen Arbeit im Zusammenwirken von Kunst, Industrie und Handwerk, durch Erziehung, Propaganda und geschlossene Stellungnahme zu einschlägigen Fragen.«

Mag dieses Ziel enger gefaßt sein, als es das der Engländer gewesen war, es ist realistischer und moderner. Von einer Reform des Lebens ist nicht die Rede, sondern von einer Veredelung der gewerblichen Arbeit. Diese allerdings wird, besonders bei Muthesius, so weit gefaßt, daß sie von der Herstellung von Geräten und Gebrauchsgegenständen mit der Hand und mit der Maschine bis zum Ingenieurbau reicht. Auf eine sachliche Gestaltung aller dieser Dinge steuere trotz aller Rückschläge und Verirrungen in alte oder auch in neue Stile die Entwicklung seit 1800 zu. Und eben die Werke des Ingenieurs, Brücken, Hallen und Silos, werden als diejenigen Werke vorgestellt, die, auch in ihrer Form, die Gegenwart verkörpern und auf die Zukunft hinweisen.

Man darf nicht behaupten, daß Muthesius diese Anschauung als einziger oder als erster vertreten habe. Wäre er der einzige gewesen, so wäre es so schnell nach seiner Rede an der Handelshochschule nicht zur Gründung des Werkbundes gekommen. Vor ihm hatte Loos durchaus Ähnliches gesagt. Aber Muthesius' Wirkung ist breiter gewesen, denn einmal beruft er sich auf England, das damals erheblich sichtbarer war als Loos' amerikanische Erfahrungen; und dann gelang es ihm, diese Gesichtspunkte im Werkbund zu verankern, während sich Loos bitter darin gefiel, »ins Leere« zu sprechen.

Daß dieser Deutsche Werkbund zugleich ein Instrument der deutschen wirtschaftlichen Weltherrschaft sein sollte, geht aus dem Gesagten hervor. Durch die deutsche Qualitätsarbeit und die deutsche Form, die in die Welt hinausgehen sollte, wollte man dem deutschen Volke Reichtum, Achtung und schließlich Liebe gewinnen. Muthesius hat dies in einer Broschüre ausgesprochen, die im gleichen Jahr erschien, in dem Lethaby seinen Vortrag über die neue deutsche Architektur hielt, also im Jahr 1915. Der Aufsatz hieß: »Die Zukunft der deutschen Form« und erschien in der Schriftenreihe: »Der deutsche Krieg«. Und in ihm wird Lethabys Verdacht, daß es sich bei der deutschen Bewegung um einen vorbedachten Plan handele, alle Kräfte des deutschen Volkes für die Weltherrschaft einzuspannen, durchaus bestätigt. England, so heißt es dort, habe wohl einige Schritte in der richtigen Richtung unternommen, sei aber heute (1915) dekadent. Den Deutschen sei es gegeben, die Organisation, welche auf dem Schlachtfelde triumphiere, auch auf die weltgültige neue Form des Gebrauchsgegenstandes — im weitesten Sinne — anzuwenden. Nicht erst der Krieg hat diesen Gesichtspunkt in den Vordergrund gestellt, wenn auch jenes Pamphlet von 1915 die heißeste Äußerung dieser Art gewesen ist.

Der Deutsche Werkbund und die neue Bewegung in Deutschland, die er vertrat, waren in einem solchen Maße erfolgreich, daß dieses Hochgefühl seiner Gründer eigentlich nicht wundernehmen darf. Das Jahrzehnt vor dem Kriege war das große deutsche Jahrzehnt, nicht weniger groß als das zweite deutsche Jahrzehnt, das vor 1933. Wer die Jahrbücher des Deutschen Werkbundes für 1912, 1913 und 1914 zur Hand nimmt mit Fabrikbauten von Behrens, Poelzig, Gropius, Stoffregen, Verkehrsbauten und Untergrundbahnwagen von Grenander, Autos von Ernst Neumann, Brücken von Behrens und Fischer, Behrens' Lampen und Ventilatoren für die AEG und van de Veldes Bestecken, dem wird das offenkundig.

Der Werkbund geht über die Arts-and-Crafts-Bewegung hinaus, indem er den Ingenieurbau und die Maschine bejaht und die Trennung von Künstler und Ausführendem anerkennt. In dem gleichen Sinne mußte er auch den Jugendstil überwinden, woran die Tatsache nichts ändert, daß van de Velde, Endell und ihre Freunde Mitglieder waren und blieben. Es besteht wohl kein Zweifel daran, daß der Werkbund die Führung in der Wendung gegen den Jugendstil übernommen hat, die dieses erste Jahrzehnt der deutschen Moderne einleitet. Statt dessen macht sich ein anderer stilistischer Einfluß geltend, eine Wendung zu einem Klassizismus, wie wir sie zu gleicher Zeit auch in England beobachtet haben. In Behrens' Werk ist diese Wendung seit etwa 1904 sehr sichtbar: die reine Geometrie, die strengen Proportionen, die oft erwähnten Schinkelschen Elemente in seinen Industriebauten. Van de Velde nannte diese Wendung ein neues Biedermeier, und dergleichen gab es freilich in jenen Jahren auch. Man kann aber die erwähnten Behrensbauten beim bösesten Willen nicht Biedermeier nennen. Diese Wendung berührt die Grundsätze:

Wenn man Muthesius' Aufsatz »Stilarchitektur und Baukunst« von 1901 und 1903 mit dem Vortrag »Wo stehen wir?« (Werkbund, 1911) vergleicht — und auch mit dem Aufsatz »Das Formproblem im Ingenieurbau« von 1913 —, so findet man einen deutlichen Wandel der Anschauung. Um dies zu belegen, stelle ich zwei prinzipielle Thesen aus dem Aufsatz von 1903 und dem von 1913 nebeneinander.

1903. »Die Architektur hat, wie jedes andere Kunstwerk, ihre Wesenheit im Inhalt zu suchen, dem sich die äußere Erscheinung anzupassen hat, und man muß auch von ihr verlangen, daß diese äußere Form nur dazu diene, das innere Wesen widerzuspiegeln ...«

1913. »Nützlichkeit hat an und für sich nichts mit Schönheit zu tun, bei der Schönheit handelt es sich um ein Problem der Form und um nichts anderes, bei der Nützlichkeit um die nackte Erfüllung irgendeines Dienstes.«

Im gleichen Aufsatz sagt Muthesius auch: »Es gibt nur e i n menschliches Ge-

stalten. Genau dieselben Gestaltungstendenzen kehren wieder beim Kunsthandwerker, beim Architekten, beim Ingenieur, beim Werkzeugfertiger, beim Schneider, bei der Putzmacherin, beim simplen Handwerker, bei der Mutter, die ihrer Kleinen ein Kleid zurechtschneidert. Es handelt sich immer um die gleichen Dinge: gute Proportionierung, Abstimmung der Farben, wirkungsvollen Aufbau, Rhythmus, ausdrucksvolle Form. Die Tendenzen, die bei allen diesen Gestaltern wirken, sind allgemeiner, sozusagen kosmischer Art, sie sind unserer Gehirntätigkeit immanent.«
Muthesius kehrt also der Grundlegung des Funktionalismus, die er im Jahre 1901 versucht hat, den Rücken und betont mit Entschiedenheit das Primat der Form »in allem, was der Mensch sichtbar tut und treibt«. Das schließt natürlich die Architektur ein, und diese braucht nun nicht mehr in öffentliche und Gebrauchsarchitektur gespalten zu werden, wie dies seine frühere Theorie notwendig machte. Auch auf das Werk der Putzmacherin finden nun die »ewigen Gesetze« Anwendung, die er damals nur für die feierlichere Art der Architektur gelten lassen wollte. Wenn man in dem Aufsatz von 1903 zuweilen glauben konnte, Lethaby zu lesen, so gemahnen einige seiner neuen Thesen bereits an Geoffrey Scott.
Dies ist allerdings der einzige Punkt, in dem seine Anschauungen sich geändert haben: Im Jahre 1903 hatte er geglaubt, er könne den Zusammenhang zwischen Form und Inhalt ausdrücken. Zehn Jahre später hält er es nicht mehr für möglich und sagt, die Form folge ihren eigenen »kosmischen« Gesetzen. In allen anderen Punkten aber hat er seinen Standpunkt gewahrt: Sein Bericht vom Juli 1914 mit den zehn Leitsätzen für die Arbeit des Werkbundes, also seine Seite in der Kontroverse mit van de Velde, ist gegen die »Kunst« im Gestalten für den Alltag gerichtet und betont die Notwendigkeit, für die Gegenstände, Geräte und Bauten, die dem Alltag dienen, in langsamer, Generationen umfassender Arbeit Typen auszubilden.[1] Immerhin ist auch in seinen eigenen Bauten eine Hinwendung zum Klassizismus sichtbar. Schon die Seidenfabrik Michels in Nowawes ist klassizistisch. Seine letzten Häuser vollends, nach dem Kriege gebaut, besonders das Haus Tuteur in Charlottenburg, sind Essays in klassischer, axialer Architektur. Für die »Neue Sachlichkeit«, die ihm so viel verdankt, hat er nicht mehr Verständnis gehabt, als Voysey es für ihre Ausstrahlung nach England hatte. Er blieb ein bürgerlicher Architekt. Seine Kunden — und der Lebensstil des Jahrzehnts vor dem Kriege — waren verschwunden. Für die wenigen, die übrigblieben, baute er jene klassischen Häuser seiner letzten Jahre. Er folgt der Entwicklung Shaws, die er im »Englischen Haus« so beredt beklagt.
Muthesius hat das, was man an der englischen Bewegung funktionalistisch nennen darf, herausgestellt und durch seine energische Hinwendung zum Produkt der Maschine und zum neuen Ingenieurbau dem kommenden Funktionalismus des Kontinents nahegebracht. Das war seine Mission. Er hat dann

---

[1] Es besteht ein Gegensatz zwischen seinem Bericht und den Leitsätzen selbst, in denen die Bildung solcher Typen erheblich weniger Zeit zu beanspruchen scheint.

der deutschen Bewegung, die sich im Werkbund ihr Organ schuf, im Jahre 1911 ihr Programm gegeben (»Wo stehen wir?«), indem er sagte, daß Qualität allein nicht genüge: das Ziel sei die Form. Damit entfernte er sich von seinen Anfängen.[1] Seine Wirkung blieb aber genügend breit fundiert, umfassend und modern, um die Arbeit des Werkbundes und der Männer der neuen Sachlichkeit wesentlich zu beeinflussen[2], die nach einer Pause von wiederum zehn Jahren, Krieg und Nachkrieg, die Bewegung wieder aufnahmen. Seine Grundsätze waren so tief in die Doktrin und die Wirkung des Werkbundes eingedrungen, daß diese Architekten in vielen Stücken Muthesianer waren, sie mochten es wissen und wünschen oder nicht.

---

[1] Diese Darstellung vereinfacht — das muß zugegeben werden: Auch in früheren Schriften von Muthesius finden sich zuweilen Hinweise auf das, was er das Künstlerische oder das Architektonische nennt. Eigenschaften, welche von der Erfüllung der gestellten Aufgabe unabhängig bestehen: also eben doch in letzter Analysis die »ewigen Gesetze«. Immerhin kann man sagen, daß das Primat der Form seit 1910 in seinen Äußerungen stärker, erheblich stärker hervortritt.

[2] Diese Beeinflussung erstreckt sich natürlich nicht auf die Formen der Architektur. Die Männer der zwanziger Jahre wollten von Muthesius nicht mehr wissen als er von ihnen. Man sah in ihm damals den Architekten des sentimentalen und bürgerlichen englischen Landhausstils.

William Richard Lethaby
1857—1931

Geboren in Barnstaple (Devon) als Sohn eines Handwerkers. Der Vater war Schnitzer, Vergolder, Rahmenmacher.
Lehrling bei dem Architekten Alexander Lauder.
Kommt 1879 nach London und arbeitet bei Norman Shaw. Studiert nebenbei an der Royal Academy School.
Verbindet sich mit Ernest Newton und anderen Shawschülern zu der St. Georges Art Society, die man als Vorläuferin der Art Workers' Guild ansehen kann, zu der er später ebenfalls gehörte.
1890 selbständiger Architekt. Sein bekanntestes Haus ist Avon Tyrrell bei Salisbury.
Seit 1891 Mitglied der Gesellschaft für die Erhaltung alter Gebäude — SPAB, einer Gründung von William Morris und Philipp Webb. Nahe Verbindung besonders zu Webb.
1892 erscheint sein erstes Buch: Architektur, Mystik und Mythos.
1893 reist er nach Konstantinopel (1894 sein Buch über die Hagia Sophia), 1896 Leiter — zusammen mit Georges Frampton — der neuen Central School of Arts and Crafts des London County Council. Es war ein Konsulat des Julius und des Cäsar, will sagen: Lethaby war von Anfang an die treibende Kraft.
»Das besondere Ziel der Schule ist«, sagt der Bericht des L.C.C. von 1895/96, »darauf hinzuwirken, daß die kunstgewerbliche Arbeit für die Industrie nutzbar gemacht werde, und es ist unsere Absicht, daß jedem Schüler Gelegenheit gegeben werde, dieses Problem in seinem eigenen Gewerbe zu studieren. Die Schule soll nicht die Lehre bei einem Meister ersetzen, vielmehr soll sie sie ergänzen, indem sie ihre Schüler instandsetzt, das Entwerfen (design) und diejenigen Zweige ihres Handwerks zu lernen, welche sie wegen der fortschreitenden Arbeitsteilung im Produktionsprozeß in ihrer Werkstatt nicht mehr lernen können. — Nur solche Schüler werden aufgenommen, die in einem Handwerk tätig sind, nicht aber solche, die ein wenig zeichnen und malen lernen wollen.«
Die Schule, welche noch besteht, ist recht eigentlich Lethabys Schöpfung und hat durch Muthesius einen entscheidenden Einfluß auf die Reform der kunstgewerblichen Erziehung in Preußen ausgeübt.
Eine Schülerin, Miß Dora Billington, beschreibt Lethaby, wie er unter seinen Schülern umherging: »Wie ein Kaninchen mit weißem Schnauzbart und raschen dunklen Blicken«.

*1900 wird Lethaby der erste Professor des neuen Faches »design« am Royal College of Arts.
1904 erscheint »Mittelalterliche Kunst« und
1906 »Westminster Abbey and the King's Craftsmen.«
Im gleichen Jahre wird er Aufseher des Baues der Westminster Abtei.
1911 tritt er von der Leitung der Schule zurück und widmet sich ausschließlich seiner Arbeit am Royal College und seinen historischen und publizistischen Werken. Seine wichtigsten Vorträge sind in dem Buch »Form in der Kultur« zusammengetragen.
1911 erscheint seine kurze Geschichte der Architektur, in der er seine Doktrin niedergelegt hat.
Er war im Jahre 1915 Anreger und Gründungsmitglied der Design and Industries Association, welche als eine englische Antwort auf den Deutschen Werkbund gedacht war.
Ein Werk seines Alters (1925) ist die Webb-Biographie, in Verehrung geschrieben und vielleicht das schönste seiner Bücher. Hier wird, an Hand von Briefen, Tagebüchern, Anekdoten nicht nur das Werk und die Gestalt des ersten Meisters der neuen englischen Architektur beschworen: Es erscheint der ganze Kreis der Männer um Morris, tätig, begeistert, selbstlos, humorvoll und im Sinne des Worts liebenswürdig.
Es ist eines der anziehendsten Dokumente aus den Anfängen der englischen Bewegung. Lethaby selbst hat in einer härteren Zeit gelebt. Er hat das Ende der englischen Bewegung und den Weltkrieg gesehen. Das Verlangen nach Reform war umfassender geworden und die Aussicht auf ihre Verwirklichung, besonders nach 1918, immer mehr in die Ferne gerückt. Damit hängt es wohl zusammen, daß seine am meisten vorwärtsweisenden Schriften und Reden durchaus vor 1918 liegen.
Lethaby kommt aus der kunstgewerblichen Bewegung und entwickelt deren Doktrin mehr als irgendein anderer im Sinne eines Funktionalismus, welcher Technik und Wissenschaft als die Grundlagen der kommenden Architektur annimmt, dabei aber doch die Arbeit der Hand gegen die der Maschine verteidigt. Diesen Widerspruch hat er nicht überwunden.
Als Lehrer und Philosoph nimmt er am Ausgang der englischen Bewegung die zentrale Stellung ein. Noel Rooke beschreibt ihn: »Es hat wenige Menschen gegeben, mit denen man so gern umgehen mochte. Seine Witze waren wie Explosionen, in ihnen verband sich der Gegenstand der Unterhaltung, die gerade geführt wurde, mit einem der Grundsätze, die ihn ständig beschäftigten, zu einem funkelnden Kristall. Er war der bescheidenste Mann, den man sich vorstellen konnte, und scheute vor jeder Ehrung zurück. Er vermied es, mit einem Gegner zu diskutieren oder gar sich mit ihm zu zanken. Mußte aber eine Entscheidung getroffen werden, so konnte er aufs kräftigste kämpfen. Seine innere Höflichkeit versagte es ihm meistens, sich der Kraft des Wortes, die ihm zu Gebote stand, zu bedienen. Das einzige Mal, daß ich ihn und Bernard Shaw zusammen sah — sie waren alte Bekannte —, versuchte Shaw dreimal, Lethaby*

William Richard Lethaby, 1857–1931. Foto: The Times, London

durch seinen Witz zu schlagen. Die Antwort kam jedesmal wie ein Blitz, und Shaw lag sozusagen auf dem Rücken mit ungläubigem Lächeln über eine für ihn so ungewohnte Lage. Am Ende gab er es auf und gab sich mit gutem Humor geschlagen.«

W. R. Lethaby

Aphorismen

Das Epische steht im Mittelpunkt aller großen Kunst, aller Poesie und des Lebens selbst.

Wenn man wirklich seine Pflicht tun würde, so würde man nichts anderes tun.

Wenn wir Alles wissen würden, so würden wir sofort fragen, warum das Alles ist.

Energie ist Leben, Schönheit ist glückliche Energie.

Von der Arbeit anderer zu leben, ist eine Art von Kannibalismus.

Wir verwandeln das Leben in Bewegung und rennen von einem unbefriedigenden Ort zu dem nächsten.

Das Ideal des Westens: Millionäre in Autos, die in der Minute viele Kilometer zurücklegen.

Das Ideal des modernen Lebens: einige fahren Auto, die übrigen stellen Autos her und reparieren Autos.

Ich fürchte und hasse das Maschinenwesen; aber ich kann nicht Eisenbahn fahren und so tun, als gäbe es keine Eisenbahn.

Wir sind unserer eigenen Zeit verhaftet; unser persönlicher Fortschritt wird vom Fortschritt des Zeitalters bedingt: es mag einer etwas wissen und fähig sein, aber sein Wissen und seine Fähigkeit gehören der eigenen Zeit an, nicht der, die kommen wird.

Der Kult der Bequemlichkeit ist der Fluch der Kultur.

Die Geschichte ist eine Folge von Sonnenuntergängen.

Geschichtsschreibung ist die Vergangenheit in unserer Sicht: die Wirklichkeit war anders.

Regierungen gehen immer gerade schnell genug vorwärts, um immer zu spät zu kommen.

Die Welt hat die Steinzeit, die Bronzezeit und die Eisenzeit durchlaufen, die Gegenwart ist die Papierzeit.

Die Fähigkeit mit Worten umzugehen, geht oft mit der Unkenntnis von Dingen zusammen. Dinge sind nicht die Verkörperung von Worten: mit Worten kann man Wirklichkeiten nur eben ahnen. Worte üben an den Dingen Verrat: das lange Wort Architektur hat die Kunst des Bauens zerstört.

Zuviel Bildung führt dazu, Worte an Stelle von Gedanken zu setzen.

Indem sie zurückblickt, verliert die Kunst ihr Leben: Denkt an Loths Weib.

Die beste Form der Originalität ist die, welche später Gemeingut wird.

Kunst ist eine natürliche Fähigkeit des Menschen, an welcher man so viel herumerklärt hat, daß sie beinahe nicht mehr existiert.

Es gibt Kunstunterricht, der ist so, als wollte man in tausend Unterrichtsstunden schwimmen lernen, und zwar ohne Wasser.

Ein Kunstwerk ist wie ein Spiel: es wird geformt, indem man spielt.

Ästhetik sucht das festzulegen, was spontan sein sollte: sie stellt Regeln dafür auf, wie man lächelt.

Oft endet Schönheit dort, wo das Ornament beginnt.

»Der moderne Stil« ist auch nur eine Art von Kunstwissenschaft.

Ein Stil wird erst dann Wirklichkeit, wenn er unbewußt ist.

O Ornament, welche Greuel werden in deinem Namen begangen!

Die wahre Romantik des Lebens ist die: in einer Küche zu leben, wo das Herdfeuer über gescheuerte Töpfe und blanke Teller spielt, und an einem rauhen Tisch zu sitzen, der so rein gerieben ist wie gebleichtes Leinen.

Was wir denken, das sind wir; was wir sind, das tun wir; was wir tun, das ist unsere Welt.

Man kann wenig beweisen; worauf es ankommt, ist die Qualität unserer Annahmen.

Erziehung sollte darin bestehen, unserem Ehrgeiz eine gute Richtung zu geben.

Ehrgeiz ist etwas Elementares und gehört zum Wesen der Dinge. Das Werk des Menschen als eines, der baut, ist immer für ihn von der größten Bedeutung gewesen, und zwar nicht nur materiell und für seine Bequemlichkeit; vielmehr dient es dazu, sein Gemüt zu entwickeln und seinem Geist einen Auslaß zu verschaffen. Der Mensch ist seinem Wesen nach einer, der etwas macht, einer, der baut.

Die Erziehung lehrt uns lesen, aber nicht, was wir lesen sollen, sie lehrt uns malen, aber nicht, was wir malen sollen, sie lehrt uns Architektur, aber nicht, was wir bauen sollen.

Wir leben in einer Kultur, die sich hätte verwirklichen können, aber irgendwo ist etwas schiefgegangen.

Wichtig ist, was du siehst, wenn du nicht mehr hinguckst.

Es ist schwer in dieser Welt zu leben! Man möchte einen Balkon an der Welt haben, so daß man einmal hinausgehen und frische Luft schöpfen könnte.

Architektur ist Bauen, welches etwas aussagt, etwas mitteilt.

Alle Architektur — d. h. alles, was diesen Namen verdient — ist symbolisch. »Ein Symbol, welches durch Struktur verwirklicht wird und welches Struktur zum Ausdruck bringt« — das könnte eine Definition der Architektur sein.

Sogar unsere Wachträume sind Alpdrücke geworden.

Wir gehen so schnell, wir können uns selbst nicht einholen; wir sind zu geschäftig, um irgend etwas zu tun.

Das gute Mittelmaß entspricht einem mittelmäßigen Glück.

Die Tiere waren beim Sündenfall nicht ausgenommen, aber sie bekamen keinen Apfel.

Die ästhetische Theorie ist eine Philosophie der Manieren, aber nicht des Benehmens.

Es gibt verschiedene Arten der Vollkommenheit; eine Kuh ist nicht etwa eine mindere Art Pferd.

Schönheit ist eine notwendige Funktion des Angemessenen; Schönheit ist das Lächeln der Gesundheit. Schönheit ist die Substanz getaner Dinge, so wie Glaube »die Substanz erhoffter Dinge«[1] ist.

---

[1] *Dante (nach Augustin): Fede è sustantia di cose sperate ed argomento delle non parventi.*

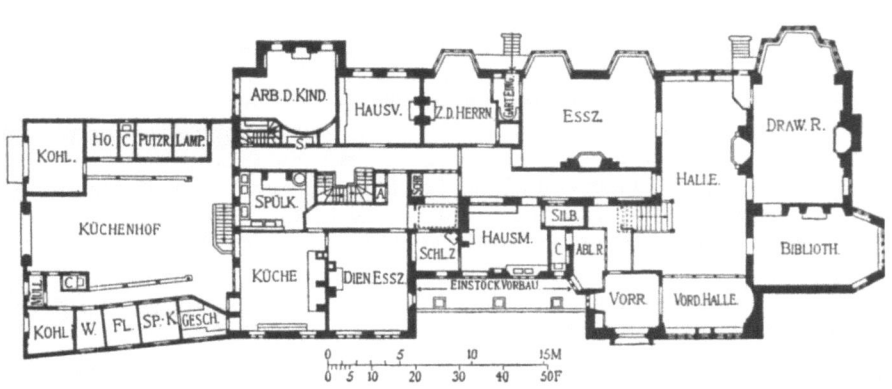

W. R. Lethaby, Landhaus Avon Tyrell bei Salisbury. Etwa 1895.
Hoffront und Grundriß des Erdgeschosses

Architektur als Wagnis*

Unter Wagnis verstehe ich das, was die lebendige Kraft und das aktive Prinzip aller Architektur gewesen ist, den Geist des Experiments im Bau.
Architektur oder Bauen folgt der Gewohnheit, solange es Bedürfnissen dient, die traditionell vorgegeben sind; aber sowie sie sich wechselnden Bedingungen und Ideen anpassen muß, hat sie zu experimentieren. Für das Bauen, das auf Gewohnheit beruht, würde die beste Ausbildung eine praktisch handwerkliche sein. Es ist aber eine neue und dringende Frage, wie man wechselnden Bedürfnissen gerecht werden kann, besonders dann, wenn der Wechsel darin besteht, daß die Tradition, die Gewohnheit selbst zusammengebrochen ist. Man mag immer wünschen, auf alte Weise weiter zu arbeiten oder zu Bautypen der Vergangenheit zurückzukehren; aber wenn ich mir die Ergebnisse solcher Bemühungen ansehe, dann finde ich, es geht nicht. Wir sind in ein wissenschaftliches Zeitalter eingetreten, und die alten praktischen Künste, die mit dem Instinkt arbeiteten, gehören einer völlig anderen Epoche an.
(Nach dieser Einleitung gibt Lethaby eine kurze historische Untersuchung, die wir auslassen dürfen und die er zusammenfaßt, indem er sagt:)
Ingenieur-Architektur: durch alle geschichtlichen Variationen geht eine Konstante hindurch: das Interesse am rein Baulichen, die Freude an der experimentellen Struktur, das Wagnis ins Unbekannte.
Bisher gab es zwei Definitionen dessen, was Inhalt und Sinn der Architektur sei. Viele Leute folgen ihnen heute noch.
1. Es gibt ein Ding, Architektur, welches sich vielleicht in reinster Form in der klassischen Baukunst manifestiert hat, oder auch in verschiedenen Formen im Laufe der Geschichte, also einmal als griechische, einmal als gotische Architektur. Architektur wird hervorgebracht durch eine besondere Gabe des Künstlers.
2. Das Wesentliche der Architektur ist Proportion, also die Entdeckung und Anwendung bestimmter Verhältnisse. Durch sie kann eine absolute Architektur verwirklicht werden. Nun gibt es aber eine dritte Ansicht: Architektur ist zunächst einmal Bauen nach den Naturgesetzen der Statik, Erfüllung von Bedürfnissen, sie ist Ordnung, sorgfältiges Bauen und schöne Ausführung; das Bauen muß stets wechselnden Bedingungen entsprechen und sich wandeln.
Was ich verlange, ist in den einfachsten und klarsten Worten dies: Konzentration auf eine praktische, experimentelle und wissenschaftliche Erziehung. Was wir augenblicklich am meisten brauchen, ist eine Sammlung von Kraft im Sinne der

---

* Auszug aus dem gleichnamigen Aufsatz Lethabys für das *Royal Institute of British Architects*, 1910.
Dies ist der fortschrittlichste Vortrag Lethabys. Er geht über Muthesius und sogar über den damaligen Standpunkt von Gropius hinaus, in dem er von der »schönen« Architektur — als von etwas Lehrbarem — nicht spricht und allgemeingültige Gesetze der Gestaltung nicht anerkennt. Hier ist im Jahre 1910 die Auffassung ausgesprochen, an die Konrad Wachsmann im Jahre 1958 anknüpft (Wendepunkt im Bauen).

Physik; wir brauchen eine hochentwickelte technische Ausbildung, eine weite praktische Erfahrung, eine große Geometrie. Und wir brauchen systematische Untersuchung neuer Möglichkeiten. Mauern und Gewölbe, die Beziehungen zwischen Mauern und der einzelnen Zelle, zwischen einer Zelle und der anderen, alles das muß untersucht werden, so wie Lord Kelvin die Geometrie der Kristallstrukturen untersucht hat. Meiner Meinung nach — das will ich zugeben — würde eine solche Ausbildung keineswegs die gesamte Architektur einschließen, aber ich glaube, sie würde uns den Weg zu dem öffnen, was wir bestenfalls erreichen können. Dann können wir hoffen, daß wir einmal nicht mehr den bekannten Küsten folgen werden, sondern kühn hinaussegeln unter die Sterne. Auf diese Weise, einzig auf diese Weise können wir wieder in eine Architektur des Wagens eintreten.

Neulich enthielt das RIBA Journal einen Aufsatz, welcher sich mit der phantasievollen und poetischen Seite der Architektur beschäftigte. Hier wurden einige Wahrheiten ausgesprochen, aber es scheint mir, sie genügen nicht, denn die Forderungen des Tages wurden nicht genügend berücksichtigt. Der Autor sagt z. B.: »Es gibt eine Phrase, Vernunft im Bauen, welche augenblicklich bei solchen Leuten besonders beliebt ist, welche sich darin gefallen, als Propheten aufzutreten.« Und dann fährt er fort: »Was wir brauchen, ist eine Vernunft der Phantasie.« Aber natürlich. Wenn wir die haben könnten, dann würde ich sie sehr gern haben; und ich finde eben diese Vernunft der Phantasie in der Forthbrücke; im Frühjahr sah ich sie in einer neuen Eisenbahnbrücke aus Beton und im Herbst in der Klarheit und Ordnung der neuen Stadtteile Münchens, in der Eisenkonstruktion der kleinen Eisenbahnstationen oben im Tal von Chamonix, in den neuen Kasernen in Straßburg und in einem neuen Wasserturm am Bahnhof von Metz. Ich sah Vernunft der Phantasie neulich in einer Fotografie des letzten großen Segelschiffes. Ich glaube, es war ein Fünfmaster mit vielen schwellenden Segeln. Es gibt Ziegelöfen, die sind so schön wie byzantinische Kirchen, und die romantischsten modernen Gebäude, die ich kenne, sind die Hopfenspeicher in Kent. Bauen war eine Kunst und mag wieder eine Kunst werden, voll von Phantasie, Poesie, sogar Mystik und Magie. Wenn Poesie und Magie in den Leuten sind und in ihrer Zeit, dann werden sie auch in der Kunst erscheinen, und ich möchte sie haben; aber es hat gar keinen Zweck zu sagen: »Laßt uns magische Bauten bauen, laßt uns poetisch sein.« Und doch möchte ich noch einmal wiederholen, gerade weil ich diese Dinge will, beschäftige ich mich mit dem Problem.

Man muß die wissenschaftliche Seite unserer Studien schnell hochschrauben und die archäologische schnell zurückschrauben. Alle unsere Stipendien für Studienreisen sollten dem gleichen Zweck dienen. Pugin-Studenten sollten die verschiedenen mittelalterlichen Gewölbe analysieren; Soane-Studenten sollten sich mit der Planung von Treppenhäusern beschäftigen. Tite-Studenten sollten französische Eisenbahnstationen ansehen; Grissell-Leute deutsche Hotels; Godwin-Studenten amerikanische Krankenhäuser.

Natürlich habe ich diesen Vortrag von einem bestimmten Gesichtswinkel her

geschrieben, und ich hoffe, daß ich vorsichtig genug war, dieser Einschränkung zu gedenken, und daß ich klar gemacht habe — und ich habe es ja immer und immer wieder zu sagen versucht —, daß es nicht meine Absicht war, alle Möglichkeiten des Gebietes Architektur darin zu erschöpfen. Worauf es mir hauptsächlich ankam, war dies: ein moderner Geist kann unter Entwurf nur dies verstehen: die wissenschaftliche Methode im Sinne des Ingenieurs, d. h. eine klare Analyse von Möglichkeiten — nicht eine vage poetische Beschäftigung mit poetischen Dingen, mit Vorstellungen zweiter Hand über das, was häuslich aussieht oder was ländlich aussieht oder kirchlich — man könnte auch sagen, was so schmeckt —: eben das haben die Architekten während der letzten 100 Jahre getan. Sie haben versucht, sich mit Geschmäcken zu beschäftigen — mit Dingen, die so aussehen wie Dinge, die aber nicht die Dinge selbst waren: alte Bauernhäuser oder Scheunen, das sind die Dinge selbst: Bauernhäuser und Scheunen. Aber wir, die Besten unter uns, versuchen, Dinge zu bauen, die so aussehen sollen wie Bauernhäuser oder Scheunen usw. Es erinnert mich an eine Geschichte, die mein Freund, Mr. Horsley, mir vor 25 Jahren erzählte. In einer Seitenstraße in London fand er eine Anzeige in einem Fenster: »Feinste Konfitüre, guter Erdbeergeschmack, 4 Pennies das Pfund.« Es ist nicht der Erdbeergeschmack, den wir im Bauen haben wollen. Wir wollen eine gute kräftige Nahrung.
Ich möchte noch einmal sagen, der Lebensnerv des Entwerfens liegt in der wissenschaftlichen Methode.

Lehrjahre und Erziehung*

Eine Universität ist wirklich eine Gilde der Gelehrsamkeit, eine unter mehreren solcher Gilden. Wenn es einmal eine allgemeinverbindliche Form der Erziehung geben wird, dann wird man die wesentlichen Tätigkeiten des Lebens in gewisse Abteilungen, Fakultäten oder auch Gilden einordnen, und dann wird sicherlich eine jede Fakultät Regeln aufstellen für die rechte Erziehung, die rechten Lehrjahre für ihre besondere Art des Lebens; d. h. das alte System der Gilden wird in neuer Form wieder aufleben. Jede richtige Erziehung ist die Einführung in irgendeine notwendige und gute Lebensbeschäftigung, und das Ausüben eines solchen Berufes wird dann später im Leben die größte Erziehung sein.

---

* Auszug aus dem gleichnamigen Aufsatz Lethabys zur Internationalen Konferenz über das Thema »Zeichnen«, South Kensington, 1910.

Kunst und Handwerk*

Die einfachste und allgemeingültigste Definition der Kunst ist die: gut zu tun, was getan werden muß. Wenn etwas nicht wert ist, getan zu werden, dann kann es schwerlich ein Kunstwerk sein, mag es noch so gut getan werden. Und wenn etwas wert ist, getan zu werden, und es wird schlecht getan, dann ist es gar nichts.
Es ist nicht zweifelhaft, daß wir die Welt in den Künsten des Heims führen können. Und das wird bekräftigt durch das große Interesse, welches ausländische Beobachter in der englischen kunstgewerblichen Bewegung nehmen. Die Deutschen, welche die Geschichte dieser Entwicklung Englands besser kennen als wir selbst, haben begriffen, daß diese Bewegung auch vom rein wirtschaftlichen Standpunkt bedeutend ist.
Jedes Kunstwerk zeigt, daß ein Mensch es für einen Menschen gemacht hat. Kunst, das ist Menschlichkeit in der Form des guten Handwerks, alles übrige ist Sklaverei. Der Unterschied zwischen einem Gegenstand, der von einem Menschen gemacht wurde und einem, der kommerziell hergestellt ist, ist so ähnlich wie der Unterschied zwischen einem Edelstein und einer Nachahmung. Auf den ersten Blick mag man den Unterschied nicht erkennen, aber wenn man ihn einmal erkannt hat, fühlt man den größeren Wert des Edelsteins ganz genau. Es ist aber trotzdem außerordentlich wichtig, daß auch das kommerzielle Werk anständig gemacht wird, in seiner eigenen Art nämlich.
Obwohl ein Gegenstand, der von der Maschine hergestellt worden ist, niemals im eigentlichen Sinne ein Kunstwerk sein kann, gibt es keinen Grund, warum er nicht in seiner zweitklassigen Art auch gut sein sollte — gut geformt, glatt, stark, angemessen, nützlich: so wie die Maschine selbst. Was die Maschine herstellt, sollte ganz klar zeigen, daß es ein Kind der Maschine ist; die Prätention, die Lüge, mit welcher die meisten Gegenstände, die die Maschine macht, sich darstellen, sie erst macht sie so ekelhaft. Wenn man es richtig versteht, so ist »design« nicht ein Suchen nach dem Außerordentlichen, sondern das Streben danach, einen Gegenstand so darzustellen, daß er ganz augenscheinlich für seinen Zweck geeignet und wahr ist. Das beste design ist eines, welches einen Gemeinplatz hervorbringt. (Ein solcher Gemeinplatz mag teuer sein.) Ein gutes Möbel, ein gut gebundenes Buch sollte in seiner Gestalt so endgültig sein wie eine Geige.
Die Kunst des Entwerfens ist die, einen bestehenden Typ in einer einzigen Hinsicht zu verbessern; ein wirklich guter Tisch oder Stuhl oder ein wirklich gutes Buch ist das Ergebnis hoher Zucht.
Eine andere Reaktion gegen das moderne Leben ist die übergroße Verehrung für das Alte, aber dadurch entzieht man dem gegenwärtigen Handwerker die Möglichkeit, die Traditionen seiner Kunst lebendig zu erhalten. Sicherlich wurden die Ergebnisse, welche das Sammeln alter Möbel für die Gesellschaft gehabt

---

* Auszug aus dem gleichnamigen Aufsatz Lethabys in *The Imprint*, 1913.

hat, nicht vorhergesehen, aber wir haben ganz gewiß dem Handwerk außerordentlichen Schaden dadurch zugefügt. Wenn augenblicklich Leute wirklich das Beste haben wollen, das sie haben können, dann sollten sie zu fähigen Leuten gehen, die es ihnen in modernen Formen herstellen.

Moderne deutsche Architektur und was wir davon lernen können*

Ich habe die Einladung des Ausschusses, über diesen Gegenstand zu sprechen, nur zu bereitwillig angenommen, obwohl ich immerhin lange gezögert habe. Die Zeiten sind zu gewaltig, um zu sprechen, und in ernsten Zeiten wirkt der Ausdruck persönlicher Meinungen wie eine Unverschämtheit.
In vieler Hinsicht müssen wir die fähigste Nation der Erde sein, und es gibt eine Form des Patriotismus, welche sich mit dem Stolz auf diese Dinge zufriedengeben würde. Es gibt aber einen anderen noch tieferen patriotischen Stolz, nämlich den Unwillen, in irgendeiner würdigen Fähigkeit, in irgendeinem bedeutenden Können zurückzubleiben, und den Wunsch, dem Wertvollen, was wir ohne Zweifel besitzen, auch das hinzuzufügen, was uns fehlt. Es gibt einen Patriotismus, der möchte London so sehen wie Athen und Florenz. Der kann sich nicht zufriedengeben, bis wir »Jerusalem in Englands schönem grünem Land gebaut haben«. Es mag sogar eine Form des Patriotismus geben, die zu stolz ist, von irgendwelchen Tugenden, die wir besitzen, selbst zu sprechen, und der sich damit begnügt, dies anderen Völkern zu überlassen.
Ich habe ein gewisses Recht, über deutsche Architektur und deutsches Kunstgewerbe zu sprechen, denn ich habe das Land ungefähr ein halbes Dutzend Male besucht und habe viele der bedeutendsten Städte gesehen, einschließlich Berlins. Vor vielen Jahren bin ich zu dem Schluß gelangt, daß Deutschland vorwärtsstürmt; Deutschland hat ganz bewußt alle menschlichen Tätigkeiten, alles menschliche Wissen in bestimmte Gebiete eingeteilt und hat sich das Ziel gesetzt, alle seine Konkurrenten in allen diesen Gebieten zu überflügeln. Die Männer, die den Staat beraten und leiten, haben, so schien mir, die altgewohnten Methoden des freien Wettbewerbes in den Künsten und Wissenschaften durch den klaren und bestimmten Willen ersetzt, alle Rivalen niederzuschlagen und in jedem Feld der Erste zu sein. Diese Theorie ist nicht weithergeholt; was geschah, war einfach das Ergebnis davon, daß man den preußischen Kriegsgeist in alle Bereiche des Lebens eingeführt hat. Die deutsche Wissenschaft — ich kann hier nur von Geschichtswissenschaft sprechen —, die deutsche Industrie, die deutsche Architektur, sie alle wurden eingesetzt, um dem alles beherrschenden Wunsche

---

* Auszug aus dem gleichnamigen Aufsatz Lethabys für *The Architectural Association*, Januar 1915.

zu dienen: anzugreifen und zu siegen. Man stelle sich vor, was das heißt, wenn es wahr ist — und etwas dergleichen muß wahr sein —, daß eines Tages, vor vierzig oder fünfzig Jahren die wahren Führer der preußischen Macht sich in einem Zimmer zusammengesetzt haben, um die Entscheidung zu treffen, in einen Feldzug dieser Art einzutreten: Deutsche Bücher, die deutsche Maschinenindustrie, deutsche Fabriken, das deutsche Theater, alles, mit einem Wort, sollte besser sein als die unabhängige Produktion in den Nachbarstaaten. Dies war das Endziel, und nun war es einfach, die notwendigen Mittel dafür zu erkennen und anzuwenden. Was andere Völker taten, wurde studiert, es wurde darüber berichtet, es wurde festgehalten, und die Fehler, die andere machten, wurden in vielen Fällen vermieden. Denn dies ist wesentlich für die Lage: Deutschland, der Angreifer, war imstande auszuwählen und zu experimentieren, was die anderen Völker nicht konnten, die in vielen Fällen die Pionierarbeit geleistet hatten. Der Wunsch, sich alles anzueignen, führt sicherlich weit; wir wissen nicht, wie weit, und es muß Grenzen geben: — es gibt da eine Gefahr, so scheint mir, für wahre Originalität. Es mag ein wenig absurd klingen, wenn man persönliche Meinungen über die Psychologie eines Riesenreiches ausspricht; aber ich habe den Eindruck, daß der preußische Geist ins Extreme geht; es gibt eine Art der Organisation, die ist überorganisiert, eine Spezialisierung, die ist zu speziell, und eine zu gründliche Gründlichkeit. Vielleicht strebt Deutschland zum Maßlosen hin: dem Beobachter von draußen erscheint ihr häusliches Leben und ihr Essen ohne Maß zu sein; Erziehung und Bildung werden vielleicht über das hinausgetrieben, was das gute Maß ist, und die Gewalt wird heute ganz gewiß über jedes Maß gewaltsam gehandhabt. Sie haben die griechische Lehre vom schönen Maß durch eine neue ersetzt: das alles bis ins Maßlose gehe. Ich habe mir überlegt, woran das wohl liegen könne, und habe zuweilen gedacht, es mag daran liegen, daß Norddeutschland niemals in den Kreis der antiken Gesittung einbezogen worden ist. Was an Deutschland am meisten auffällt, ist: großer Maßstab. Die Zahl der Städte, welche Zentren der Kunst und Wissenschaft sind, die Qualität der öffentlichen Verkehrsmittel, wie Eisenbahnen und Straßenbahnen, sind Beispiele dafür. Diesen Maßstab können wir natürlich nicht erreichen, und vielleicht können wir uns kaum vorstellen, wie groß die Entwicklungen der jüngsten Zeit Deutschland gemacht haben, welches heute von der Nordsee bis zur Adria reicht, mit einer Bevölkerung, welche vielleicht dreimal so groß ist wie die unsere. Aber die Würde ihrer Städte und der öffentlichen Einrichtungen in ihnen muß anerkannt und gelobt werden.

Das Erste, was wir in der Kunst von Deutschland lernen können, ist dies: wie man englische Originalität richtig einschätzt. Bis vor ungefähr zwanzig Jahren hat eine bemerkenswerte Entwicklung der englischen Künste aller Arten stattgefunden. Für fünf oder sechs Jahre, um das Jahr 1900, hat die deutsche Regierung ihrer Gesandtschaft in London einen experten Architekten beigegeben, Herrn Muthesius, welcher der Geschichtsschreiber — in deutscher Sprache — der englischen freien Architektur geworden ist. Alle Architekten, die um diese Zeit irgend etwas bauten, wurden studiert, klassifiziert, registriert und, ich muß sa-

39

gen, verstanden. Dann, gerade als unser englisches Bauen Wirklichkeit wurde, oder zumindest beinahe[1] Wirklichkeit wurde, setzte eine kleinmütige Reaktion ein, und wiederum kamen die alten Stile aus dem Stilkatalog auf.
Es ist ebenso wahr — oder vielleicht noch wahrer —, daß der deutsche Fortschritt in der Gestaltung des Industrieproduktes sich auf das englische Kunstgewerbe gründet. Sie sahen, was an unseren besten Möbeln, unseren Textilien, unserem Glas, unserem Buchdruck wesentlich war, sie eigneten es sich an, sie machten es zu Geld, während zur gleichen Zeit unsere Presse hier ganz höllisch geistvoll über diese Dinge schrieb und die ganze Bewegung getötet hat. Sie haben unser Experiment im Kunstgewerbe weiterentwickelt, und wir haben Kritikern erlaubt, es bei uns zu Hause zu zerstören; wir waren wohl die ersten, die an eine Architektur dachten, die in ihrer eigenen Sphäre wirken sollte, statt sich immer und immer wieder in die Häute zu kleiden, welche sie schon lange abgeworfen hatte, — oder, wie der Hund in der Bibel, sein Essen zweimal zu essen. (Nicht einmal dieser Vergleich paßt; es sieht vielmehr so aus, als ob unser architektonischer Hund das gleiche Essen immer und immer wieder schlucken müßte.)
Deutsche Architekten haben sich der Theorie einer wirklichen Architektur bemächtigt — oder, sie haben sie selbst gefunden. Wir aber sind zu eben der Zeit das Opfer einer jener Reaktionen geworden, wie sie bei uns periodisch einzusetzen pflegen: Man sieht Architektur nicht als eine der Formen, in denen die Energie, der Intellekt und der Geist der Nation sich darstellen; wir haben sie verstümmelt, wir haben sie eingekerkert in Formen, welche nicht nur tot sind, sondern niemals irgendwelches Leben besessen haben...
Die Deutschen haben etwas getan: Sie haben einen Zweig der wissenschaftlichen Nationalökonomie geschaffen, welcher sich ausschließlich mit Kunst, Industrie und der kunstgewerblichen Bewegung beschäftigt. Wir müssen die London School of Economics dazu bringen, sich dieser Frage anzunehmen, und aller Fragen, welche mit Qualität in der Produktion zu tun haben. Ich habe oft gefragt, was die Bedingungen für den Einsatz öffentlicher Mittel für schöne Straßen und edle Bauten in einer Stadt sind: ist es gut für die Wirtschaft, saubere und gut organisierte Städte zu haben, oder ist es gut, schäbige und elende Städte zu haben? Ich habe aber niemals eine Antwort erhalten.
Hier möchte ich an unsere Architekturzeitschriften appellieren, damit sie sich einmal mit öffentlichen Arbeiten beschäftigen und nicht nur über die berichten, die ausgeführt worden sind, vielmehr öffentliche Arbeiten verlangen, für sie zu Felde ziehen: dann werden sie sie auch bekommen. Die Herren, die London verbessern wollen, fangen immer damit an, daß sie zunächst einmal einige der besten Dinge niederreißen wollen, die wir besitzen, wie z. B. die Terrasse vor der Nationalgalerie oder die Nelson-Säule. Unsere Studenten werden an großartigen Haussmann-Projekten erzogen: sie sollen noch haussmännischer als Haussmann werden. Was uns fehlt, ist eine öffentliche Meinung, welche sich mit kleinen Verbesserungen beschäftigt, wie z. B. damit, unsere Untergrundbahnstationen

---

[1] *englisch: very, very nearly.*

endlich in Ordnung zu bringen. Öffentliche Kunst dieser Art würde endlich einmal etwas anderes in die Zeitschriften bringen als die ewigen Bilder von Herrn As Golf-Cottage oder Herrn Xs Billardzimmer. Unsere große und edle Architektur muß davor bewahrt werden, nicht mehr zu sein als ein Anhängsel an das Leben der Neureichen und ein Komfort fürs Wochenende.
(Lethaby spricht dann weiter von dem Schmutz und der Unordnung in Städten und Dörfern und fordert, daß man die Gewohnheit entwickle, die Dinge zu sehen, wie sie sind: mit dem Schmutz, mit dem weggeworfenen Papier, mit den Apfelsinenschalen: man darf sich nicht damit zufriedengeben, man darf sich das nicht bieten lassen: es ist unsere [der Architekten] Sache, das öffentliche Leben zu verbessern und zu organisieren, so wie es Sache der Ärzte ist, das Publikum gesund zu erhalten. Am Ende kommt er auf Deutschland zurück, wo man offenbar alle diese Dinge vor 1914 getan habe.)
Und nun zum Schluß muß ich mich einer etwas verwirrenden Frage zuwenden. Wenn man die Anstrengungen lobt, die im neuen Deutschland im Städtebau gemacht werden, dann fragen mich die Leute gewöhnlich: »Ja, aber haben sie das denn gern?« Das ist eine schwierige Frage. Man muß sich immer daran erinnern, wie wenige Dinge man wirklich gern hat, bevor man fragt, ob ich die Härte, das Protzige, die Brutalität des neuen Hannover, Straßburg, Magdeburg oder Köln gern mag. Sie wurden nicht gebaut, damit ich sie gern habe: sie haben sie für sich selber gebaut. Und dann: Habe ich das neue Paris oder London gern? Nun, das kann ich nicht sagen. Aber ich bewundere sehr die großartige praktische Fähigkeit, den Ehrgeiz, mit dem die Deutschen sich der Organisation ihrer Städte annehmen.

Muthesius'[1] Äußerungen aus dem gleichen Jahre 1915 scheinen Lethabys Vorstellungen zu bestätigen:

Hermann Muthesius: Die Zukunft der Deutschen Form*

... Was England betrifft, so hat der Krieg den unwiderleglichen Beweis erbracht, daß es den Gipfel seiner Entwicklung überschritten hat. Wie weit dieser Gipfelpunkt schon zurückliegt, kann unerörtert bleiben. — Alterserscheinungen waren

---

[1] *Man scheut sich, Muthesius, dem ein so breiter Raum im zweiten Teil des Buches gewidmet ist, hier zum ersten Male mit diesen Bemerkungen zu Worte kommen zu lassen. Sie gehören zum Wesen des Mannes und seiner Zeit in Deutschland. Auch der Stil gehört dazu, der sich im Original schlechter liest, als Lethabys in der Übersetzung. Diese Zeilen stehen hier nur, um zu zeigen, daß Lethaby keineswegs unfair gewesen ist.*

* Auszug aus dem gleichnamigen Aufsatz von Hermann Muthesius 1915.

seit Jahrzehnten zu beobachten. — Deutschland ist in all den Gebieten an Englands Stelle getreten ...
Indessen möchte man fast sagen, daß die Früchte des Handels nicht einmal die wertvollsten sind, die ein geschmacklich führendes Volk einheimst. Wichtiger als Geld ist Ansehen, höher als Reichtum steht Achtung, am höchsten Liebe. Und alles das wird einem Volk entgegengebracht, das in Kunstdingen den Weg zeigt ...
... die besonderen Eigenschaften, die hierfür in Frage kommen, (sind) im modernen Deutschland am klarsten ausgeprägt ...: Dispositionsfähigkeit, enge Anpassung an die Umstände, Unterordnung unter große Gesichtspunkte: mit einem Wort bezeichnet: Organisation ...
Geradeso aber, wie wir auf dem Schlachtfeld und in unserer Kriegspolitik, in Finanzierung und Wirtschaft alles daransetzen, um mit Hilfe einer bis ins kleinste vordringenden Organisation den Sieg davonzutragen, geradeso müssen wir eine bedachte Kräfteregelung auch in der Kunst einführen, um zu dem zu gelangen, was viele Leute erhoffen und als deutsche Form ersehnen ...
E s   g i l t ,   m e h r   a l s   d i e   W e l t   z u   b e h e r r s c h e n ,   m e h r   a l s   s i e   z u   f i n a n z i e r e n ,   s i e   z u   u n t e r r i c h t e n ,   s i e   m i t   W a r e n   u n d   G ü t e r n   z u   ü b e r s c h w e m m e n .   E s   g i l t ,   i h r   d a s   G e s i c h t   z u   g e b e n .   E r s t   d a s   V o l k ,   d a s   d i e s e   T a t   v o l l b r i n g t ,   s t e h t   w a h r h a f t   a n   d e r   S p i t z e   d e r   W e l t ,   u n d   D e u t s c h l a n d   m u ß   d i e s e s   V o l k   w e r d e n .
(Vom Verfasser gesperrt.)

»Nationalökonomie« oder produktive Wirtschaft*

Kunst ist gute Qualität in jeder Form der Produktion, und vielleicht ist das Problem der Kunst im Augenblick die größte aller Fragen. Für eine Nation, die Handel treibt, ist es lebensnotwendig, daß alle ihre Waren gute Qualität haben. Es ist wesentlich für unser Überleben als Nation, daß die Industrien, in welchen man ausgebildete Werkleute braucht, unterstützt werden, denn sonst wird schließlich alles vom ungelernten Arbeiter getan; was einer arbeitet, das macht den Arbeiter aus. Wenn wir einmal das traditionelle Handwerk aufgeben und nichts mehr leisten als rohe Arbeit, dann werden wir eine Nation von Sklaven sein. Diese Wahrheit habe ich kürzlich sehr klar in den Veröffentlichungen des Deutschen Werkbundes erkennen können.
Ich entsinne mich, wie ich vor etwa 25 Jahren in einem Eisenbahnabteil in Osteuropa, ich glaube in der Nähe von Nisch, einem deutschen Geschäftsreisenden

---

* Auszug aus dem gleichnamigen Aufsatz Lethabys für die *Arts and Crafts Society*, November 1915.

begegnet bin. Der Mann sprach alle Sprachen und war von seiner eigenen Propaganda begeistert, und er zog ein schönes Taschenmesser mit vier Klingen aus der Tasche und sagte: »Nun, ist das nicht ebenso gut wie Sheffield?« Vor etwa sechs Jahren hat man sich in Deutschland entschlossen, das englische Kunstgewerbe für die deutsche Maschinenindustrie nutzbar zu machen, und so entstand der Werkbund, von dem ich eben sprach[1].
Nur sechs Monate vor dem Krieg besuchte mich ein recht gebildeter Herr aus Österreich. Er hatte seinen Doktor in Nationalökonomie gemacht und erzählte mir, das Thema seiner Doktorarbeit sei gewesen — nun, was denken Sie? — Kunstgewerbe. Das sei heute, sagte er, ein Zweig der Nationalökonomie in Deutschland. Er hoffte auf einen Lehrstuhl für dieses besondere Gebiet. Ich fürchte, kein englischer Nationalökonom hat das Wort Kunstgewerbe jemals gehört; und sicherlich würde keiner seine Zeit verschwenden, indem er käme, um mich zu besuchen. Unsere Nationalökonomen beschäftigen sich wahrscheinlich mit irgendeiner abstrakten Theorie »reiner Ökonomie« mit Wertkoeffizienten zum Beispiel, und sie haben keine bessere Vorstellung vom Wert der Gestaltung wie eine Katze. Mein Österreicher sagte, er sei nach England gekommen, denn das sei doch das Ursprungsland des Kunstgewerbes, aber was er da gesehen habe, das habe ihn enttäuscht; unordentliche Straßen, elende Bahnhöfe, Architektur ohne Funktion: es sei so ganz verschieden von dem, was er geglaubt habe, in einem Land erwarten zu dürfen, in dem das Kunstgewerbe so berühmt ist. Er war ganz ehrlich, er mokierte sich geradezu: wie kann es denn sein, sagte er, daß Ihr, die Ihr das alles bereits vor 20 Jahren hattet, heute das Kunstgewerbe vernachlässigt? Ich wollte ihm nicht gern auseinandersetzen, daß unsere Presse sich sehr für die Ausstellungen von Ölgemälden interessiert oder auch für den Handel mit Antiken und daß Sportsmänner nun einmal gern etwas töten, so daß die Kritiker (die sogenannten), nachdem sie sich ein oder zwei Jahre lang halben Herzens mit dem neuen Spielzeug befaßt hatten, jetzt praktisch unsere Kunstgewerbeausstellungen getötet haben: und auch, daß Kunst in diesem Land einzig Sache der Royal Academy ist.
Ich entsinne mich, daß ich diesen österreichischen Doktor des Kunstgewerbes fragte, warum wir hier keinen solchen Zweig der »Wissenschaft vom Reichtum« besäßen, warum wir nicht Lehrstühle hätten wie den seinen, sagen wir einmal in Liverpool oder London, natürlich nicht in Oxford. »Ich weiß nicht«, sagte er, »aber die Konkurrenz, die wird euch dazu zwingen.«

---

[1] *Lethaby: Naumann und andere fähige moderne Nationalökonomen in Deutschland interessieren sich, wenn ich nicht irre, für die Ideale des Werkbundes, welcher in erstaunlich kurzer Zeit einen Stil der Gestaltung für das Industrieprodukt in Mode gebracht hat, welcher kommerziell erfolgreich war. Ich persönlich hasse ihn, aber man hat ihn ja nicht für mich geschaffen.*

Design und Industrie*

Während der letzten beiden Generationen hat man in England mehrere Versuche unternommen, mit den neuen Produktionsbedingungen ins Reine zu kommen, welche die Maschinenindustrie umformen und das, was man »design« nennt, umformen müssen. In dieser Richtung müssen wir gegenwärtig weiterarbeiten, denn fremde Konkurrenten haben unsere Gedanken übernommen, haben sie voller ausgewertet und wenden sie heute gegen uns. Der erste ernsthafte Versuch, design und die moderne Industrie zusammenzubringen, war die große Ausstellung von 1851. Die Gründung des Royal College of Art und des Victoria and Albert Museum haben Einrichtungen ins Leben gerufen, welche seither überall in der Welt nachgeahmt worden sind.

Die kunstgewerbliche Bewegung des letzten Viertels des 19. Jahrhunderts war ebenfalls eine durchaus englische Erscheinung, welche man im Ausland studiert und nachgemacht hat, während sie sich hier in London in einem hoffnungslosen Kampfe befindet. Gewiß, sie hat gelegentliche Auswüche gezeitigt, sie war zuweilen affektiert; aber ebenso gewiß hat sie eine Menge von Gedanken hervorgebracht, Gedanken, welche in vielen Fällen von unseren ausländischen Rivalen aufgenommen und weiterentwickelt worden sind.

Die Schwierigkeit war die: der Designer und der Fabrikant arbeiten völlig getrennt voneinander, und das kaufende Publikum vertritt wieder einen anderen Standpunkt.

(Lethaby spricht dann davon, daß der Nationalökonom wieder einen eigenen Standpunkt habe, dem der Begriff Qualität völlig fremd sei, daß der Kunstkritiker wesentlich mit den Eigenschaften von Kunstwerken beschäftigt sei, die ihn im Augenblick persönlich interessierten und daß schließlich unglücklicherweise die kunstgewerbliche Bewegung in England gerade zu einer Zeit stattfand, in der es auch eine außerordentlich verbreitete Mode der Antiken gab, mit denen man seine Häuser vollstellte. Er fährt fort:)

Was wir augenblicklich brauchen, ist dies: alle die verschiedenen Interessen, welche etwas mit der industriellen Produktion zu tun haben, müssen sich in einem engeren Verband zusammenschließen; einem Verband von Fabrikanten, Designern, Kaufleuten, Ökonomen und Kritikern. Es wird deswegen vorgeschlagen, eine »Design and Industries Association« zu gründen, deren Ziel es sein soll, einen näheren Zusammenhang zwischen den verschiedenen Zweigen der Produktion und des Handels herzustellen und gleichzeitig ihre Ziele und Ideale so weit wie möglich dem Publikum zu erklären. Wir sollten imstande sein, weit bessere Früchte unserer Originalität und Initiative zu ernten, als uns das in der Vergangenheit möglich gewesen ist. Wir müssen lernen, den Wert unserer eige-

---

* Auszug aus dem gleichnamigen Aufsatz Lethabys für die *Design and Industry Association*, 1915.
Dies ist, im Kriege, eine Aufforderung, den Werkbund in England zu verwirklichen. Sie blieb erfolglos.

nen Ideen zu begreifen, bevor sie vom Kontinent zu uns zurückgestrahlt werden. *(Er zählt dann die verschiedenen Zweige auf, in denen englisches Kunstgewerbe in den letzten 25 Jahren führend gewesen ist, und faßt zusammen:)* Diese Dinge wurden in England von einer Gruppe begeisterter Leute für eine kleine Anzahl von Kennern produziert, und der Großindustrielle hat durchaus nicht gesehen, welche Möglichkeiten für ihn darin lagen, diese Experimente für die Arbeit in der größeren Welt der Maschinenindustrie nutzbar zu machen. Eben das aber haben unsere ausländischen Konkurrenten getan.

Wir müssen in allen unseren Industrien zu einer engeren Fühlung mit dem »design« kommen. Aber es mag paradox klingen, und ist es doch nicht, wenn wir feststellen, daß wir zuviel hierüber nachdenken, zu tief in die Welt der Probleme eintreten und daß wir krampfhafte Lösungen herausstellen an Stelle von klaren und sicheren. Design besteht schließlich nicht darin, daß man Formen verzerrt oder einem Gegenstand irgendeine scheußliche Dekoration anfügt, vielmehr ist es die Kunst, die Mittel den Zwecken anzupassen, um Werke hervorzubringen, welche ein jedes in seiner eigenen Art gut sind. Der Fabrikant muß sich oft Sorgen darüber machen, was leicht zu verkaufen ist, und das muß ein außerordentlich störendes Problem sein; er sollte aber lieber die Frage unter einem anderen Winkel angehen, also: was ist gut, was ist das Beste, das für einen bestimmten Preis geleistet werden kann? Dann wird die Frage des »design« sofort vereinfacht, wenn auch noch nicht gelöst. Gibt es irgendeine Garantie, daß das Gute besser verkäuflich ist als das Schlechte und Prätentiöse? Wahrscheinlich nicht, solange man hauptsächlich auf das Neue aus ist; aber auf die Dauer muß das Gute sich doch durchsetzen — das beste Fahrrad für einen bestimmten Preis wird das sein, das sich am besten verkauft. Nun, wenn es uns gelingt, das bestausgeführte Metallbett, das beste staubdichte Bücherregal, die beste und im Gebrauch einfachste und handlichste Kohlenkiste herzustellen, alle zu durchschnittlich niedrigen Preisen, besteht dann nicht die Wahrscheinlichkeit, daß auch diese Dinge sich so gut verkaufen ließen wie das beste billige Fahrrad? Wenn ein jeder dieser Gegenstände e i n e gute Idee enthielte, dann wäre das durchaus genug. So ein Bett und so ein Bücherregal sollte dann im einzelnen verbessert werden, genauso, wie das Fahrrad immer wieder verbessert worden ist; häufig wird bei einem Bücherregal zu wenig an die Bücher gedacht und an die Art, wie sie bequem aufgestellt werden können; statt dessen denkt man an das, was man immer für »design« gehalten hat.

Deutschland hat mit großem Erfolg gute Hotelmöbel produziert, und zwar wurde das getan, indem man die wesentlichen Dinge solcher Möbel berücksichtigt hat und die dekorativen Auswüchse beseitigte. In vielen Fällen kamen die Anregungen hierfür von unseren eigenen kunstgewerblichen Ausstellungen, und man mag großen Möbelfirmen ans Herz legen, doch einmal zu versuchen, was mit einem Zweck-Stil erreicht werden kann als einer Alternative zu den berühmten Early-English-, Jacobean- oder Queen-Anne Moden.

Zweckmäßigkeit wird man sagen, ist nicht alles. Was wäre der nächste Schritt? Der nächste Schritt würde eine noch bessere Ausführung sein, noch größere

Handlichkeit, Schnittigkeit und Klarheit. Dann, wenn ein wirklicher Meister die Sache in die Hand nimmt, mag ein wenig Stickerei (sozusagen) auf dem einfachen Gewand gestattet werden, ein wenig Spaß am Handwerklichen, und das würde dann das Ornament darstellen. Wenn man dieses Wort gebraucht, entsteht sofort Verwirrung. Wir wollen also noch einmal darauf hinweisen, daß sieben Achtel dessen, was man design für die Industrie nennt, der Zweckmäßigkeit dienen sollten.

Macht die Städte ordentlich!*

Wir denken an Kunst als eine besondere Angelegenheit, mit der sich Spezialisten beschäftigen, die man Architekten, Maler und Musiker nennt, und auf diese Weise sind wir dazu gekommen, die Schönheit aus unseren Städten und aus unserem Leben zu verbannen. Was ich unter Kunst verstehe, ist nicht die Angelegenheit weniger, sondern es geht alle an. Es ist Ordnung, Sauberkeit, die rechte Art Dinge zu machen und die rechte Art Dinge zu tun und ganz besonders die Dinge, die das öffentliche Leben unserer Städte betreffen.

Das Bedürfnis für eine öffentliche Kunst, die nicht ein Luxus ist, sondern ein durchaus notwendiger Teil des täglichen Lebens für Menschen, die in Gemeinschaften leben, ist wirklich für uns eine sehr dringende Frage geworden, und ich möchte das betonen, indem ich es ständig wiederhole. Sie sollte in Schulen gelehrt werden. Sie sollte die wichtigste Frage bei Wahlen werden, so daß sogar Mitglieder des Parlamentes sich ein wenig für die Schönheit der Städte interessieren müßten, die sie vorgeben zu vertreten.

Sowie ich von Kunst in der Stadt spreche, werden Sie natürlich an Gemäldegalerien denken oder an eine Statue oder an eine künstlerische Straßenlaterne oder an irgendeinen anderen schmuckreichen Gegenstand; aber ich muß noch einmal darauf hinweisen, daß das durchaus nicht das ist, was ich meine. Ich meine Städte, in denen man leben kann.

Wir müssen dafür Begeisterung entfachen, es muß ein Spiel werden, eine Bewegung.

Seht euch den schäbigen Schuppen an, den sie den Bahnhof nennen, und die traurige Bahnhofsstraße. Städte müssen nicht so aussehen. Städte sollten so angelegt werden, daß ein stolzes und intelligentes Volk darin hausen kann. Und es ist unsere Sache, daß man sie so anlegt.

Ich wage es nicht, unsere Städte zu beschreiben, so wie sie sind; aber es ist mein Anliegen, sie in Ihre Erinnerung zurückzurufen; und wenn Sie jetzt hier hinausgehen werden, dann bitte ich Sie, sehen Sie sich Piccadilly an, welches ungefähr

---

* Auszug aus der Ansprache Lethabys an die Kunstgewerbliche Gesellschaft im November 1916.

die berühmteste Straße in England ist, und dann die nächste Untergrundstation, zu der Sie kommen. Sprechen wir es einmal aus: das genügt nicht! Als ich jünger war, hat man mich damit beruhigt, daß man mir gesagt hat, unser Land sei das reichste Land der Erde, bis ich eines Tages aufgewacht bin und gemerkt habe: was ich unter Reichtum verstehe, ist Wissen und Schönheit, Musik und Kunst, Kaffee und Omeletts; in den Tagen der Armut, die kommen werden, werden wir vielleicht mehr davon bekommen.
Als ein Beispiel dafür, was ich unter einer Kunst verstehe, in der Ordnung, Konstruktion, Schönheit und Funktion alle eines sind, möchte ich die Marine nennen. Wir dürfen uns nicht eher zufriedengeben, bis unsere Eisenbahnen ebenso aussehen. Welche anderen Künste haben wir denn, die die gleiche Schönheit der Funktion ihr eigen nennen, welche in gleichem Maße eine unbewußt fortschreitende Tradition besitzen? Nun, zwei oder drei andere fallen mir ein: Ein einfacher, gut versehener Haushalt draußen auf dem Lande mit Tee im Garten; die Boy Scouts und Tennis in weißen Kleidern. Diese vier scheinen mir die besten Formen moderner Kultur zu sein, und sie müssen als Beispiele für die Art des Geistes dienen, in welchem die Verbesserung unserer Städte angegangen werden muß. Es muß ein jeder interessiert sein, und die Sache muß halb Drill, halb Spiel werden. Ich bitte Sie hier alle, das beste aller Spiele zu spielen: Ordnung in die Städte zu bringen.

Das Fundament ist Arbeit*

Die Philosophen haben gesehen, daß gewisse Formen der Produktion keinem materiellen Zweck unmittelbar dienen, daß sie Mittel sind, Gefühle auszudrücken, und daß es ihr Ziel ist, anderen Freude und Anregung zu geben. Dies nennt der heutige Sprachgebrauch »Kunst«. Nun, das wäre schon recht, wenn es nur nicht so unrecht wäre, falsch, geschichtlich gesehen, und nicht weniger falsch, was die Ergebnisse betrifft. Kunst, das ist immer Arbeit gewesen, Produktion, Machen, Tun, und es ist niemandem eingefallen, den Geist, den Ausdruck, den Sinn gewisser Formen der Arbeit von dem Rest dieser Arbeit zu trennen, die ohne sie nichts anderes wäre als sinnlose Schufterei. Kunst ist stets beides: Substanz und Ausdruck, Arbeit und Gefühl, Dienst und Freude. Wer diese beiden Seiten im Kunstwerk voneinander trennen will, zerstört beide.
Was uns hier angeht, ist Wahrhaftigkeit in Haltung, Sprache, Arbeit. Ausdruck, Schönheit, Gefühl kommen dann ganz von selbst. Drücke ich mich klar aus? Ich leugne nicht die Poesie der Arbeit, ich sage lediglich dies: Werk, Dienst und Sinn sollen stark und gesund sein; dann wird der richtige Ausdruck sich auch einstellen. Wenn man zuviel an die Gefühlsinhalte gewisser Formen der Be-

---

* Auszug aus dem gleichnamigen Aufsatz Lethabys in *Highway*, März 1917.

tätigung denkt, also an Dichtung, Musik, Malerei, dann entwertet man zunächst einmal alle anderen Formen der Produktion zur Nichtkunst; also zu bloßer Viecherei; und gleichzeitig trennt man diese auserwählten Künste selbst viel zu sehr von der Funktion des Dienens und vom allgemeinen Verständnis, und dadurch werden sie krank und verderben. Schönheit ist die Blüte der Arbeit, welche dient. Dies ist, was ich glaube: Kunst ist gesunde und vollständige menschliche Arbeit. Ein Kunstwerk ist ein gutgemachter Stiefel, ein gutgemachter Stuhl, ein gutgemachtes Gemälde. Ich erinnere mich, wie ich vor nur wenigen Jahren die Definition dessen gelesen habe, was der »ideale Mann« sei. Sie wurde von einer liebenswürdigen und kultivierten Seele gegeben: Der ideale Mann, so glaubte der Autor, sollte ein Christ sein, ein Gentleman, einer, der Kenntnisse hat und ein Sportsmann, und ich glaube, er sollte sogar auch einen gewissen Sinn für Humor haben. Sehr hübsch, wenn auch ein wenig eng; aber wirklich nicht dicht genug fürs Leben. Wir müssen eine Lebenslehre schaffen, welche anerkennt, daß Leben auf Arbeit gegründet ist. Wir müssen Arbeit und den Arbeiter verehren. Arbeit lohnt; Arbeit ist Dienst; sie hat Ehre und ihr eigenes Recht. Andere Worte mögen für andere Zeiten die großen Worte gewesen sein. Aber das große Wort für uns ist: »Arbeit«. Während der letzten Generationen — es gibt Moden in diesen Dingen — hat man viel vom Opfer gesprochen. Das ist sehr verwirrend, ganz besonders für junge Menschen; man hat aber viel zu wenig über Dienst gesprochen, den Dienst z. B., die Abflußrohre zu reinigen oder zu pflügen oder zu bauen. Warum ist das so? Warum wird das immerwährende und notwendige Martyrium harter Arbeit so allgemein und ständig vergessen? Es gibt gute historische Gründe dafür, daß Philosophen und Lehrer aller Art vergessen haben, daß die Grundlage des Lebens Arbeit ist und daß das Denken hoch in der Luft beginnt. Einer der Gründe ist der, daß die Probleme der Art, wie sie die Philosophen seit langer Zeit um- und umgewendet haben, von den Griechen gestellt worden sind, und ganz besonders von Plato. Aber der griechische Staat war auf Sklaverei gegründet, und sogar die kühnsten Denker konnten das einfach nicht in Frage stellen. Arbeit geschah einfach, so wie die Dinge lagen, und die großen Leute, welche miteinander sprachen, kümmerten sich darum nicht mehr, als wir uns um die Philosophie von Pferden und Kühen kümmern würden. Nachdem sie morgens ihre Sklaven zurechtgewiesen hatten, legten sie ihre Philosophengewänder an und trafen einander in den Säulengängen, um auf ausgesuchte Art über die Natur der Gerechtigkeit und das Wesen des ästhetischen Genusses zu disputieren.

Zu der Zeit, welche wir das Wiederaufleben der Gelehrsamkeit nennen (also der Renaissance), haben wir diese Gedanken in einem Stück übernommen und haben sie eigens Philosophie genannt, wobei uns nicht auffiel, daß diese Philosophie alles andere war als ein vollständiges System des Denkens fürs Leben. (Denn man kann ja nicht von Erkenntnistheorie leben, sondern man muß zunächst einmal Brot und Stiefel haben.) So wurde die Philosophie das Denken derer, die nichts anderes zu tun haben.

Aber am Ende der klassischen Periode war eine andere Art zu denken entstan-

den, welche bis zu einem gewissen Grade eine Philosophie der Arbeit mit umfaßte. Diese Philosophie wurde später getrübt, und es drängten sich andere Gedanken in sie hinein; immerhin, sie existierte, und ein moderner Denker, welcher gegen sie gesprochen hat, hat sie die Moral von Sklaven genannt. In welchem Maße dieses Denken vollständig war, wage ich nicht zu sagen, wenn man es aber historisch betrachtet, dann kann man nicht leugnen, daß das Christentum immerhin eine Lehre für den Sklaven, für den Arbeiter, für den armen Mann in seine Doktrin einschloß. Immerhin gab es da so etwas wie ein Denken für den Mann, der arbeitet.
Indem ich von diesem Blick in die Vergangenheit zurückkehre, finde ich, daß in dem unendlich weiten Feld der Denkmöglichkeiten wir in unserer Zeit nur dort hoffen können, ein festes und konstruktives Zentrum zu finden, wo wir den Gedanken an eine edle, gerechte und alle einschließende Zivilisation finden können: Eine Zivilisation, getragen von einer Lehre, welche die Grundlagen nicht verkennt, nicht vergißt, was die Grundbedürfnisse des Lebens sind, und welche hier und jetzt gegründet sein muß auf gemeinsame Arbeit, ein gemeinsames Leben, ein gemeinsames Ziel.
Dies sage ich nicht als ein Idealist und als einer, der ein Menschheitsbeglücker sein möchte, vielmehr als ein Mann, welcher eine vernünftigere und schönere Welt für sich selbst haben möchte. Wie die Dinge augenblicklich liegen, kann man sich vor der Häßlichkeit der umgebenden Welt nicht schützen, man habe denn 4000 £ im Jahr, ein Landhaus und zwei Autos.
Die Maschine verwirrt viele Geister, und das muß so sein. Es ist durchaus möglich zu denken, daß die Maschine eine zerstörende Kraft in der Welt ist, welche sie schließlich in Stücke schlagen wird; aber, werden viele sagen, die Maschine ist nun einmal hier und wird bleiben. Nun ja: dasselbe könnte man z. B. von der Trunkenheit sagen. Aber wir müssen zumindest versuchen, sie zu kontrollieren. Maschinenproduktion hat mit großer Schnelligkeit den Charakter unserer Bevölkerung verändert, und während vor nur wenigen Generationen die meisten Leute Handwerker waren, also kleine Künstler, sind sie nun eine Masse von Maschinendienern geworden. Die Maschine ist eine solche Macht geworden, daß sie kontrolliert werden muß; die Massenproduktion der Maschine sollte eine Produktion für die Massen sein. Kein Einzelner sollte die Erlaubnis haben, eine mächtige Maschine für seine eigenen Zwecke »abzufeuern«, ebensowenig wie er die Erlaubnis hat, eine Kanone in Oxford Street abzufeuern. Man muß denen, denen die Maschinen gehören, eine Lizenz geben zu feuern. Es ist durchaus wahr: die Maschine ist die Artillerie des Handels, und sie muß durch weise Strategie kontrolliert werden.
Alle unsere Ideale haben eine solche Änderung durch das Problem des internationalen Austauschs erfahren, daß unser Überleben in diesem Maschinenzeitalter durchaus davon abhängen mag, daß wir die Schäfte und die Räder ebenso gut zu handhaben wissen wie andere Leute. Unsere Lage ist etwa die eines Wagens, welcher hügelab einem Gespann durchgegangener Pferde folgt. Da ist keine Zeit für eines der Pferde oder für den Kutscher zu tun, was sie gern möchten,

und sich einfach hinzulegen; das Beste, was er tun kann, ist, weiter zu rasen. Und doch, die Maschine muß kontrolliert werden; man darf ihr z. B. nicht erlauben, unsere Städte und unsere Landschaft in der gleichen Weise zu verwüsten, wie das in der jüngsten Vergangenheit geschehen ist. Die Maschine muß kontrolliert werden.
Nun wird man mir sagen, ich habe nicht an die Arbeit des Hirns gedacht; und irgendwie stimmt das. Ich habe auch nicht an die Arbeit gedacht, die für Unterhaltung aufgewandt wird. Was die Leute da so von der Arbeit des Hirns reden, das ist ein ähnlicher Trick wie die Trennung von Kunst und Arbeit. Glauben Sie nicht, daß der Kapitän eines Fischerbootes oder einer, der einen Heuschober baut, ebenso nützlich mit seinem Gehirn arbeitet wie ein Generaldirektor oder ein Abgeordneter? Aber natürlich tut er das. Aber wir brauchen die Arbeit des Hirns in einem neuen Sinn, die allerbeste, die man haben kann, Arbeit, die es wert ist, daß man horrende Preise für sie zahlt, sowie man unseren Ärzten horrende Honorare gibt, wenn man sie nicht billiger haben kann. Aber damit meinen wir gute Hirnarbeit, Hirnarbeit, welche im Interesse der Zivilisation geleistet wird und nicht gegen die Zivilisation. Wie kann man wohl hoffen, solche Arbeit zu bekommen?
Wir müssen zu einem Verständnis und einer Art von Kontrakt kommen zwischen allen Arbeitern des Hirns und jenen vollständigeren Menschen, welche mit Hirn und Händen arbeiten.
(Lethaby sieht die Bedingung dafür in einer neuen Art der Erziehung.)
Es gibt viele, besonders altfränkische, Leute, welche in ihren Familien noch die Armut gekannt haben, welche tief in ihren Herzen ein Grauen davor haben, irgendwelches Essen zu verschwenden. Die Automobilphilosophie, die da sagt: »Ich kann es bezahlen, ich kann tun, was ich will, mit dem, was mir gehört«, hat wenig Zeit für solche Leute; die tragen einen Aberglauben in ihren Knochen, daß Verschwendung von Nahrungsmitteln etwas ist, was man einmal böse genannt hat. Ich bin sicher, daß viele eine ähnliche Ehrfurcht für die Arbeit und die Ergebnisse der Arbeit empfinden. Verschwendung von Nahrungsmitteln ist eine Verschwendung der Mittel des Lebens, aber Verschwendung von Arbeit, das ist Verschwendung des Lebens selbst. Das ist halber Mord. Es ist um eine solche Verschwendung etwas Schreckliches und finster Teuflisches. Ich meine, es ist die große moderne Sünde. Sie gab es wohl kaum, als die Zehn Gebote geschrieben wurden. Dies ist es, was mir mehr als alles andere am Herzen liegt und was ich durch Wiederholung in Ihre Gemüter einhämmern möchte. Wir sind in eine leichte Art des Lebens abgetrieben, und wir leben hinter Hecken und kennen wirklich nicht mehr die Welt, in der man um das Existenzminimum kämpft. Geld ist ein Schlüssel, welchen wir herumdrehen, und was Arbeit geschaffen hat, das fließt sozusagen aus der Wasserleitung, wenn man den Schlüssel hat. »Man kriegt es im Laden.«
Man hat uns sogar gesagt, daß der Konsum gut für den Handel ist.
Wenn wir jemals zu einer besseren Art der Zivilisation gelangen wollen, dann muß einer ihrer Ecksteine Verständnis der Arbeit und Ehrfurcht vor der Arbeit

sein. Ehrfurcht vor der Arbeit ist die Grundlage der Kunst, denn Kunst ist die Arbeit, welche wirklich Ehrfurcht verdient.
Aber es ist nicht genug, daß man all das einfach gesagt bekommt. Wenn wir jemals eine vernünftige Lehre fürs Leben haben werden, sagen wir einmal in fünfhundert Jahren, dann muß sie einen Arbeitsdienst einschließen. Das ist kein Witz, sondern ein echtes Ideal, welches ich für mich selbst und für jeden haben möchte. Wir alle, das muß Teil einer Ausbildung zur Männlichkeit sein, sollten dem Staat für wenigstens ein Jahr dienen. Es sollte niemandem gestattet werden, in die Hirnarbeit zu gehen, z. B. ein Börsenmakler zu werden, ohne dieses eine Jahr der Übung seiner Hände; und andere: Abgeordnete, Architekten, alle Arten von Pastoren und Lehrern sollten, meine ich, aufgefordert werden, zwei Jahre zu dienen, damit sie ihren guten Willen zeigen. Wenn jeder diese Erfahrung machen würde, dann könnten wir vielleicht hoffen, die Maschinen zu kontrollieren, ehe sie unsere Zivilisation in Stücke reißen.
Ein anderer Vorschlag — und den sollte man sofort ausführen: Es sollte ein anerkanntes System der Auslese geben, durch welches ein Teil derer, die in unseren Schulen lernen, Handwerker werden dürfen und nicht Maschinendiener werden müssen. Unser Handwerk, oder man mag es auch unsere Künste nennen, muß bewahrt werden, denn eines Tages werden wir vielleicht aufwachen und finden, daß das Wohl der Nation von ihm abhängt. Als Teil des Stipendienprogrammes unserer Erziehungsbehörden sollten auch einige Stipendien gegeben werden, die es besonders fähigen Studenten in den technischen Schulen möglich machen, sich als Handwerker niederzulassen. Der kleinste Auslaß, der in dieser Richtung aus der eisernen Stadt der industriellen Arbeit hinausführt, würde bewirken, daß viele Augen hoffnungsvoll in diese Richtung blicken, und schließlich würde es sich um nichts anderes handeln als um eine Erweiterung des alten und weisen Lehrlingssystems.

Architektur und das moderne Leben*

Ich möchte Sie bitten, in größeren Einheiten zu denken, als wir das bisher getan haben. In Einheiten, wie Städte es sind und sogar Kulturen, und nicht in kleinen verschrobenen Kunsthäusern für die Frauen von Börsenmaklern mit ihren Gartenpergolas, ihren Trinkstübchen, die dann alle schön in den Zeitschriften abgebildet werden.
Architektur beschäftigt sich mit dem Ganzen der Zivilisation, mit dem, was das Leben fördert, mit den Städten. Wir müssen einen Weg zu einem reicheren Leben finden; wir müssen mehr von den Einrichtungen haben, die man zum Leben in Städten braucht. Wir haben eine ausgezeichnete Stadtplanungsbewe-

---

* Auszug aus dem gleichnamigen Aufsatz Lethabys für das *Royal Institute of British Architects*, 1917.

gung, aber ich fürchte, auch sie wird zu einem Fach verhärten, das man »Städtebau« nennen wird, während sie doch ein Ausbruch städtischer Vitalität sein sollte...
Ich würde empfehlen, Bauten nach so allgemein verständlichen Maßstäben zu beurteilen wie den folgenden:
Zweckmäßigkeit, gute Ausführung, Billigkeit, Funktion, Vernunft, daß sie verständlich seien, Sorgfalt, Wissen, Meisterschaft, Ernst, Gefälligkeit, Urbanität, Vitalität, Kühnheit, Menschlichkeit, daß sie passend seien, Perfektion, Disziplin, Offenheit, Ehrlichkeit, Dauerhaftigkeit, Klarheit, Ordnung, Einheitlichkeit. Das wären zwei Dutzend Worte der Art, wie sie Architekturkritiker immer gebrauchen sollten; aber es belustigt mich geradezu, wenn ich mir vorstelle, was für nette Scherze die Architekturzeitschriften nächste Woche mit meiner Liste machen werden. Manchmal habe ich wirklich Angst, wir werden eines Tages an unserem berühmten »sense of humor« sterben. Wir haben 50 Jahre lang Leute gehabt, die davon gesprochen haben, daß Stilarchitektur für keinen Menschen von irgendeinem vitalen Interesse ist, daß sie vielmehr eines der Elemente des Unwirklichen ist, die uns als Nation benebelt haben: — Ruskin, aber der, sagt man, war auf sieben Lampen versessen; Morris, aber der war nur ein Kunstgewerbler, der nichts von der Macht, der Majestät und der Herrschaft jener wunderbaren okkulten Essenz wissen konnte, die man Architektur nennt; Mr. March Philips, aber der denkt, Architektur sollte irgend etwas mit dem Leben zu tun haben, und das hat sie doch gewiß nicht; die Herren Archer, Wells und Clutton Brock, aber das sind ja nur Literaten; die Herren Muirhead, Bone und Pennell, aber die machen ja nur Skizzen; Fergusson auf seine Art, der immer gepredigt hat, daß die Architekten »sich wundern würden, wenn sie einmal sähen, wie leicht es ist, das Richtige zu tun und wie schwer das Falsche, wenn man nichts tut, als einfach die Wahrheit auszudrücken«. Robert Kerr, ein fähiger Kritiker, aber vergessen: Er pflegte praktisch das gleiche zu sagen; und Emmett, ein noch ernsthafterer Schriftsteller. Alle diese Leute sahen etwas im intensiven Leben und in der stolzen Arbeit und gar nichts in den wunderbaren Proportionen und exquisiten Stilen der Oxford Street und des Strand. Aber es kann nicht für immer so weitergehen; eines Tages — sagen wir in 500 Jahren — werden die Architekten ihr Hohepriestertum aufgeben müssen und sich dem gesunden Menschenverstand anvertrauen. Sie werden in das Leben ihrer Zeit eintreten müssen um der Kultur willen...
Viele Dinge, über die wir alle einer Meinung sind, werden doch nicht zur Basis einer Kritik erhoben, die jeder verstehen könnte: solche Punkte sind Funktion, gesunde Struktur, Sparsamkeit der Mittel, um die Zwecke zu erreichen, Licht, Zugangsmöglichkeit für Reparatur und Reinigung, Zweckmäßigkeit im Bau von Schornsteinen, Ladenfronten, Oberlichten, Fenstern, Dachstühlen. Wir müssen uns überlegen, wie man am besten in Eisenbeton baut, und ebenso müssen wir alle Fragen des Steinschnitts, der Wetterbeständigkeit, des Verputzes, des Schlemmens usw. bedenken...
Eine moderne Stadt sollte neue Bautypen für ihre Bedürfnisse entwickeln.

Städte, in denen man leben kann*

Unsere Gebildeten haben zu sehr an unsere Städte als Arbeitsplätze gedacht, wo andere Leute arbeiten, während sie ins Ausland zur Erholung gehen können. Wir haben aus all unseren Städten wieder Orte zu machen, in denen man leben kann und in denen man starke und willige Kinder aufziehen kann. Ein Mann ist das Kind seiner Stadt, und wenn er seine Stadt nicht lieben kann, dann ist er eine Waise.
Straßenlaternen, Trambahnhaltestellen, Luftschächte, Wartehallen, solche Dinge können nur richtig entworfen werden, wenn man sie so entwirft, daß sie ihrem Zweck vollkommen dienen und daß sie unauffällig sind.
Unser großer Irrtum ist es, daß wir solche kleinen Dinge zunächst über und über mit Ornament bedecken und sie dann verkommen lassen, so daß sie elend aussehen. Es ist nicht notwendig, daß solche praktischen Gegenstände des täglichen Lebens abstoßend gemacht werden sollten als ein Opfer, für das, was man Kunst heißt: Arme Kunst! Wieviel Verbrechen werden in deinem Namen begangen!
Sobald das städtische Leben das Interesse erregen wird, das es verdient, muß man in jeder Richtung reformieren. Die Rauchgefahr muß verringert werden, Flüsse und Ströme müssen gereinigt werden. Abfall muß besser als bisher vernichtet werden usw. Wir sind so sehr die Sklaven von Worten geworden, daß der Augenschein wenig mehr gilt. Zu allererst müssen wir lernen, mit unseren eigenen Augen zu sehen, denn wenn die Leute nur anfangen würden zu sehen, so würde es bald große Veränderungen geben ...
In jeder bedeutenden Stadt gibt es bereits ein Gebäude, das heißt Kunstschule, aber das ist viel zu sehr in sich selbst abgeschlossen und hat gewöhnlich sehr wenig Einfluß. Solche Schulen sollten vitale Mittelpunkte der Kultur werden und sogar des Handels; denn auch der Handel kann nicht bestehen ohne Ideen und Initiative. Diese Schulen müssen Werkstätten werden.
Jede große Kunst ist das Ergebnis gemeinsamer Anstrengung über einen langen Zeitraum. Vor ungefähr eineinhalb Jahrhunderten hatten wir eine ziemlich allgemeine Bewegung mit dem Ideal einer gemeinschaftlichen städtischen Kultur, und sogar kleine Städte hatten ihre Versammlungsräume, welche eine Zeitlang Mittelpunkte des örtlichen Lebens wurden. Dann kam die Zeit der Institute und der Gesellschaften für Vorträge, unter denen viele immer noch ausgezeichnete Arbeit leisten. Vor einem Jahrhundert waren Edinburgh und Dublin wirklich Hauptstädte; Städte wie York hatten eine Gesellschaft; Bath war vielleicht die schönste moderne Stadt Europas; Brighton, Leamington, Cambridge, Buxton und Cheltenham hatten Stil; und viele unserer Seebäder wie Hastings und Weymouth waren wirklich schön. Oxford war ein Entzücken, wie es kein zweites in der Welt gibt; und alte Stiche zeigen, daß die meisten unserer Städte schön waren, weil es sich einfach so gehörte: — Häßlichkeit und ganz besonders die Häßlichkeit des Vulgären war noch nicht erfunden.

---
* Auszug aus dem gleichnamigen Aufsatz Lethabys im *Hibbert Journal*, 1918.

Erziehung für Verständnis oder Erziehung für Tätigkeit*

Matthew Arnolds Ziel war »Kultur«, d. h. die Fähigkeit »sich frei im Reiche der Ideen zu bewegen«. Das ist sicher recht gut auf seine Art — e i n e Art. Aber wir können nicht alle den Schleier nehmen und uns von dem oft rauhen Werk der Produktion zurückziehen.
Das Verständnis für das Höchste, was diese Erziehung zu bieten hat, ist beschränkt und rückwärtsschauend; und sogar innerhalb dieser Beschränkung unvollkommen: wer versteht irgendeine Sache wirklich? Doch nur der, der sie macht. Wer versteht eine Kathedrale: der Baumeister oder der Tourist? Jedes wirkliche Verständnis sollte eng mit der Disziplin des Hervorbringens zusammenhängen, sonst kann es nicht einmal eine reine Freude bleiben. Vielmehr, diese Art der Freude ist etwas wie ein Rausch. Immerhin, ich bin bereit zuzugeben, daß ein enger Kreis von Akademikern bestehen mag, von Gelehrten, welche sich der Vorbringungen der Vergangenheit erfreuen, von Leuten, die nur für Bücher Augen haben und die bereit sind, unfruchtbar zu bleiben um ihrer Gelehrsamkeit willen. Der alte Unterschied zwischen dem tätigen und dem kontemplativen Leben ist durchaus anzuerkennen. Man muß nur verstehen, daß wir uns wirklich nicht zu viele Kontemplierer leisten können.

Ruskin: Niederlage und Sieg**

Ruskin wurde nicht anerkannt, während er lebte, und die größte Anerkennung, die man ihm heute zollt, ist die, daß er vergessen ist. Er hatte gar nichts für Anerkennung übrig, nun aber ist unsere Generation ganz und gar von seinen Gedanken erfüllt.
Ich will hier nicht die vielen Bände seines Werkes durchblättern, um Dinge zu finden, über die ich sprechen kann, vielmehr will ich einen kurzen Abriß dessen geben, was mir als seine Lehre im Gedächtnis bleibt:
1. Kunst ist kein Luxus, sie ist ein Bestandteil jeder rechten Arbeit. »Tätigkeit ohne Kunst ist Brutalität«; »Leben ohne Tätigkeit ist Schuld«. Wahre Arbeit ist die höchste Lebensform.
2. Wissenschaft besteht nicht darin, daß man Tatsachen aufhäuft; Auswahl ist notwendig; Wissenschaft sollte Weisheit sein und Dienst.

---
* Auszug aus dem gleichnamigen Aufsatz Lethabys für *The Education Conference*, Southport 1919.
** Auszug aus dem gleichnamigen Aufsatz Lethabys für die *Arts and Crafts Society*, 1919.

3. Die sogenannte Nationalökonomie muß nicht eine Theorie der Bankguthaben sein, wobei es nicht darauf ankomme, in welchen Händen sich die Scheckbücher befinden und für welche Zwecke man die Schecks ausschreibt. Ein vernünftiges System der Ökonomie wäre die Lehre von der weisen Produktion und der gerechten Verteilung. »Es gibt nur einen Reichtum: das Leben«. Die Lehrstuhlnationalökonomen haben das Leben vergessen. Sie haben niemals von der Qualität des Handwerks etwas gehört, sie haben nicht einmal den Krieg voraussehen können, aber sie haben solche einfachen Äußerungen Ruskins mit heilloser Wut quittiert.

4. Erziehung braucht nicht unbedingt eine Einführung in den Wettlauf der Konkurrenz zu sein: sie könnte immerhin eine Formung des menschlichen Geistes sein.

5. Ein Künstler, Dichter oder Musiker ist nicht eigentlich ein Akrobat, dessen Ziel es ist, sich bewundern zu lassen: seine eigentliche Aufgabe ist zu lehren und anzuregen.

6. Das Land ist nicht mein Eigentum, das ich ausbeuten oder in einen Müllhaufen verwandeln kann, es ist unser Garten, unser Heim.

7. Besitz verpflichtet.

8. Das Ziel aller vernünftigen Tätigkeit ist der Wert des Lebens.

Der Schwerpunkt*

Ein alter Freund von mir pflegte zu sagen, daß die Welt wie ein Schiff sich auf wunderliche Art immer wieder ins Gleichgewicht setze. Wir sind alle der Meinung, daß eine einigermaßen stabile Gesellschaftsform auf Gleichgewicht beruht; und Gleichgewicht besteht, wenn die schweren Dinge am richtigen Platz liegen. Was ist das Notwendigste im Leben? Tägliche Arbeit. Das ist wirklich alles, was ich heute sagen will. Arbeit ist das Notwendigste, also liegt sie im Schwerpunkt der gesamten Struktur, und alles andere in einer gesunden und entwicklungsfähigen Gesellschaft muß auf produktive Arbeit bezogen sein. Die Arbeit des Hirns, Wissenschaft, Kunst, sie können edel und lebensfördernd sein, aber nur solange sie Funktionen der ganzen Gesellschaft bleiben und Teil der stetigen Entwicklung der Masse derer, die arbeiten. Sowie die Arbeit des Hirns sich verselbständigt, wird sie ein Fieber und eine Krankheit am Körper der Gesellschaft. Die Technik des Bombenwerfens z. B. stellt eine erstaunliche Leistung der Wissenschaft und der Kunst dar; aber diese Leistung steht dem Schwerpunkt der allgemeinen Wohlfahrt äußerst fern. Wir müssen das vermutlich tun, solange andere es tun; aber wir sind selbst »andere« in den Augen der anderen.

* Auszug aus dem gleichnamigen Aufsatz Lethabys für die Ferienschule in Cambridge, 1920.

Was ich sagen will, ist dies: es wäre gut, wenn die Wissenschaft das niemals erfunden hätte. Wenn die Wissenschaft eines Tages eine große Kanone erfindet, mit der man den Mond in Stücke schießen kann, dann wird sich bestimmt ein Wissenschaftler finden, der meint, er habe das Recht, sie abzufeuern.
Ferner: wenn die Kunst, Bomben zu werfen, voransteht, wird der Wohnungsbau vernachlässigt. Unsere Energie hat Grenzen. Man sollte nicht Mord und Raub mit dem Namen der Wissenschaft weißwaschen.
Ich schaue zurück und finde, daß es mich immer gewundert hat, in einer Welt zu sein, in der es keine Lehre vom Leben gibt.
Es gibt viele Sphären des Denkens — eine jede für sich; das wirbelt herum, ein jedes hat seine eigenen Probleme; aber ich habe keine allgemeinverbindliche Theorie der Lebenszwecke finden können, lediglich Gedanken über Mittel und Wege, welche nirgendwo hinführen. So nennt die Nationalökonomie sich die Lehre vom Reichtum, hat aber nie versucht zu sagen, was Reichtum eigentlich ist.
Erziehung soll mit Kenntnis zu tun haben, zuweilen auch mit dem, was die Gebildeten Charakter nennen. I h r e Kenntnis und i h r Charakter! Zum großen Teil ist das die Kenntnis dessen, was gedruckt ist: eine Bekanntschaft mit dem, was man über die Dinge sagen kann. Hier glaube ich, nähern wir uns einer der Grundtatsachen dieses Zeitalters: unsere gesamte Erziehung ist eine Übung in der Kunst des Argumentierens: wir lernen, wie man mit Worten Kricket spielt und Fußball mit Menschenleben.

Wohnbau und Möbel*

Verfeinertes Leben auf kleinem Raum, das ist das Ideal. »Hausartig« sollte ungefähr das gleiche ausdrücken wie »shipshape«. Unsere Flugzeuge und Autos, sogar unsere Fahrräder sind auf ihre Art vollkommen. Wir müssen das gleiche Bestreben nach vollkommenen Lösungen in dem Hausbau aller Arten und jeder Größe befördern.
Ein Auto hat Stil, d. h. gute Ausführung und Eleganz, aber es wird nicht so gebaut, daß es aussehen soll wie eine Sänfte oder eine Postkutsche.
Unser Ziel muß sein, das kleine Haus so vollkommen zu machen wie ein Fahrrad.

---

* Auszug aus dem gleichnamigen Aufsatz Lethabys in *The Atheneum*, Mai 1920.

Architektur als Form in der Kultur*

Mehr und mehr werden wir Opfer unserer eigenen Worte und leben in der Furcht vor Namen. Ein solcher Name ist Architektur. In seinem Mysterium verbergen sich vage und eitle Anmaßungen. Ihr Schatten bedeckt viele kleine Aberglauben über den korrekten Entwurf, den richtigen Stil, die reinen Proportionen. Hohepriester stehen auf, von denen man annimmt, daß sie all diese subtilen Lehren kennen und daß sie den Weg zum ästhetisch völlig Sicheren weisen können. Und doch gibt es da unsere Straßen Edgeware-Road und Euston-Road, Oxford Street und Holborn; und unsere Städte Leeds und Liverpool, Bristol und Plymouth. Diese allen sichtbaren entsetzlichen Dinge sollten doch einige Zweifel an den Dogmen erregen. Die Mystifikation über Architektur hat die intime Kunst des Bauens dem Interesse und Verständnis des gemeinen Mannes entzogen. Mit einem gläubigen Architekten über seine Theorien zu sprechen, ist ungefähr ebenso hoffnungslos, als wollte man mit einem Kardinal die Glaubenssätze diskutieren. Alle alten Künste des Menschengeschlechts leiden unter diesem Krampf: der Pedanterie und des Hohepriestertums — Musik, Malerei, Dichtkunst. Und sie alle leiden an ihrer Isolierung und am Berufskünstlertum.

Architektur ist menschliches Können und Fühlen, welches sich in der großen und notwendigen Tätigkeit des Bauens zeigt. Sie muß eine lebende, fortschrittliche, konstruktive Kunst sein, welche sich den stets wechselnden Bedingungen der Zeit und des Ortes anpaßt. Um wahr zu sein, muß eine Kunst immer neu sein. Nicht allerdings, indem sie neu sein will, denn das ist ebenso schlimm oder schlimmer als Antiquarianismus, sondern indem sie stets auf das Notwendige die Antwort gibt. Das lebhafte Interesse und die Bewunderung, mit welcher Menschen ein Schiff oder eine Maschine ansehen, ein altes Bauernhaus oder einen Heuschober, stammen daher, daß man fühlt, diese Dinge sind wirklich. Sie haben ihre Form von einer höheren Macht erhalten als einer Laune, von einem höheren Zweck als dem, dem Snob zu gefallen. So muß es auch wieder mit unseren Gebäuden sein: Sie müssen fest gegründet sein auf den Felsen der Notwendigkeit.

Viele Worte sind verschwendet worden, um für die Architektur den Titel der schönen Kunst zu beanspruchen, der Führerin unter den schönen Künsten. Aber diese beiden Ansprüche schließen einander aus. Meisterschaft in der Architektur beruht darauf, daß sie universal ist, daß sie dient. Sie ist die Führerin einzig in dem Sinne, daß sie diejenige ist, welche mehr dient als jede andere. Die schönen Künste sind ihrer Natur nach frei von jenem Dienst an menschlichen Bedürfnissen, und die Architektur wurde von Aristoteles ausdrücklich von den schönen Künsten ausgeschlossen. Und dabei war sogar diese Idee selbst, daß die schönen Künste nämlich völlig unabhängig und frei nur für das Entzücken der Menschen da seien, eine Ketzerei der hellenistischen Spätzeit. Für Plato und die großen

---
* Auszug aus dem gleichnamigen Aufsatz Lethabys in *The London Mercury*, 1920.

Meister war sogar das, was sie »musikalische Künste« nannten, nicht nur schön, sondern heilsam. Sie waren da für die Stärkung der Seele und nicht für ästhetische Verzückungen und Räusche.

Es mag eingewandt werden, daß das Einfache, daß die reine Nützlichkeit und Bequemlichkeit nicht genügen, um eine Grundlage für eine edle Architektur zu schaffen. Natürlich genügen sie nicht dafür, wenn man unter reiner Nützlichkeit eine geizige und knausernde und vorteilsuchende Art der Nützlichkeit versteht. Alles, was der Mensch hervorbringt, trägt den Stempel des Geistes, in dem es getan worden ist. Aber dieser Stempel heißt nicht notwendigerweise Ornament. Was ungeschmückt ist, kann wirklich niemals so niedrig sein, als das, was falsch geschmückt ist mit geborgten, schamlos entwendeten Ornamenten. Hohe Nützlichkeit und freie Bequemlichkeit für ein edles Leben sind genug für gute Architektur. Wir verwirren uns selbst mit diesen unwirklichen und zerstörenden Gegensätzen zwischen dem, was dient und dem, was ästhetisch ist, zwischen Wissenschaft und Kunst. Wenn man die großen Tätigkeiten des Lebens ansieht, also Schiffahrt, Ackerbau, Haushalt: kann man da sagen, wo das Nützliche endet und wo Stil, Ordnung, Klarheit, Präzision beginnen? Bis zu einem gewissen Punkt, und es bedarf eines langen Weges, um diesen Punkt zu erreichen, ist Stil Nützlichkeit. Wir müssen wieder neu beginnen und die Architektur als eine Kunst des Dienens vom Standpunkt der Gemeinschaft her ansehen.

Die Fronten der Gebäude, welche nach außen sehen, sind selbstverständlich von Interesse für das Publikum, und ein jeder hat Eigentumsrecht an ihnen. Der Betrachter ist wirklich ein Mitbesitzer. Niemand baut für sich selbst allein. Mag der Besitzer in seinem Gebäude tun, was er will, wir müssen ihn ja nicht notwendigerweise besuchen. Schlechte Theaterstücke braucht man nicht anzusehen, schlechte Bücher braucht man nicht zu lesen, aber nichts als Blindheit oder eine völlige Verkümmerung der Fähigkeit zu sehen, kann uns vor den Gebäuden an der Straße schützen. Es steht zu fürchten, daß wir schließlich lernen, uns dadurch zu schützen, daß wir uns daran gewöhnen, nicht hinzusehen, d. h. daß wir eine menschliche Fähigkeit opfern. Allgemeines Interesse und intelligentes Urteil über die öffentlichen Künste sind eine Notwendigkeit der Kultur. Das Publikum muß aufmerken. Man muß ehrlich stolz sein oder stark protestieren. Daß das geschieht, ist nicht eine Sache des Geschmacks; vielmehr ist es eine wesentliche Tätigkeit des städtischen Geistes. In Städten stehen Gebäude an der Stelle von Feldern, Bäumen und Hecken. Gebäude sind eine künstliche Form der Natur. Wir haben ein Recht darauf, daß Gebäude uns achten und einigermaßen höflich gegen uns sind. Wir wollen davor geschützt sein, daß man uns ins Gesicht schlägt, wenn wir es wagen, auf die Straßen zu gehen. Unsere Städte gehören nicht einzig den großen Geschäftsleuten, den Eisenbahngesellschaften und der Reklame.

Wenn man aber Architektur richtig versteht, dann betrifft sie nicht nur den Mann in der Straße, sie dringt in jeden Haushalt ein. Unsere Augen haben so lange in die Richtung des korrekten Stils geblickt, daß die wichtigeren Fragen der Konstruktion und Funktion darüber notwendigerweise vernachlässigt worden sind. Wir brauchen Kamine, welche wärmen, Fußböden, welche man einfach säubern kann, und Decken, welche nicht reißen. Hier liegen die Probleme der modernen Architektur, und indem wir sie befriedigen, mögen wir den rechten Stil für heute finden. Architektur ist eine Umgangssprache, nicht die Kunst, aus klassischen Werken zu zitieren. Aber heute steht es so, daß sie so mit Fetzen von Rhetorik beladen ist wie chinesische Literatur. Sie ist zu einer toten Sprache geworden.

Das Haus der Zukunft wird entworfen werden wie ein Schiff als ein Organismus, welcher richtig in allen seinen Teilen zu funktionieren hat.

Das geht doch jeden an und ist nicht nur eine Frage der Wirtschaftlichkeit und der Bequemlichkeit, sondern eine Frage des Geistes. Unsere Häuser müssen so gebaut werden, daß sie uns passen wie Anzüge und daß sie eine weitere Ausstrahlung unserer selbst werden. Eine ganze Reihe von zweideutigen Worten, wie Entwurf, Ornament, Stil, Proportion, hat sich zwischen uns und die unmittelbaren Gegebenheiten der Architektur gestellt. Entwurf, das ist nicht eine abstrakte Fähigkeit, welche nur ein Genie besitzt. Nein, es ist einfach die Kenntnis, das Werk so zu bestimmen, daß es gut gemacht wird. Je notwendiger das Werk ist und je augenfälliger, einfacher und reiner die Voraussicht des Entwerfenden ist, um so besser wird der Entwurf sein. Es handelt sich nicht darum, faszinierende Muster zu schaffen, nein, es handelt sich um Gebäude, welche funktionieren sollen. Architektur ist eine pragmatische Kunst. Wenn man im klassischen, gotischen oder Renaissancestil entwerfen will, dann ist das ebenso abwegig, als wollte man eine Statue in der Art des Praxiteles meißeln, so malen wie Holbein oder nachgeahmten Shakespeare schreiben. Wir brauchen doch keine Wachsfiguren aus dem Wachsfigurenkabinett. Wir brauchen eine aktive Baukunst, in welcher sich der Stil von selbst versteht, so wie beim Schiffbau. Das moderne Bauen muß wie eine Schlange seine alten und welken Häute abstreifen.

Was ist oder was war ein Stil? Es ist ein Museumsname für eine Phase vergangener Kunst. Um das, was tot und abgetan ist, zu klassifizieren, sind die Stiletiketts ganz nützlich. Man muß sich aber darüber klar sein, daß diese Stile damals, als sie lebten und vorwärtsschritten, Prozesse gewesen sind, die begannen, fortschritten und schließlich in etwas anderes übergingen. Sie waren Phasen wie die Phasen des wechselnden Mondes. Das, was sich jetzt als Stil ausgibt oder um einen noch scheußlicheren Slangausdruck zu gebrauchen, als period work, ist nicht lebendig. Es ist darum nicht eigentlich in dem Stil, den es vortäuscht, sondern nur in dem »Stil« eines Stiles.

Das Wesentliche aller alten Kunst war ihre Vitalität, ihre Antwort auf die naturgegebenen Bedingungen und die Psychologie ihrer Zeit. Je besser wir ihre toten Hüllen nachzubilden scheinen, um so weniger sind wir ihrer echten Natur nah. Architekten sind Leute, welche gewisse Baulichkeiten entwerfen und ihre Herstellung überwachen. Ich würde sie Bauingenieure nennen, hätten nicht unsere Bauingenieure ihre Berufung verraten, indem sie sich zu jeder Art von

Ausbeutung hergeben und keinen Sinn für Ordnung und Anstand haben. Natürlich gehört uns die ganze Vergangenheit der Architektur ebenso wie die der Ingenieurkunst und des Schiffsbaues. Sie ist eine Erfahrung unserer Rasse in dem Sinne, in dem auch die Vergangenheit aller anderen Gebiete wie Wissenschaft oder Literatur eine Erfahrung unserer Rasse ist.
Wenn man das Wort Stil in seinem wesentlichen Sinne gebraucht, so heißt »stilvoll« nicht einem bestimmten Stil angehörig. Stil ist Klarheit, Funktion, Meisterschaft, oft ist es Vereinfachung. Es ist in der Baukunst das gleiche wie in der Literatur oder wie im Sport. Stil ist im Menschen, jawohl, und im Ding an sich. Er ist der formende Geist, der Geist der Form und nicht einfach ein Firnis.
Ein anderes Wort, welches die Leute des architektonischen Aberglaubens mit großer Ehrfurcht flüstern, ist Proportion. Porportion beruht ihrem Wesen nach auf Funktion, Material und Dimension. Es mag z. B. eine vollendete Proportion geben für gewisse Arten von Schiffen. Die muß man aber durch das Experiment entdecken und nicht dadurch, daß man griechische Galeeren nachmißt.
Die Idee der Schönheit, einer Schönheit des täglichen Brotes, nicht Stilprätention, muß wieder in unser Leben zurückgebracht werden.
Dies ist ein Fehler der modernen Erziehung: sie bildet uns für das Verständnis des Vergangenen aus, nicht für das Hervorbringen in der Gegenwart. Diese Art rein kritischer Bildung macht die Menschen in der Tat unfruchtbar. Sie können nichts hervorbringen, und am Ende können sie nicht einmal die Vergangenheit verstehen. Volles Verständnis beruht auf der Fähigkeit, zu tun. Darum sollen wir die Dinge der Vergangenheit hinter uns lassen und vorwärtsschreiten, um hervorzubringen, um zu sein, um zu leben. Denkt an Lots Weib!
Das Leben ist ein Vorgang, ein Seinsstrom, und wo diese lebendige Tätigkeit vorhanden ist, da werden Musik, Drama und die Bildenden Künste aus dem Leben selbst hervorgebracht. Eine lebende Kunst reitet auf der Flutwelle schöpferischer Intelligenz.

Industrie und der Begriff der Kunst*

Ist es nicht etwas Ungeheures, daß wir eine Welt gemacht haben — in der es keine vernünftigen Berufe mehr gibt, die die Jugend ergreifen kann? »Ah«, sagt man, »es gibt doch Ärzte und Lehrer.« Das ist eine kurze Liste. Dieses Frühjahr wurde ich eingeladen, an einer Konferenz in einer Universität teilzunehmen. Das Thema war »Berufe«. Es gab da eine Liste, und ich sollte über etwas sprechen, was man für respektabel hielt und mit dem langen Wort

* Auszug aus dem gleichnamigen Vortrag Lethabys auf der 7. Jahresversammlung für industrielle Wohlfahrt, Oxford 1926.

»Architektur« bezeichnete. Außerdem gab es da Medizin, Jura und ein paar andere Berufe, einschließlich Journalismus — ich erinnere mich deutlich an »Journalismus«. Die Vorträge sollten vor jungen Menschen gehalten werden, die von der Universität ins wirkliche Leben hinaustreten wollten. Die finstere, abstoßende Liste war für mich ein Schlag ins Gesicht, nein, ins Herz. Auf einmal wurde klar, was die bürgerliche Welt aus dem Leben gemacht hat. Das also sind die großen Abenteuer, die England seinen besten jungen Leuten zu bieten hat.

Architektur[*]

Es ist kurios, daß ein Mann wie Richard Lethaby, ein Mann, der so ständig von seiner Feindschaft gegen Worte spricht, selbst so viele Worte gemacht hat; oder vielleicht ist es nicht kurios.
Lethaby hat wenig gebaut. Er hat wunderbar gezeichnet. Was er gebaut hat, war sehr interessant, aber er ist wohl weniger durch Zufall als durch Bestimmung mehr und mehr ein Doktrinär und Historiker geworden. Als Historiker hat er gewisse Leistungen solider Gelehrsamkeit zu verzeichnen: seine Arbeiten über Westminster Abbey, seine Arbeiten über die Hagia Sophia. Er hat ein Buch über die Architektur des Mittelalters geschrieben. Er hat eine Biographie eines seiner Vorbilder und Meister geschrieben: des Architekten Philipp Webb, eines nahen Freundes von William Morris, dem großen Propheten. Und schließlich jenes kuriose Büchlein »Architektur«, welches eine kurzgefaßte und, sagen wir es nur, doktrinäre Baugeschichte ist. Eben weil sie doktrinär ist, interessiert sie uns in diesem Zusammenhang. Es gibt von ihm noch ein zweites Buch, welches ähnlich interessant ist: »Architektur und Magie«[1]. Er hat es zweimal geschrieben, und es handelt sich hier um eine sehr eingehende Studie der magischen Bedeutung gewisser Bauformen, Bauanordnungen sogar, oder auch Ornamente, welche nicht etwa gefällige Schmuckformen sind, die irgendwie das Licht anders brechen oder die Textur verändern, sondern die immer ihrem Ursprung nach magisch sind, d. h. — wie Lethaby es in seinem Buch »Architektur« ausdrückt — eine Art Stenografie für Dinge, welche ursprünglich Bilder waren. Ein Muster, j e d e s Muster bezeichnet er als eine solche Kurzschrift für Bilder. Wahrscheinlich hat Lethaby damit nicht recht. Semper ist anderer Meinung. Semper weist darauf hin, daß eine große Anzahl geometrischer Muster von geometrischen Techniken wie z. B. Flechtwerk herrühren. Wir haben unterdessen noch weitere Theorien des Musters entwickelt, und die reine Geometrie ist im Grunde ebenso magischen Ursprungs wie das reine oder das abbreviierte

---

[*] Auszüge aus Lethabys Buch »Architektur«, London 1911.
[1] In erster Fassung (1892) »Architektur, Mystik und Mythos«.

Bild. Dies ist das Thema jener kuriosen Untersuchung. Das letzte Kapitel ist bezeichnend, denn hier sagt er ganz klar, daß alle diese Dinge für uns nur als Gelehrte interessant sein dürfen und daß gerade der Nachweis, daß gewisse bauliche Anordnungen und auch die Formen dessen, was man gemeinhin als Schmuckwerk, als Ornament bezeichnet, durchaus magisch religiösen Ursprungs sind, es uns verbiete, dergleichen Dinge anzuwenden, da der ursprüngliche Sinn aus ihnen entschwunden sei.
Lethabys kurze Geschichte der Architektur verfolgt das gleiche Ziel. Es kommt ihm hier darauf an zu zeigen, was die Architektur den einzelnen großen Kulturen verdankt. Architektur, sagt er z. B., ist eine ägyptische Kunst. Er zeigt dann, was die Babylonier, was die Griechen hinzugefügt haben, wie die Römer, obwohl sie einigermaßen barbarisch, einigermaßen protzenhaft unkünstlerisch gewesen seien, die Konstruktion neu entdeckt und befreit haben. Selbstverständlich gilt sein höchster Enthusiasmus der gotischen Architektur, welche er als eine moderne Architektur, eine reine Konstruktion, eine Architektur der Energie bezeichnet. Er folgt hierin, obwohl er sich poetischer ausdrückt, im wesentlichen den gängigen Theorien der großen Franzosen, also besonders des Viollet-le-Duc. Hier in der gotischen Architektur sei vor der von ihm erhofften Architektur von morgen der Höhepunkt aller bisherigen Baukunst zu sehen. Er behandelt dann, so milde er kann, aber doch mit einer guten Portion Ruskinschen Spottes, Ruskinscher Abneigung und Herabsetzung die Architektur der Renaissance, ganz besonders natürlich in den Ländern, in denen sie eigentlich nichts zu suchen habe, also in den Ländern nördlich der Alpen, und kommt im Schlußkapitel zu dem, was er die heutige Position nennt, und wo er die ganze Doktrin der möglichen Architektur von morgen zusammenfaßt, von der auch die Aufsätze der Sammlung »Form in der Kultur« voll sind. Wir können uns darauf beschränken, nur einige wenige Abschnitte aus diesem Buch anzuführen. Neben der Geschichte, dem Hinweis auf das, was eine jede Epoche dem Begriff des Bauens hinzugefügt habe, steht hier immer der Versuch zu beweisen, daß jede Epoche durchaus ihren eigenen Bedingungen mit den ihr eigenen Mitteln zu genügen versucht habe und daß eben aus diesem Bemühen die großen Architekturen entstanden seien, welche wir die Stile nennen. Es gibt hier natürlich eine bezeichnende Ausnahme, das ist die Renaissance, und wir dürfen gleich hinzufügen, alle Renaissancen der Renaissance oder alle Wiederbelebungen vergangener Stile, welche der Renaissance in größerem oder geringerem Abstand seit etwa 1750 gefolgt sind.
Gleich im Anfang gesteht Lethaby, daß dieses Buch nicht als ein Werk der Gelehrsamkeit, sondern als ein Werk der Doktrin gemeint ist:
»Sogar in einer historischen Darstellung sollte es möglich sein, Prinzipien und Ideen herauszuarbeiten und nicht nur einzelne Beispiele der Architektur zu beschreiben, und es ist des Autors größtes Anliegen, eine allgemeine Theorie der Architektur anzudeuten als ein Ergebnis seiner Überschau der Vergangenheit. Ich will vorgreifen und schon hier sagen, daß große Kunst niemals eine Frage von Gestalt und Erscheinungsform ist. Große Kunst ist eine klare Antwort auf

bedeutende Anforderungen; die Architektur lebt, da sie ständig von Wechsel zu Wechsel vorwärtsgestoßen wird.«
Lethaby beschäftigt sich dann mit der Frage: Was ist Architektur und was ist Bauen? und antwortet:
»Es ist nicht möglich, zwischen Architektur und Bauen zu unterscheiden, und wir werden wahrscheinlich finden, daß es völlig unnötig für uns ist, einen solchen Unterschied zu machen. Wir werden sehen, wie wahrhaft interessant das Bauen und die Gebäude sind und daß man in vielen Gebäuden aller Zeiten, nicht nur in wenigen ausgewählten den Abglanz dessen findet, was der Mensch ist und wonach er strebt. Architektur wird hier behandelt als die Kunst zu bauen und Gebäude zu planen.«

Über Ägypten:
Es ist teilweise meine Absicht zu zeigen, was die verschiedenen Zivilisationen zu dem Universalbegriff Architektur beigetragen haben. Aber wenn man das im Falle von Ägypten tun wollte, dann müßte man eigentlich alles noch einmal schreiben, was ich bereits gesagt habe. Man mag sagen, Architektur ist eine ägyptische Kunst.

Über die Römer:
In der römischen Architektur überwiegt das Element des Ingenieurs. Es ist die römische Ingenieurkunst, welche die Form der Tradition zerbrach und eine Konstruktion moderner Form erstehen ließ. Sie hat die Konstruktion befreit.

Über die französische Gotik:
Die Ideale des Zeitalters: Energie und Ordnung brachten eine Bauart von großer Intensität hervor. Alles überflüssige Gewebe wurde abgestoßen, und die steinerne Struktur faßte sich in energischen funktionellen Gliedern zusammen. Diese Rippen, Stäbe und Schäfte sind in Spannung wie die Sehne eines Bogens. Ein Maurer könnte einen Pfeiler anschlagen und seine Spannung hörbar machen; man kann sich eine Kathedrale als so hochgespannt vorstellen, daß sie klingen würde, wenn man sie anschlüge.
Die Konzeption von dem Bau, welcher aus trägen Mauern besteht, in welche Löcher fürs Licht geschlagen werden und auf dem ein Dach ruhig liegt wie ein Deckel, diese Konzeption, welche für so viele edle Gebäude anderer Zeiten gegolten hat, hatte dem Gedanken an eine Struktur zu weichen, welche völlig kontinuierlich sein sollte und energiegeladen in jedem ihrer Teile.
Die Mauer zog sich in gespannte Schäfte und Pfeiler zusammen, von welchen die Rippen des Gewölbes sich verästelten; die Fenster breiteten sich aus, so daß sie schließlich den ganzen Wandvorhang zwischen den Schäften ausfüllten, und indem sie das taten, war es beinahe unvermeidlich, daß sie jene vielen Schäfte und jenes Maßwerk entwickelten; so wurde der ganze Baukörper ein Werk aus

Pfeilern und Raum, ein Gitterwerk aus Stein. So kam es, daß die Kathedrale nicht entworfen wurde, sondern entdeckt, oder »offenbart«. Immer wurde das Bauen entdeckt wie Sprechen, Schreiben oder der Gebrauch der Metalle, und darum ist edle Architektur niemals eine Sache des Willens, des Entwurfs oder der Gelehrsamkeit. Echte Architektur ist die Entdeckung der Natur der Dinge im Bauen, eine ständige Entwicklung, welche gewissen Richtungen folgt, und diese Richtungen werden bestimmt von Bedürfnissen, Wünschen und Traditionen.

Über die Renaissance:
Ich glaube, Leute, welche wenigstens teilweise die großen ursprünglichen Stile »griechisch« oder »gotisch« verstanden haben, müssen zugeben, daß die Renaissance ein Stil der Langeweile ist. Einzelne Werke mögen sehr schön sein, und doch wirkt der ganze Stil blind, aufgeblasen, ein Stil der großen Perücke. Die Renaissance als Ganzes hat kein Leben. Die gotische Kunst zeigt ein Volk im Werden: Jäger, Handwerker, Athleten; die Renaissance ist eine Kunst von Gelehrten, Hofleuten und der Kennerschaft von Mittelsmännern. Im großen und ganzen wurde das Interesse am Bauen selbst, also der Wesenskern der Architektur, ersetzt durch Gelehrsamkeit und Geschmack; das Wissen um die Historie verdrängte das Wagnis.

Über die moderne Position — das letzte Kapitel:
Lethaby beginnt das Kapitel mit der Wiederentdeckung der griechischen Kunst um die Mitte des 18. Jahrhunderts und dann der gotischen und in rascher Folge der verschiedenen Stile, welche im 19. Jahrhundert einander befehdeten.
»Um 1860 glaubten viele begabte Leute, daß sie wirklich gotische Architekten seien und daß sie 13.-, 14.- und 15.-Jahrhundert-Architektur auf Kommando liefern könnten.«
Er setzt sich dann mit den beiden anderen — wie er es nennt — Aberglauben auseinander, nachdem er von dem Aberglauben der Stilwiederholung genug gesagt hat: mit der Proportion und mit der absoluten Schönheit.
Wir mögen z. B. denken, daß wir die Beziehung zwischen Fenster und Mauer lieben, welche in italienischen Palästen vorherrscht. Aber diese Proportion würde für unsere nördlicheren Breiten nicht taugen. Die richtige Proportion zwischen Fenster und Wand ist die, welche jeweils das beste Licht gibt. Ich meine das für die geographische Breite passende Licht.
Der andere Aberglauben ist, daß schöne Form etwas Absolutes sei und nicht eine Summe vieler schätzenswerter Eigenschaften wie Wahrhaftigkeit, Raumweite, Ordnung, meisterhafte Konstruktion und einer Menge anderer Faktoren, welche für gutes Bauen unerläßlich sind. Es gibt aber keine absolute Schönheit jenseits dieser Bedingungen, es sei denn der Ausdruck der Seele und des Temperamentes, und über diese sollte man möglichst wenig sprechen. Die Erfahrung scheint zu

zeigen, daß ein Übermaß an ästhetischer Absicht zerstörend wirkt. Die Kunst kann sie nicht lange überstehen, denn Kunst sollte sich mit höheren und tieferen Dingen beschäftigen: mit Realitäten nämlich, welche ihren eigenen Ausdruck erzwingen. Wenn die Reihe der Renaissancen endlich ihr Ende erreicht, dann dürfen wir eine Bewegung erwarten, welche kaum wahrnehmbar zunächst, das Chaos in eine neue Ordnung verwandeln wird...
Die Renaissance arbeitete bewußt, die Modernen sind sich aber sogar ihrer eigenen Bewußtheit bewußt.
In den Künsten scheinen uns nur drei mögliche Wege offen zu stehen:
1. daß es uns gelingt, unseren eigenen Weg zu bestimmen und zu einem gewissen Einverständnis darüber zu kommen, was zu tun nötig ist, und daß wir auf diese Weise eine völlig bewußte Architektur aufbauen — frei und schön;
2. oder daß irgendeine Wende in der Kultur eintritt, sei sie rasch, sei sie allmählich, welche neue Bedingungen heraufführen wird und dadurch auch einen unvermeidlichen Wechsel in den Künsten;
3. oder es bleibt die Tretmühle des Stilladens — Moden mit kleinen Parteimanifesten und kleinen Begeisterungen, heute für nachgeahmte Gotik, dann für englische Renaissance, dann für eine Rückkehr zum Römischen oder Griechischen.
Jetzt, da alle Stile der Erde untersucht und historisch beschrieben worden sind, brauchen wir eine neue Art der Klassifizierung, welche sich an die wesentlichen Unterschiede der Struktur hält, eine Lehre von den Kräften der Architektur, eine neue Wissenschaft, welche man eine Morphologie des Bauens nennen könnte: die Vergangenheit zu vergessen, würde ebenso närrisch sein, wie der Zukunft nicht zu gedenken. Hinter uns liegt Gewohnheit, vor uns Wagnis. Große Bautypen sollten als Strukturprobleme angesehen werden: der Tempel, die Basilika, das Theater, das Bad, die Kirche, das Rathaus, das Krankenhaus, die Brücke und die Stadt als Ganzes.
Die Möglichkeiten der Architektur sollten eine nach der anderen genau untersucht werden — die Mauer, die Säule, die Decke, das Dach, der Pfeiler, der Bogen, die Gewölbe. Moderner Eisenbeton ist nur eine höhere Potenz des römischen Systems der Konstruktion. Wenn wir nur unsere Furcht loswerden könnten, daß es sich hier um ein unkünstlerisches Baumaterial handele, und kühn genug wären, einen Bahnhof, ein Museum oder eine Kathedrale weiträumig, einfach und hell in diesem Material zu bauen und dann unsere Maler hereinzurufen, um die Wände mit Malereien zu bedecken, dann würde ein neues Interesse am Bauen beinahe sofort wieder entstehen. Dieses Interesse am Bauen muß geweckt werden.
Unsere große Schwierigkeit ist die: wir besitzen keine spontane Übereinstimmung über das, was zu tun ist; eine ausdrucksvolle Kunstform kann nur geschaffen werden, in dem man eine lange Zeit in der gleichen Richtung vorschreitet. Keine Kunst, die nur einen Mann tief ist, ist viel wert; sie sollte tausend Mann tief sein; unsere geschichtlichen Kenntnisse können wir nicht vergessen, und wir würden sie nicht vergessen wollen, selbst wenn wir es könnten.

Die wichtige Frage ist: kann sie ausgewertet, kann sie ausgerichtet werden, oder werden wir immer wieder durch unsere geschichtliche Kenntnis bedroht? Das einzige Übereinkommen, das möglich scheint, ist ein Übereinkommen auf wissenschaftlicher Basis, ein Streben nach der bestmöglichen Struktur. Wenn wir uns darauf einigen könnten, dann brauchten wir uns wegen der Schönheit keine Sorgen zu machen, denn die würde dann schon von selbst sich einstellen. Unsere geschichtliche Übersicht sollte gezeigt haben, daß es keine absolute äußere Form der Schönheit gibt, vielmehr eine endlose Reihe wechselnder Modi, in welchen der allgemeine Geist der Schönheit sich ausdrücken kann; daß Wechsel der Form eine Vorbedingung für ihre Kontinuität ist. Das moderne Bauen muß anpassungsfähig und kräftig sein, sogar smart und hart. Der Feind ist nicht Wissenschaft, sondern Vulgarität und Prunken mit einer Schönheit zweiter Hand.

Sir Thomas Graham Jackson
1835—1924

Der Aufsatz »Reason in Architecture« ist von einem Zweiundsiebzigjährigen geschrieben worden. Das macht ihn besonders bemerkenswert. Jackson, eine Generation älter als die Gruppe Lethaby-Voysey-Muthesius (um 1860), wurde 1835 in Hampstead, damals noch ein Dorf bei London, als Sohn eines Rechtsanwalts geboren. Er begann als Schüler von Gilbert Scott, des meistbeschäftigten unter den neugotischen Architekten, und hat dann auch in seiner eigenen Praxis, seit 1862, Oxford »mehr verändert als irgendein anderer Architekt« — wobei offen bleibe, sagt Goodhart-Rendell, ob er es zu seinem Vorteil verändert hat. Jackson schloß sich jedoch der Arts-and-Crafts-Bewegung an und veröffentlichte, gemeinsam mit Norman Shaw, im Jahre 1891 das Pamphlet »Architektur, ein Beruf oder eine Kunst«, in welchem das Royal Institute of British Architects scharf angegriffen wurde. Das Institut hat zwanzig Jahre später verziehen und ihm im Jahre 1910 die Gold Medal verliehen, die höchste Anerkennung, die es zu vergeben hat; auch wurde Jackson im Jahre 1913 Baron, Sir Thomas. Merkwürdigerweise aber gehen alle diese Auszeichnungen dem Hauptwerk seines Lebens voraus. Dieses besteht aus vielbändigen, mit seinen eigenen Zeichnungen illustrierten Werken über geschichtliche Themen: Byzantische und romanische Architektur, Gotische Architektur in Frankreich, England und Italien, und besonders die Renaissance der Römischen Architektur, Werke, welche zwischen 1913 und 1922, also im hohen Greisenalter, verfaßt wurden. Sie sind alles andere als senil und stehen heute noch in allen Bibliotheken der englischen Architekturschulen.
In seiner Neigung zur Historie und seiner aggressiv fortschrittlichen Haltung in Fragen der Gegenwart ist Jackson mit Lethaby zu vergleichen, nur daß beide Gebiete bei ihm weniger verbunden sind und daß seine eigene Praxis als Architekt dem rückschauenden Teil seiner Tätigkeit angehört.

Vernunft in der Architektur*

Die Maschine ersetzt den Arbeiter; neue Transportmittel ermöglichen eine unbeschränkte Wahl der Baumaterialien, wir sind nicht mehr auf die örtlichen angewiesen; die differenzierten Bedürfnisse eines mehr künstlichen Zeitalters schaffen neue Anforderungen an das Planen: Schulen, Asyle, Krankenhäuser. Gebäudetypen, von denen man nichts ahnte, als ältere Stile lebendig waren, erscheinen überall, werden mit jedem Tag komplizierter, stellen immerfort neue Probleme der Anordnung, denn sie müssen immer neuen Gedanken über Hygiene und Erziehung genügen. Da es nun diese und andere neue Dinge gibt, so sollte man meinen, es mangle nicht an Anregungen für den modernen Architekten, wenn er sich entschlossen in die neue Situation findet und mit ihren Schwierigkeiten ringt. Es ist kaum nötig, es auszusprechen, wie weit er noch davon entfernt ist, sich an solchen Dingen zu versuchen. Im Gegenteil ist es bisher sein Ziel gewesen, sich so sehr an die alten Gebäudetypen zu halten, wie es die Notwendigkeiten des modernen Lebens nur irgend zulassen. Was, zum Beispiel, hat die Anwendung von Eisen im Bau an unserem Straßenbild geändert? Ein Zeitalter der Aufgeblasenheit und der Reklame verlangt, daß in einer Ladenstraße die gesamte Erdgeschoßfront verschwinde und daß die oberen Geschosse auf eisernen Trägern ruhen. Dies ist eine so radikale Änderung der Konstruktion, daß man meinen sollte, das Bild unserer Straßenarchitektur müsse davon berührt werden. Aber wir bauen die Obergeschosse immer noch, als wäre nichts im Erdgeschoß geschehen, als wäre es wie früher aus Ziegeln oder Werksteinen gebaut, während es doch in Wirklichkeit mit einer Glasscheibe geschlossen ist; und unsere Bauordnung zwingt uns geradezu dazu[1]. Das schlägt doch jeder Vernunft (common sense) ins Gesicht und ebenso den Grundregeln der Architektur. Wenn trotz aller Warnungen vor den Gefahren der Eisenkonstruktion die moderne offene Ladenfront weiter gebaut wird, so sollten wir den Mut haben, sie zu akzeptieren, und sollten sehen, wie man sie architektonisch behandeln kann. Wenn man die Eisenkonstruktion in die Kunst einführt, dann muß man zunächst einmal eines tun: man muß sie zeigen; und gegenwärtig ist es das dringendste Anliegen unserer Baumeister, sie zu verbergen. Der Träger, auf dem der ganze obere Teil der Front ruht, verschwindet hinter Firmenschildern und Soffitten, und die Eisenstützen werden in einem Kasten aus Spiegeln verborgen. Würde all das ehrlich gezeigt, ohne Verkleidung, so würde das Auge sich daran gewöhnen, die größere Biegungsfestigkeit und Starre des Eisens richtig einzuschätzen, und die neue Konstruktion würde mit der Zeit ebenso sicher erscheinen wie die alte. Aber solange das Gebäude so

---

* Auszug aus dem gleichnamigen Aufsatz von Jackson, 1906.
[1] *Die Bauordnung läßt nicht zu, daß in einer Fassade mehr Öffnungen seien, als Wandfläche, anstatt jedes Geschoß in dieser Hinsicht gesondert zu behandeln; dadurch befördert sie, ja, schreibt sie diese lächerliche Art des Entwerfens geradezu vor. (Anmerkung von Jackson.)*

aussieht, als stünde es auf der Kante einer Glasscheibe, bleibt es architektonisch hoffnungslos.
Es ist ganz gewiß nicht konsequent, daß die Konstruktion der Obergeschosse so aussieht, als bliebe sie durch die große Änderung im Erdgeschoß unberührt. Die Erker, die ohne Halt über der Mitte eines Trägers schweben, die Ecktürme, die im Leeren fußen, die Arkaden und — himmlischer Vater — die Kuppeln, die ohne jede sichtbare Unterstützung auf der terra ferma nach oben streben: alle diese Dinge gehören älteren Baustilen an, mit denen der neue Stil nichts zu tun hat, und sollten als ungehörig aus unserem Bauen ausgeschlossen werden.
Ein schlagendes Beispiel für den blinden Glauben des Publikums an das Konventionelle ist die Towerbrücke in London. Als das Werk des Ingenieurs fertig dastand, eine simple Eisenkonstruktion, da hatte es Größe. Aber da der Geschmack es nun einmal so nicht ertragen konnte, und da man außerdem eine Ummantelung für Fahrstühle und Treppen brauchte, so rief man den Architekten heran, und die Brückenpfeiler wurden mit »Burgen« aus Stein umkleidet, an denen nun die Kabel mit einer Kraft zu zerren scheinen, der sie augenscheinlich nicht gewachsen sind.
Wenn wir Eisen zu unserem wichtigsten Bauelement machen, so müssen wir mit der Tradition von Ziegeln und Werksteinen brechen und eine Art des Entwurfes finden, die dem neuen Material angemessen ist.
Jackson spricht dann vom Holzfachwerk als einer echten Rahmenkonstruktion, die ihren eigenen Stil entwickelt habe, und fährt fort:
Warum sollte also die Struktur über einer Ladenfront nicht als ein eiserner Fachwerkrahmen ausgebildet werden, dessen Gefache mit anderen Materialien geschlossen würden?
Innere Trennwände sollten ebenso gebaut werden, und Fußböden aus Eisenbeton. Alle struktiven Glieder der Fassade würden also sichtbar sein und könnten in regelmäßigen Zeitabständen inspiziert und neu gestrichen werden, denn die Dauer einer Eisenkonstruktion, die der Außenluft ausgesetzt ist, hängt durchaus von ihrem dünnen Mantel aus Farbe ab. So ein Gebäude wäre ein faszinierendes Experiment, aber ich muß gleich sagen: es würde von den Bauordnungen einer jeden Stadt im Königreich verboten werden...
Einfachheit ist der Tod alles langweilig Zahmen.
Jackson geht dann zu einem wütenden Angriff auf Art Nouveau (Jugendstil) über und schließt den Vortrag mit einem Bekenntnis zu einer
»Architektur, die auf Vernunft gegründet ist, das heißt, auf Konstruktion«.

Charles Francis Annesley Voysey. 1857—1941. Foto 1930

Charles Francis Annesley Voysey
1857—1941*

Geboren in Healaugh, einem armen Flecken in Yorkshire, wo sein Vater Pfarrer war: ein Mann von großer Milde und Unabhängigkeit der Gesinnung, welcher schließlich aus der Kirche ausgeschlossen wurde, da er nicht an die Hölle glauben wollte.
1871 zieht die Familie nach London. Charles, dem sein Zeichenlehrer auf der Schule das Zeugnis ausgestellt hatte, er sei »für einen künstlerischen Beruf völlig ungeeignet«, lernte, von 1874 ab, bei J. P. Seddon Architektur und wurde, wie bekannt, nicht nur ein vielbeschäftigter Architekt, sondern der führende Kunstgewerbler in London nach Morris.
1880 Assistent bei George Devey.
1882 selbständiger Architekt, zunächst wenig erfolgreich. Er erhält sich durch Entwürfe von Tapeten und Stoffen für verschiedene Firmen, seit 1893 für die Essex Company, der er jedes Jahr zwanzig Tapetenentwürfe zu liefern hatte. Seine Praxis als Architekt entwickelte sich erst von 1888 an, dann allerdings außerordentlich schnell; und da Voysey niemals viele Angestellte hatte — er arbeitete am liebsten zu Hause mit wenigen Helfern — und darauf bestand, für seine Häuser alle Details und möglichst auch die Möbel, Teppiche usw. selbst zu entwerfen — er war hierin bahnbrechend — so entwickelte er frühzeitig jene Standard-Details, die an allen seinen Häusern wiederkehren — einschließlich des Herzens an der Haustür, seines »signature tune«. Auch entschied er sich rasch für einen Grundriß und änderte nichts, es sei denn, der Bauherr verlangte einen zweiten Entwurf. Es heißt, er habe zuweilen ein Haus in einem Tag entworfen.
Er fand die neue Bewegung in der Architektur und im Kunstgewerbe bereits vor: sie hat gute zwanzig Jahre vor seiner Zeit begonnen und Pugin — als Vorläufer und Prediger in der Wüste —, Ruskin als Prophet, Shaw und, in seiner eigenen Generation, der etwas ältere Mackmurdo sind die Namen, auf die er sich beruft. Selbstverständlich gehört er der Gilde der Kunsthandwerker an, wie Lethaby. Dieser muß ihn beeindruckt haben. Sie sind im gleichen Jahr geboren und bewegten sich in den gleichen Kreisen; und gewiß ist auch Webb ein Vorbild gewesen, man möchte meinen, mehr als Shaw, obwohl sein Name und der Lethabys von Voysey nicht erwähnt werden. Von Moris trennte ihn seine reli-

* Die biographischen Tatsachen sind der schönen Würdigung entnommen, die John Brandon Jones für die *Architectural Association* geschrieben hat.

giöse Haltung: die Atmosphäre des Pfarrhauses hängt ihm zeitlebens an; und von den Thesen Ruskins war ihm die ethische die liebste. Immerhin konnte er Morris, den Künstler, nicht übersehen, und nach einem Besuch in dessen Werkstätten sagte er, er wage nicht, noch einmal hinzugehen aus Furcht, seine eigenen Arbeiten möchten zu sehr wie die von Morris werden.
Er war ein wütender Individualist und faßte unter dem Namen Kollektivismus alles das zusammen, was er haßte, auch die Nachahmung alter Stile: denn nur ein Kollektivist könne sich zu einer solchen von außen her, von der Fremde (Italien) aufgezwungenen Mode bequemen, die ihn des eigenen Denkens enthebe. Von der Fremde: wie alle neuen Architekten, die aus Ruskins Schule kamen, war er ein wütender Patriot. Auch Muthesius nannte das neue Bauen »das Erwachen des germanischen Gewissens«.
Bauen war für Voysey Dienst am Charakter, dem eigenen und dem derer, die das Haus bewohnen sollten. Die Triebfeder der Architektur, wie jeder wesentlichen Tätigkeit, sollte Ehrfurcht sein, und das Ziel »fitness«, also das Angemessene, das Zweckmäßige. Dies erschien ihm als ein göttliches Gesetz, offenbart in der Natur. Die Eigenschaften, die er in einem guten Hause verkörpert sehen will, sind deshalb menschliche Eigenschaften mehr noch als die praktisch-konstruktiven: »Ruhe, Heiterkeit, Einfachheit, Breite, Wärme, Stille im Sturm, Wirtschaftlichkeit im Wohnen, der Charakter des Schützenden, Einfügung in die Umgebung, keine dunklen Gänge oder Winkel, eine ausgeglichene Temperatur, und daß das Haus für die, die darin leben, ein angemessener Rahmen sei.«
Diese Wirkung ist ihm fast immer gelungen. Unter den Architekten der Zeit ist er derjenige, bei dem Theorie und Werk am meisten übereinstimmen. Da er wenig geschrieben hat und viel gebaut, könnte man auch sagen, seine Theorie sei von seinem Werk abgezogen, wobei man allerdings nicht vergessen darf, daß er in beidem bewußt der englischen Bewegung angehörte.
Von Architektur als einer Kunst der Form ist bei ihm nicht die Rede, und vom Bauen als einer Anwendung des neuen Wissens auf die Gegenstände einer veränderten Welt (Lethaby, Jackson) eigentlich auch nicht. Man soll, sagte er, in dem englischen Bauen der besten Zeiten — (also der gotischen) — »unveränderliche technische Qualitäten« studieren: das heißt, die neue Technik als Problem berührt ihn nicht. Dieser Mangel an Ehrgeiz in Richtung der Kunst und des Experimentes gibt seinen Bauten etwas Endgültiges. In der Zeit des Suchens, die man die moderne Bewegung nennt, gibt es Bauten, die sich an etwas zu erinnern scheinen und andere, die zu etwas hinstreben. Voyseys Bauten sind. Bauen ist für ihn das Schaffen einer reinen Umwelt, welche den Menschen befreit.
Bei solchen Gesinnungen ist es mehr als ein Zufall, daß er fast ausschließlich Häuser gebaut hat. Seine wenigen Entwürfe für öffentliche Gebäude sind, gelinde gesagt, unbedeutend. Das gleiche kann man nicht von seiner einzigen Fabrik sagen, der Saunderson Tapetenfabrik in Chiswick (London) aus dem Jahre 1902. Dieses etwas mittelalterlich wirkende Gebäude ist doch ein recht be-

*deutender Block, gut plaziert und originell. Es muß damals Sensation gemacht haben, denn es gab ja noch gar keine von Architekten gestalteten Fabriken.
Seit etwa 1907 ist ein Wandel in Voyseys Werk sichtbar: es erscheinen wieder gotische Formen. Formen von so ausgesprochenem Stilcharakter hatte es nicht einmal in seinem Frühwerk gegeben: Voysey ist von Anfang an außerordentlich frei. In der Tat hat er sich stilistisch kaum entwickelt, es sei denn, man wolle eine Rückentwicklung ins Romantische von den völlig nüchternen Bauten der Zeit von 1890 feststellen, die man rückblickend als so besonders fortschrittlich empfunden hat. Das ist wohl ein Mißverständnis. Voysey fing sozusagen vom Nichts aus an, nachdem er die einigermaßen Norman Shawschen Versuche seiner Jugend hinter sich gebracht hatte, und er hat dann in den neunziger Jahren seine eigene Art gefunden. Sie war endgültig. Die gotischen Einzelheiten seines Alterswerkes sind als Protest gegen die neue Renaissance jener Jahre zu verstehen. Übrigens beginnt nun auch Voysey, der gotischen Details ungeachtet, mit symmetrischen Grundrissen zu spielen: die englische Bewegung war zu Ende.
Die Grundrisse seiner besten Zeit sind einfach: die Räume werden oft lediglich aneinandergereiht. Die gleiche Einfachheit findet sich im Außenbau: die Fenster werden zu breiten Bändern vereinigt und erscheinen da, wo er sie braucht. Der Baukörper wird durch großflächige, kantige Schieferdächer abgeschlossen, die von kräftigen Schornsteinkästen unterbrochen sind. Die Häuser sind schnittig, klar und schmucklos. Keine anderen Bauten der englischen Bewegung haben die gleiche Kargheit und Klarheit erreicht — von denen anderer Länder aus jener Zeit braucht man nicht zu sprechen.
Das Haus Broadleys am Windermeresee zeigt seine Art in Vollendung. Es ist mit Recht berühmt, und man kann sagen, daß sich hier das englische Landhaus erfüllt habe.
Der Einfluß dieser Häuser ist außerordentlich groß gewesen. Muthesius sah in ihnen reine Zweckerfüllung und sprach ihnen Stimmungswerte ab. Als sie dann zum Prototyp unzähliger Reihen- und Doppelhäuser in allen englischen Vorstädten geworden waren, war man geneigt, sie mit diesen als sentimentalen Plunder abzutun. Als aber der Funktionalismus vom Kontinent nach England »zurückgestrahlt« wurde — Lethabys Befürchtung im Jahre 1915 —, in den frühen dreißiger Jahren also, nahm man Voysey als einen »Pionier der Modernen Bewegung« in Anspruch*[1].
Dies ist wohl nicht nur von Voyseys Standpunkt aus ein Mißverständnis, und er hat sich dagegen verwahrt:

An das Architect's Journal. 1935
Sir,
mehr als einmal hat man gesagt und geschrieben, daß ich in gewissem Maße der Anreger, Pionier und die ursprüngliche Quelle der neuen Bewegung in der

---

[1] *Zuerst Peter Quennell: History of Everyday Things, 1934. Dann auch Nikolaus Pevsner: Pioneers of the Modern Movement, 1936.*

Architektur gewesen bin; daß ich irgendwie für die viereckige Kiste, für die Häuser ohne Dach verantwortlich bin, die man jetzt sieht, und leider nicht nur in unserem Lande. Sicher haben diejenigen, die diese Meinung äußern, nicht die Absicht, meinen guten Namen zu beschmutzen. Ich erhebe keinen Anspruch auf Neues. Wie viele andere bin ich gewissen alten Traditionen gefolgt und habe gewisse andere vermieden. Ich habe den größten Wert auf meine Dächer gelegt und sie selten — wenn je — weniger steil gemacht als 55 Grad. Stahlkonstruktion und Eisenbeton sind die wahren Schuldigen. Sie sind für die ultra-moderne Architektur von heute verantwortlich.

C. F. A. Voysey[1]

Vernunft als Grundlage der Kunst[*]

Einfachheit, Ehrlichkeit, Ruhe, Unmittelbarkeit und Offenheit sind Eigenschaften, die für gute Architektur ebenso wesentlich sind, wie für einen guten Menschen.
Anstatt zu versuchen, poetische Ideen und moralische Gefühle auszudrücken, geben wir uns mit Sensationen zufrieden: Sensationen der Form, der Farbe, der Textur, von Licht und Schatten.
Das beste Ornament aller Länder und Zeiten hat Sinn, es will dem Geist und dem Herzen etwas sagen. Wie können wir dann mit einem Perserteppich leben, dessen Symbole wir nicht enträtseln können und von dem wir nicht einen Funken geistiger Erhellung erhalten?
Es ist ganz logisch zu sagen: »Ich will keine Erbauung in meinem Hause haben. Was ich will, ist ein Kitzel für mein Gefühl durch Form, Farbe und Textur. Ich habe für Ruhe, Einfachheit und Offenheit nichts übrig. Ich lebe gern in einem Museum und versammle alle Stämme der Erde um mich, mit ihren Sitten und Gebräuchen.« Sollte man dann nicht aber lieber in einem Hotel leben? Mißbraucht dafür nicht den heiligen Namen Heim!
Die Kraft der Vorstellung in uns bewirkt Sympathie, und Sympathie bringt Liebe hervor; darum tun wir gut daran, die Kraft der Vorstellung in uns zu kultivieren.
Unsere Vorstellung hört in dem Augenblick auf sich zu regen, wenn wir einen Gegenstand völlig begreifen; das Begrenzte und Endgültige schließt den Ge-

---

[1] *Auch Lethaby hat den neuen Stil abgelehnt; allerdings hat er ihn nur in seinen Anfängen in England erlebt. Er schreibt an einen Freund: »Du liebes Lieschen! Auch nur so ein Architekturquatsch, den man mit einem Achselzucken abtun kann: Ye olde modernist style. — Wir müssen halt einen Stil zum Kopieren haben. Eine ulkige Sache, diese Kunst!«*

[*] Auszüge aus dem gleichnamigen Aufsatz Voyseys, 1906.

danken an das Unbekannte und Unsichtbare aus, und unsere Vorstellung ist gestillt. Die Natur aber bleibt stets unausschöpflich, darum gibt sie stets neue Offenbarungen, neue Hellung für den Geist. Diese Tatsache sollte uns darin bestärken, Einfachheit und Weite in unseren Häusern zu wollen, denn damit schaffen wir uns eine Umwelt, die anregender ist als das Abgeschlossene, und es bleibt für unsere Vorstellung etwas zu tun übrig.

Man gehe einmal in einen Raum von guten Verhältnissen, mit geweißten Wänden, einem Teppich ohne Muster und einfachen Eichenmöbeln, in einen Raum, in dem sich nichts befindet als das, was man braucht, und ein einziges, reines Schmuckstück, sagen wir eine schlichte Blumenvase, die nicht einen Allerweltshaufen von Blüten enthält, sondern einen oder zwei Stengel einer Pflanze. Dann wird man finden, daß Gedanken im Hirn zu tanzen beginnen; jeder Gegenstand in einem solchen Raum wird von der Retina aufgenommen und sofort verstanden und beigelegt; so stört er uns nicht mehr, und man ist völlig frei, im Sonnenschein oder im Sturm der eigenen Gedanken umherzuwandern.

Und dann gehe man in einen unserer üblichen Räume mit ihrer Vielfalt von Farben, Formen und Texturen, von nützlichen und nutzlosen Gegenständen, und der Geist wird von Sensation zu Sensation geschleudert, es sei denn, man zwinge sich, nichts zu sehen. Da bleibt kein Raum für erfrischende Gedanken; man ist müde oder überwältigt von Eindrücken, ehe es unserer Vorstellung auch nur möglich ist, sich zu regen. Der Geist wird unterdrückt und zum Schweigen gebracht durch das rein Materielle, und so sind wir denn auch trübe Materialisten geworden und haben uns daran gewöhnt, unseren Besitz für etwas Echteres und Kostbareres zu halten als unser Denken.

Für das Entwerfen empfehle ich folgende Methode: man schreibe alles auf, was der Bau verlangt, und zwar in der Reihenfolge der Wichtigkeit; dann alle Bedingungen, denen der Bau zu genügen hat. Aus diesen beiden Listen wird eine dritte sich ergeben: eine Liste der Materialien. Und nun muß man die ewige Frage stellen: Warum tun wir das überhaupt? Der Grund, das Warum soll der Schlüssel für die Melodie der Gedanken sein, der Schlüssel und der Rhythmus für das Lied.

Türen sollen breit sein: sie sollen willkommen heißen — nicht abweisend und würdevoll wie ein Sargdeckel, hoch und eng, weil da nur einer eintritt. Die Räume für die Dienstboten sollen licht und heiter sein, nicht schäbig und dunkel, als käme es nicht darauf an, wie man seine Diener behandelt, da man sie ja für ihre Dienste bezahlt.

Aphorismen

In der modernen Zivilisation wissen die Menschen etwas, aber sie sind nicht. Aber daß man sei, ist der wahre Urgrund aller unserer Handlungen. Wie wir im Herzen sind, so handeln wir.

Wir können unserer Umwelt nicht entgehen. Aber — indem wir versuchen, uns ehrlich auszudrücken, können wir viel dazu tun, das Leben zu vereinfachen.

Hohe Räume, die schwer zu heizen und zu möblieren sind, mag einer, der ziemlich arm ist, den unziemlich Reichen überlassen.

Thomas Morus hat geschrieben: »In dieser Welt ist mehr Übles unter dem Vorwande getan worden, es geschehe für Weib und Kinder, als unter irgendeinem anderen Vorwande, den sich ein Materialist ausdenken kann.«

Es besteht allgemein der Wunsch, daß unsere Gegenstände besser aussehen sollen, als sie sind.

Ist das Unruhige, das Widerspruchsvolle für unser häusliches Leben notwendig? Man hat oft das Gefühl, daß der Wirrwarr, der dann noch durch Tapeten hinzukommt, am Ende noch hilft, die Häßlichkeit und Überladenheit unserer Möbel zu übertönen.

Descartes hat gesagt: »Wenn die Leute zu sehr darauf aus sind zu wissen, wie man es in vergangenen Zeiten getrieben hat, so wissen sie meistens herzlich wenig von ihrer eigenen.«

Woran du dich erinnerst, das gehört dir. Was du skizzierst, das stiehlst du.

Ein Urteil über Voysey aus der Zeit seiner Anfänge von Horace Townsend*

Sicher haben wenige Innenarchitekten und Architekten unserer Generation so wenige Anleihen bei der Antike gemacht wie Herr Voysey; und doch: in der bewußten Einfachheit seiner Arbeiten, in seinem strikten Verzicht nicht nur auf Ornamente der kommerziellen Art, sondern auf Ornament schlechthin sehe ich eine Note, welche sich kaum von jener Musik unterscheidet, die in der großen Symphonie der Akropolis erklingt.
Er erreicht seine Wirkungen durch einfache Proportionen, er vermeidet alle Profile außer den unumgänglich Notwendigen; er liebt große, ununterbrochene Flächen: diese Eigenschaften seiner Arbeiten sind negative Qualitäten, aber in ihnen liegt für mich etwas positiv Hellenisches.
Dieses Urteil eines Zeitgenossen erscheint uns kurios. Wenn man durch die frühen Jahre des Studios blättert, so versteht man es besser. Die Männer des Studio, Thompson und Gibson, bezeichnen Räume als einfach, die uns überladen erscheinen. In solcher Umgebung wirkt Voyseys Architektur geradezu nackt.

---
* Horace Townsend, The Studio, 1893.

C. F. A. Voysey, Landhaus Norney Grange in Shackleford. 1897. Oben Südseite, rechts Ostseite

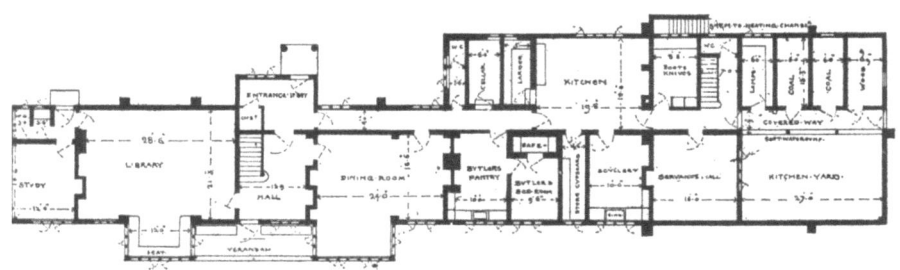

C. F. A. Voysey, Landhaus auf dem »Hogsback« bei Guildford. 1896
Eingang, Gartenseite und Erdgeschoßgrundriß

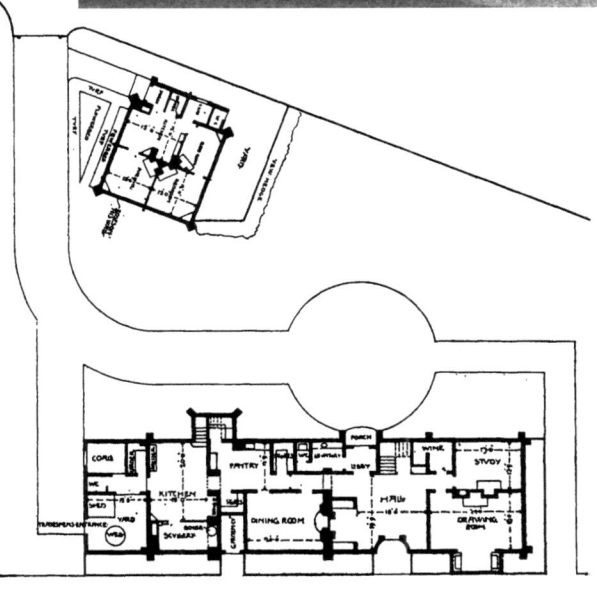

C. F. A. Voysey, Landhaus »Vodin«, Pyrford Common, Surrey. 1902. Links: Teil der Gartenfront und Eingangsseite. Oben: Gärtnerhaus. Grundriß der Erdgeschosse

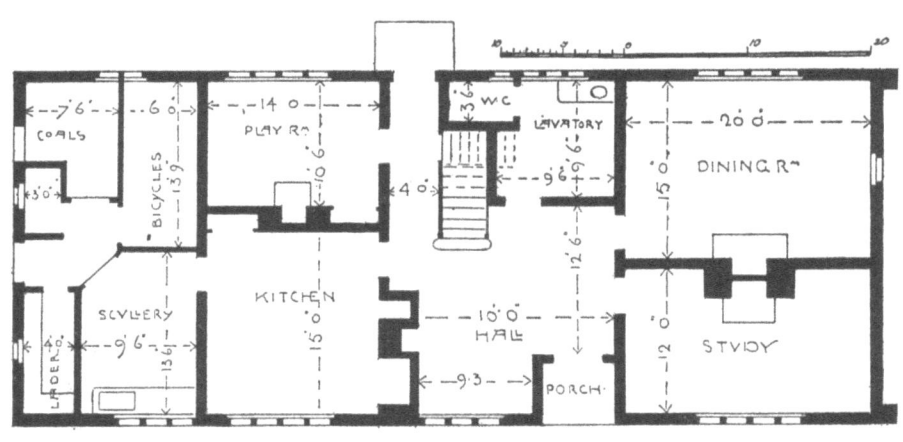

C. F. A. Voysey, eigenes Landhaus »The Orchard«, Chorley Wood, Herts. 1899
Haustür, Gartenseite und Grundriß des Erdgeschosses

C. F. A. Voysey, Landhaus in Luffenham. 1901

C. F. A. Voysey, Landhaus »Perrycroft«, Malvern Hills. 1893

C. F. A. Voysey, »Littleholme«, Kendal. 1892

C. F. A. Vosey, »Lowicks«, Frensham Common. 1894
Dachausbildung und Erker ▷

SCHL.Z.
ANKL.Z.
BAD
C
REINM.
SCHL.Z.
SCHL.Z.
SCHL.Z.
SCHL.Z.
SITZBANK
OBER.THEIL D.HALLE.
SCHL.Z.
SCHL.Z.
ANKL.Z.
0 5 10 15M.
0 5 10 20 30 40 50F.

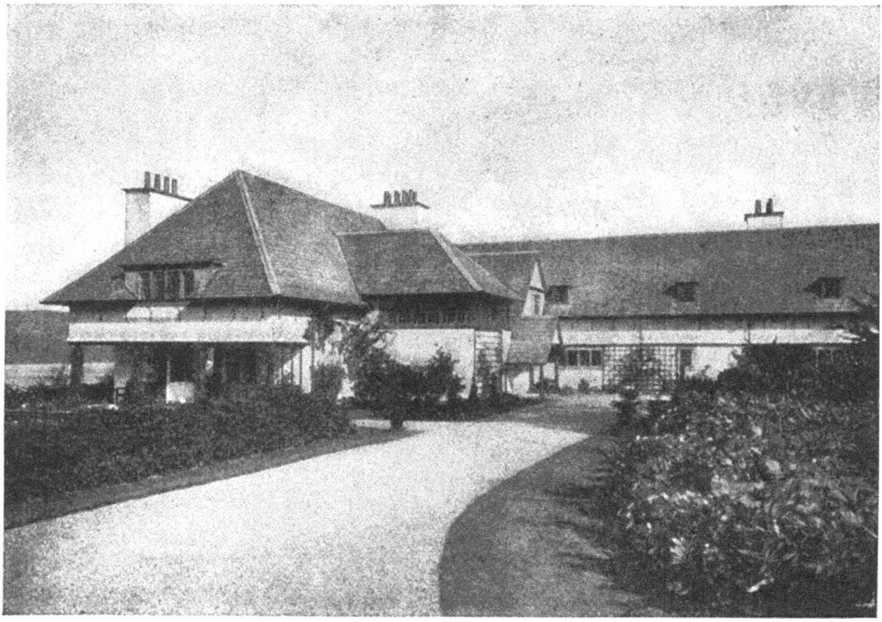

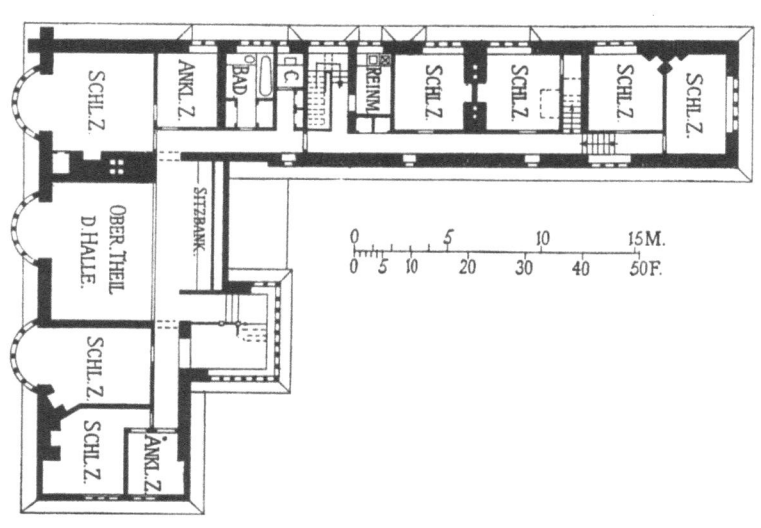

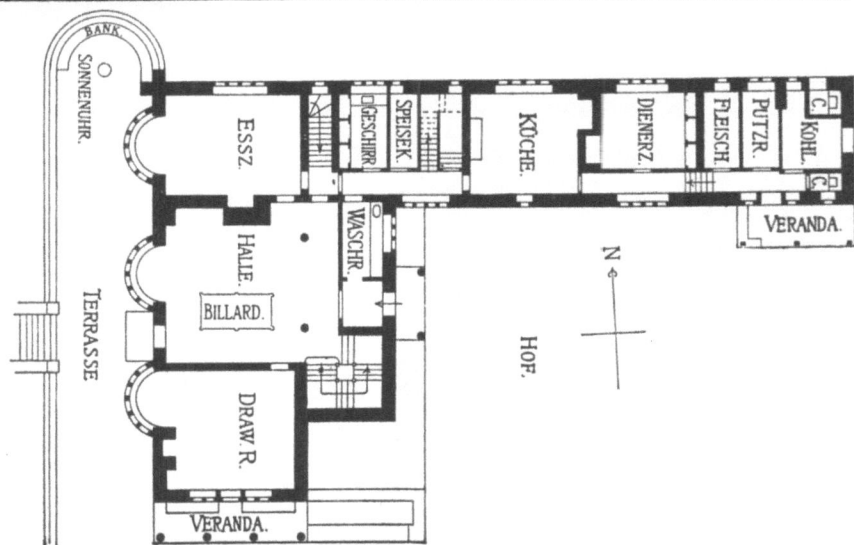

C. F. A. Voysey, Haus Broadleys am Windermere-See, Westmoreland. 1898
Eingangsseite, Seeseite und Grundrisse

C. F. A. Voysey,
Möbel in Landhäusern

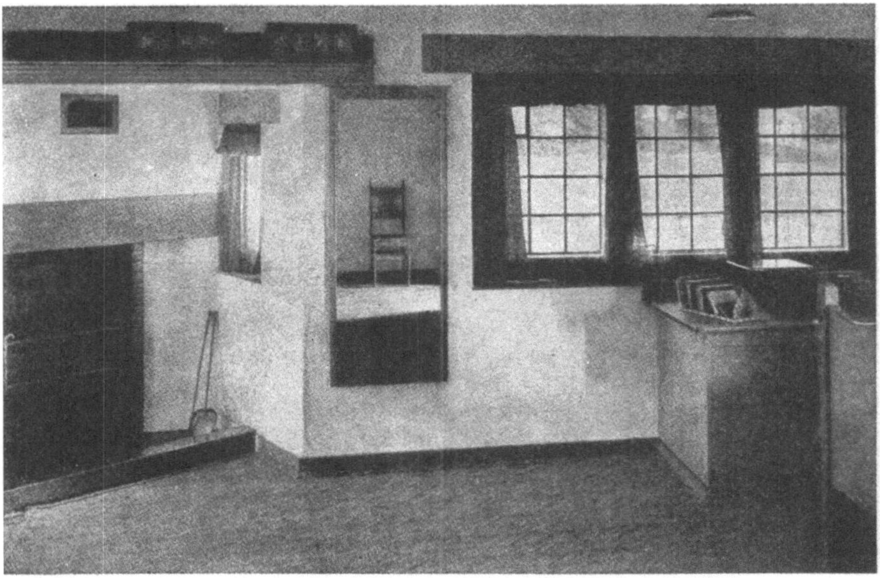

C. F. A. Voysey, Kaminplatz (»The Homestead«. 1908) und Treppenhalle im Obergeschoß (»The Orchard«. 1904)

C. F. A. Voysey, Tapete »Wasserschlange«. Um 1890

Ein Urteil über Voysey von Thomas Peatfield aus dem Jahre 1962*

Thomas Peatfield, ein englischer Architekt der jüngeren Generation, hat mit mir Voysey-Häuser besucht und die meisten der Fotos in diesem Buch aufgenommen.
Nachdem ich nun fünf seiner Häuser gesehen habe, komme ich zu meinem Verdruß zu dem Ergebnis, daß Voysey nur ein Kleinmeister gewesen ist. Trotz der malerischen langen Dachlinie seiner Häuser bleiben sie Kompositionen in zwei Dimensionen: Straßenfront und Gartenfront: Schrägansichten und Giebelansichten seiner Häuser sind ohne Interesse und nicht voll durchdacht.
Natürlich ist die Verbindung von ländlicher Einfachheit und intimer Anmut entzückend, die Häuser sind sehr kultiviert, und es läßt sich gut in ihnen leben: diese Mischung von Formalität und Bequemlichkeit findet sich in fast allen guten Häusern aus fast allen Zeiten. Aber Voysey drückt selten die Struktur seiner Bauten aus, was so viele Hausarchitekten des neunzehnten und zwanzigsten Jahrhunderts getan haben, und besonders in England hat es viele andere Architekten gegeben, die es besser verstanden haben, ihre Wirkungen mit geringeren Kosten zu erreichen.
Es gibt von seinen frühen zu seinen späten Entwürfen keine Entwicklung. Ja, Norney Grange, das früheste unter den Häusern, die wir gesehen haben, schien mir das beste — trotzdem es stilistisch noch ein wenig unausgegoren ist (das große Rundfenster in der Eingangshalle, das gebogene »Tympanon« am Schornsteinkasten des Ostgiebels). Es ist schon merkwürdig, daß ein Künstler sich damit zufrieden gibt, das gleiche Treppengeländer, den gleichen Türgriff, das gleiche fette Herzmotiv auf der Haustür, die gleichen Fenster-Feststeller, Lüftungsgitter, Kamine usw. sechzehn Jahre lang immer wieder an seinen Häusern zu verwenden. Darum ist etwas an Pevsners etwas schroffer Feststellung: »Wenn man eines seiner Häuser gesehen hat, so hat man sie alle gesehen.«
Der ursprüngliche Teil von Prior's Field enthält (zusammen mit Norney Grange) die besten Räume, aber der Anbau (und ich fürchte sehr, er stammt von ihm) zeigt Voyseys Grenzen: die Unfähigkeit, einen größeren Bau gut zu organisieren und einen Anbau auf das bestehende Haus abzustimmen. Wenn irgend etwas eintritt, das seine gewohnte Formel stört, dann liegt er da.
Greyfriars muß ein bezauberndes Haus gewesen sein, ehe es innen durch Firmen wie Maples oder Waring and Gillow verändert worden ist, aber es verdankt seiner dramatischen Lage sehr viel; und das Torhaus, in dem Voysey einmal von seiner gewohnten nicht formalen Art abgeht und versucht, Pracht und Romantik des Mittelalters auszudrücken, ist, für mich wenigstens, häßlich und schwer erträglich.
Nach dem, was ich von Voysey gesehen habe, wird es mir nun schon verständlich, warum die englische Hausarchitektur des späten neunzehnten und frühen

---
* Aus einem Brief von Thomas Peatfield an den Verfasser.

zwanzigsten Jahrhunderts bis gestern nicht so hoch eingeschätzt worden ist, wie sie es verdient. Der Kult des Nichtformalen ist ein Kult der Unbildung und führt leicht zu Denkfaulheit. Die Bauherren jener Zeit hielten nichts von Bildung, die Kunsttheorie wälzte sich noch immer in Ruskinschen Moralbegriffen, und die Rolle, die das Malerische in ihnen spielte, führte zur Nachahmung der gotischen und später der »georgian« Architektur. Ich glaube (wie gewöhnlich ohne Beweismaterial), daß man mit ein wenig Zeit und Mühe viele Architekten finden könnte, die in England zwischen 1900 und 1930 tätig waren, meist unbekannt und nicht erfolgreich (da sie kaum Bauherren fanden), welche unabhängig vom »Stil« und unbeeinflußt von der modernen Bewegung Hauspläne entwickelten und Ergebnisse erzielt haben, die heute von der größten Bedeutung sein könnten. P. D. Hepworth mag einer jener unbekannten Helden sein, und vielleicht ist Clough Williams Ellis ein zweiter. Wir müssen einmal, wenn Zeit und Geld dafür da sind, gemeinsam versuchen, diese Architekten aus der Zeit um den ersten Weltkrieg zu entdecken, und ein Buch über sie schreiben. Wir werden sicher eine Menge finden, was interessant ist.

Charles Robert Ashbee
1863—1942

Geboren in Isleworth in der Gegend von London. Der Vater stammt von Landleuten in Kent ab, die Mutter, eine geborene Lavy, von einer kultivierten jüdischen Familie aus Hamburg.
Studiert Geschichte in Cambridge, findet dabei aber keine Befriedigung und beschließt, Architekt zu werden. Sein Lehrmeister, Bodley, war ein bekannter Kirchenbaumeister; und durch die Arbeit an Kirchenausstattungen und Kirchengeräten in seinem Atelier wurde Ashbee zum erstenmal auf das Problem des Kunsthandwerks hingewiesen.
Dies blieb in der Folge sein größtes Interesse; als selbständiger Architekt ist er nicht hervorgetreten. Er gründete das London Survey Committee, wurde im Jahre 1897 in die Art Workers' Guild gewählt und 1929 Meister. Wichtiger war seine eigene Gründung, die Guild of Handicraft — Handwerksgilde — (1888), eine Gruppe von Kunsthandwerkern, welche sich mit der Herstellung von Möbeln, Metallarbeiten, Silberwaren, Schmuck, mit Buchdruck und Buchbinden beschäftigten. Die Gilde wurde in Ost-London gegründet; aber im Jahre 1902 zog er mit seinen Handwerkern und ihren Familien, 150 Seelen, in das alte Landstädtchen Chipping Campden in Gloucestershire; die Gruppe konnte sich aber nicht halten und wurde im Jahre 1907 aufgelöst. Ashbees Buch »Craftsmanship in Competitive Industry«, dessen erstes Kapital wir wiedergeben, stellt einen letzten Versuch zur Rettung dar.
Einige Jahre vor dem ersten Krieg unternahm er eine Vortragsreise nach Amerika, und er ist der erste englische Architekt gewesen, der auf das Werk Frank Lloyd Wrights aufmerksam wurde und eine Veröffentlichung in England veranstaltete (1911).
Im Krieg diente er in Ägypten. Dort erreichte ihn die Einladung des ersten Gouverneurs des eben eroberten Jerusalem, Sir Ronald Storrs, Jerusalem zu besuchen und einen Bericht über seine urbanistischen Möglichkeiten abzufassen. Er wurde Berater und Sekretär der Pro-Jerusalem-Society und war in hohem Maße an deren bedeutenden Veröffentlichungen über die Stadt beteiligt. Es handelte sich dabei um die Erhaltung und Wiederherstellung der alten Stadt, um die Anlage von Parks, welche den Blick auf die suleimanische Mauer freigaben, endlich auch um die Anlage neuer Vororte, wobei Patrick Geddes bereits wertvolle Vorarbeit geleistet hatte. Auch in Jerusalem beschäftigte er sich mit seinem eigensten Thema, der Erhaltung und Belebung des Kunsthandwerks,

diesmal der arabischen Töpferei, der Herstellung von Wandfliesen, des Metallhandwerks. Ashbee verließ Jerusalem im Jahre 1922 und wandte sich von da an völlig seinen schriftstellerischen Arbeiten zu.

Ashbee war zweifellos eine donquichottische Natur, also einer, der sich bis zum Letzten für das einsetzt, was er als gut und notwendig erkennt, ungeachtet der Widerstände, die Männer des praktischen Verstandes seinen Unternehmungen immer wieder entgegensetzen mußten. Er glaubte, daß das Kunsthandwerk die industrielle Gesellschaft reformieren könnte. Die industrielle Gesellschaft ist über ihn hinweggegangen.

Unter denen, die in den Spuren von William Morris gewandelt sind, ist C. R. Ashbee der ernsthafteste. Im Jahre 1908, nach zwanzig Jahren der Mühe in seiner »Gilde des Handwerks«, zieht er das Fazit: »Die Geschichte der ›Gilde des Handwerks‹ am Ende eines zwanzigjährigen Lebens oder, wie manche vorziehen würden zu sagen, am Beginn ihrer Großjährigkeit und einer neuen Phase ihrer Entwicklung, mag in einem Satz zusammengefaßt werden: Sie hat sich für den Augenblick ruiniert, indem sie versucht hat, Qualität aufrechtzuerhalten und die Arbeit wieder menschenwürdig zu machen. Mit anderen Worten: Sie hat versucht zu zeigen, daß Qualität in der Arbeit und im Leben zusammengehen und daß das eine auf dem anderen beruht.«

Die Gilde wurde im Jahre 1888 in London gegründet. London bot für ein Unternehmen dieser Art gewisse Vorteile: einmal fand man dort Liebhaber für gutes Kunstgewerbe; zum anderen konnten Kunsthandwerker, Mitglieder der Gilde, immer in der Fabrikarbeit untertauchen und Massenwaren liefern, wenn sie sich durch die Wertarbeit ihrer Hände nicht erhalten konnten.

Im Jahre 1902 indessen wurde die Gilde aufs Land verlegt. Sie siedelte sich in dem alten Landstädtchen Chipping Campden in Gloucestershire an. Sofort stellt sich das Folgende ein: »Die Betriebskosten steigen, das Lager an unverkauften Gegenständen wächst, und obwohl die Verkäufe sich ebenfalls vermehren, steigt deren Kurve nur sehr langsam und nicht so steil wie die beiden anderen: Betriebskosten und Lager. Im Jahre 1905 steigt sie überhaupt nicht mehr an, und im Jahre 1906 sinkt sie katastrophal ab.«

Ashbee versucht nun, dem Kunsthandwerker auf dem Lande durch Landwirtschaft in kleinem Maßstab einen Unterhalt neben seiner Arbeit zu verschaffen, und dies hält er für die Lösung des Problems. Er will einen mittelalterlichen Typ des Menschen wiederbeleben, und er sieht in der Schaffung dieses Menschentypus einen notwendigen Schritt zur Rettung des englischen nationalen Charakters.

Wir wissen heute, daß dieser Weg nirgends hinführen konnte; und in eben diesen Jahren geht man in Deutschland unter dem von England bestimmten Einfluß von Muthesius einen anderen Weg, den des Deutschen Werkbundes, einen Weg mit weniger weitgespannten Zielen einer Lebensreform, aber einen, der modern ist, praktisch, und der zu Ergebnissen führt. Die extreme englische Position wird in dem ersten Kapitel von Ashbees Buch »Craftsmanship in Competitive Industry«, 1908, klar umrissen.

Die kunstgewerbliche Bewegung
und ihr ethisches Ziel*

Die kunstgewerbliche Bewegung begann mit der Absicht, nützliche Dinge zu machen, sie gut zu machen und auch schön; gut und schön, diese beiden Worte bedeuteten den Führern der Bewegung ein und dasselbe. Der Versuch, diese Grundsätze zu verwirklichen, hat die Männer, welche Tag für Tag handwerklich arbeiteten, an eine Reihe von Problemen herangeführt, die sie nicht vorhergesehen hatten, und hat in ihnen im Laufe der letzten 25 Jahre eine Weltanschauung entwickelt, welche stark von der abweicht, die heute gang und gäbe ist. Diese Anschauung mag sich aufs Politische beziehen, auf die Gesellschaftsform oder auch auf die Ästhetik; sie mag unmittelbar aufs Leben anwendbar sein oder auch nicht; auf jeden Fall ist sie auf Erfahrung gegründet und strebt bestimmte Ziele innerhalb des modernen Lebens und Denkens in England an.
Vielleicht sollte ein Künstler überhaupt keine politischen Anschauungen haben; aber ich stelle mir die unmittelbare Zukunft in England etwa so vor: Unsere politischen Theorien werden letzten Endes von dem einen großen wirtschaftlichen Faktor der industriellen Maschinenarbeit bestimmt. Sie hat uns unsere Großstädte gegeben, unser Kolonialreich und die Lehre vom Freihandel. Augenblicklich findet die Maschinenindustrie ihre Grenze, und darum beginnt eine neue Ära in der Politik. Die Zeichen hierfür sind sichtbar in einer dreifachen Auflehnung gegen die gegenwärtige Ordnung, welche der bisherigen Art des Denkens durchaus zuwiderläuft. Da ist zuerst der Sozialismus, welcher sagt: »Seht, was für ein Chaos der unbeschränkte Gebrauch der Maschine aus unserer Zivilisation gemacht hat; wir müssen von unten auf neu beginnen und den Fluch der billigen Arbeit loswerden.« Da ist zweitens die Lehre von den Schutzzöllen, welche folgendermaßen argumentiert: »Die Theorie des Freihandels (laissez-faire), welche alles andere opfert, um die Industriezentren mit billigen Nahrungsmitteln zu versorgen, ist überholt; wir brauchen eine neue Tätigkeit des Staates, welche dem Bewußtsein der Rasse Ausdruck gibt, das durch unsere koloniale Ausbreitung ins Leben gerufen worden ist: der Lebensstandard der englischsprechenden Völker muß überall der gleiche sein.« Der dritte Protest gegen das industrielle System ist der des Kunstgewerbes – d. h. der des einzelnen Menschen, welcher sagt: »Was ist das alles wert, und wohin führt es uns? Weder Euer Sozialismus noch Euer Rassenbewußtsein nützt etwas, solange Ihr nicht sagen könnt, was in unserer industriellen Produktion gut ist und was schlecht, was hergestellt werden sollte und was nicht. Mag der Sozialismus immerhin

---

* Das erste Kapitel aus Ashbees Buch *Craftsmanship in Competitive Industry*, 1908. *Ich gebrauche in der Übersetzung das Wort kunstgewerblich – das englische Wort ist – Arts and Crafts: Das heißt Kunst und Handwerk oder Kunsthandwerk. Es ist nicht nur im Wortsinne, sondern in der Sache von dem, was man in Deutschland Kunstgewerbe nennt, ziemlich stark verschieden. Der Leser muß sich über diesen Unterschied klar sein, wenn ihm hier das Wort Kunstgewerbe begegnet.*

auskehren, mögen Schutzzölle die englischen Völker zusammenbinden und ihren Lebensstandard vereinheitlichen: wir, die Leute des Kunstgewerbes, sind hier, um festzulegen, was echter Wert ist – ein Wert, der sich in beidem zeigt: Im Produkt und in dem Mann, der etwas produziert; wir sind hier, um Euch zu den Wirklichkeiten des Lebens zurückzuführen, zum Gebrauch von Hand und Hirn, um den Eure Maschinen über die Hälfte unserer Bevölkerung bereits gebracht haben.«

So kommt es, daß diejenigen, deren Namen unzertrennlich mit der kunstgewerblichen Bewegung verbunden sind, jener größeren Bewegung angehören, welche die konservative und die liberale Lehre gleichermaßen außer Kraft setzen wird, welche den englischen Städten ein neues Selbstbewußtsein geben und das Parlament umformen wird; in ihr zeichnet ein neues Erziehungsideal sich ab, höher als das kleinliche Sektentum der vorigen Generation – der Generation der Kirchen –, durch sie werden technische Schulen überall im Lande ins Leben gerufen. Man versucht endlich wieder, das Geheimnis der Menschenhand zu ergründen. Diese Bewegung hat viele Namen und viele Helfer, aber es ist überall die gleiche Bewegung, durch die Männer wie Bischof Ingram und Bischof Gore die englische Kirche sozialisieren wollen – die gleiche, durch die die Fabian Society auf die englischen Gemeinden einwirkt, durch die Bernard Shaw und Granville Barker Ideen und eine tiefe moralische Bedeutung in das moderne Drama einführen, die gleiche, durch die Sidney Webb versucht, die Tatsachen unserer sozialen Umwelt mit dem nüchternen Licht wirtschaftlicher Wahrheiten zu erhellen, die gleiche endlich, in deren Namen einige unserer intelligenteren Grundbesitzer in der Stille darangehen, auf ihren Gütern neue Methoden einzuführen, einfacher zu leben, der Wirklichkeit näherzukommen. Es ist eine idealistische Bewegung, der alle diese Leute angehören, und das Kunstgewerbe hat die Funktion, ihr Ausdruck zu geben: es ist ihre sichtbare Stimme.

In ihren Werkstätten also und durch ihrer Hände Arbeit sind diese Männer des Kunstgewerbes Schritt für Schritt an die großen Probleme des englischen Lebens herangeführt worden, und es ist ihre Erfahrung, welche sie die Lösungen ablehnen läßt, die gemeinhin von Politikern und Wirtschaftlern angeboten werden. So hält man es zum Beispiel für ein Axiom, daß Produktion im großen Maßstab – durch die Fabriken – wirtschaftlicher sei als die kleine Produktion der Hand und der Hausindustrie. Man meint, da dies im Konkurrenzkampf der Großindustrie in der Tat der Fall ist, so gelte es für alle Tätigkeiten im Leben der Nation. Da unter einem System, das den privaten Unternehmer begünstigt, Handarbeit und Hausindustrie durch die Fabrik vernichtet worden sind, meint man, dies gelte unter allen Umständen und für die ganze Nation und die Wirtschaftlichkeit der Produktion müsse sich entsprechend steigern. Die Künstler und die Handwerker leugnen, daß das so ist, und sie glauben, es kann bewiesen werden, daß es nicht so ist. Aber auf dieser Annahme, daß nämlich das, was für den einzelnen Unternehmer wirtschaftlich ist, dem ganzen Volk zugute kommen müsse, wenn einmal der Staat die privaten Unternehmen übernommen habe, ruht im wesentlichen die Lehre des Kollektivismus, so wie die Sozialisten sie predigen. Meiner Ansicht nach — und sie gründet sich auf meine Erfahrung mit vielen kleinen Werkstätten in Stadt und Land — gibt es sehr viele Industrien, in denen die kollektivistische Theorie einfach keine Anwendung findet. Es gibt andere, auf die sie nicht angewandt werden sollte, da dies für die Gesamtheit eine Verschleuderung und einen Verlust an Leben, Gesundheit und menschlicher Produktivität bedeuten würde, der durch keinen möglichen wirtschaftlichen Vorteil aufgewogen werden könnte. Und schließlich gibt es Industrien, in denen das kollektive Prinzip durchaus Anwendung findet, ja es könnte dort erheblich erweitert werden.

Meine erste Folgerung aus dieser Erfahrung ist, daß man zwischen verschiedenen Industrien unterscheiden muß. Meine zweite, daß man Industrien nicht für sich studieren darf: man muß ihre Einwirkung auf das Leben als Ganzes bedenken; und drittens finde ich, daß die Industrie und das Leben in den Großstädten Rücksicht auf die Bodenfrage, auf das Leben auf dem Lande nehmen muß. Wie leben die Menschen auf dem Lande? Welche Formen der Arbeit sind für das Land am besten geeignet? Und schließlich: wie muß unser Fabriksystem mit seinen Maschinen für Massenproduktion mit Rücksicht auf diese Frage des Landes reguliert und kontrolliert werden? All dies betrifft die Grundfragen: einen echten Lebensstandard und wahre Qualität. Die vitale Bedeutung dieser Erwägung kann man am besten durch eine Parallele illustrieren: die Sklaverei. Der Lohnsklave von heute ist vielleicht besser dran, als es der Sklave des Altertums oder der Leibeigene des Mittelalters gewesen war, vielleicht auch nicht; aber die Maschinen, an denen er arbeitet, und die Art, wie er an ihnen arbeitet, stellen eine stets wachsende Gefahr für die gesamte Volksgemeinschaft dar. Man meint allgemein, daß Sklaverei schlecht für die Sklaven ist; aber noch schlechter ist sie für die Sklavenhalter, denn sie demoralisiert sie, sie macht sie verschwenderisch, grob, hilflos: sie können die Wirklichkeit des Lebens nicht mehr meistern. Sie werden schließlich so wie jener legendäre Reiche in Mandevilles Reisen, der so reich war, daß man ihm das Fleisch in den Mund stopfen mußte, denn er konnte seine Hände nicht mehr gebrauchen. Das ist die Gefahr, welche uns bedroht. Aber die Gefahr ist nicht so groß für die Maschine und die, welche sie bedienen — die Leute, die das Fleisch hineinstopfen — wie für die ganze Gemeinschaft; denn sie ist wie der große Reiche in der Fabel, der bald seine Hände nicht mehr wird gebrauchen können und mehr und mehr die Fühlung mit wirklichen Dingen verliert.

Durch ihre Nähe zum wirklichen Leben erhält also die kunstgewerbliche Bewegung eine ethische Wirkung von der größten Bedeutung. Sie wirkt ein auf den, der etwas macht, aber auch auf den Verbraucher — also schließlich auf jeden. Sie bringt in die moderne Industrie die Seele zurück, die Kraft der Vorstellung, die unserer Zivilisation so sehr fehlt. Sie erinnert uns daran, daß die Dinge, in denen diese Kraft der Vorstellung lebendig ist, die wirklichen Dinge sind: wenn die Vorstellung sich im Werk der Hände verwirklichen will, so muß sie mit dem Material in Verbindung kommen und im unmittelbarsten Sinne wirklich werden.

Was ich zeigen möchte, ist dies: diese kunstgewerbliche Bewegung, welche mit dem Ernst der präraphaelitischen Maler ihren Anfang nahm, mit Ruskins prophetischer Begeisterung und Morris' titanischer Energie: sie ist nicht das, was das Publikum glaubt, daß sie sei, oder was es aus ihr machen möchte: ein Treibhaus für Luxus, für die Herstellung überflüssiger, nutzloser Spieldinge für die Reichen. Sie ist eine Bewegung, die eben solche Spieldinge ausstoßen will, indem sie das Gute hervorbringt und gleichzeitig die notwendige Kontrolle der Maschinenproduktion und der billigen Arbeit zu ihrer Sache macht. Ich behaupte, daß d a s Ü b e r f l ü s s i g e d e r t e u r e n A r t g e n a u d a s g l e i c h e i s t w i e d a s Ü b e r f l ü s s i g e d e r b i l l i g e n A r t. Beide sind nutzlos, sind Vergeudung, und sie müssen beide zerstört werden. Was also ist der Sinn der kunstgewerblichen Bewegung? Ihr Sinn ist Qualität in der Arbeit wie im Leben, der Schutz der Qualität im Produkt und in dem, der produziert; und diese beiden Dinge gehören zusammen.

Die Männer dieser Bewegung, die auf die Zerstörung des kommerziellen Systems hinarbeiten, die es diskreditieren, untergraben, umstürzen wollen, nehmen ihre Mission eben so ernst, halten sie für eben so heilig, wie ihre Großväter die ihre genommen haben, als sie jenes System ins Leben riefen und glaubten, ihm in einem Kristallpalast aus Glas und Eisen ein bleibendes Monument errichtet zu haben. Sie wollen die alte Ordnung, die abstirbt, durch etwas ersetzen, was schöner ist, edler und echter; sie wollen die Grenzen des Fabriksystems festlegen, die Maschine kontrollieren und in Arbeit und Leben zur Wirklichkeit zurückkehren. Von ihrem eigenen Werk, ihren Bauten, ihren Möbeln, ihren Metallarbeiten, ihrer Töpferei: den Dingen, die sie mit ihren Händen machen, wissen sie, daß sie sie machen können, wenn nur die Gemeinschaft ihnen die Möglichkeit dazu gibt. Sie wollen, daß man ihnen gestattet zu arbeiten, gut und nützlich zu arbeiten und dabei das ruhige Leben guter Bürger zu führen unter Bedingungen, die ihre Arbeit fördern und ihre Kinder — die jungen Bürger, die sie aufziehen. Sie haben kein Interesse daran, Reichtümern nachzujagen, sie wollen Besseres für sich als Reichtum; andererseits sehen sie nicht, wie ihre Arbeit — die Arbeit des Kunstgewerbes — getan werden kann, wenn sie ständig in Furcht vor dem Armenhaus für sich und die Ihren leben müssen. Die Arbeit, die sie zu tun haben, braucht Zeit, Nachdenken, technisches Können und Spielraum zu Versuchen. Sie können sie nicht »zum Termin« fertigstellen, oft auch nicht »zum festen Preis«. Sie finden, daß das Lebensbild des Engländers so durch die Mechanik des modernen Lebens verbogen worden ist, daß er schon nicht mehr anders kann, als alles nach Maschinenmaß zu messen; es gibt aber Dinge, die man so nicht messen kann. Das Kunstgewerbe ist eines dieser Dinge ebenso wie das Keimen des Samens in der Erde, die Jahreszeiten und der Wechsel vom Kind zum Manne. Das Kunstgewerbe gehört zu dem, was elementar notwendig ist, die Gemeinschaft braucht es dringend zu ihrer Erziehung, sie muß ihm einen Platz in der Gesellschaft finden und für die, die sich ihm widmen, eine feste wirtschaftliche Grundlage. Einige von uns gehen weiter und sagen, der rechte Platz für das Kunstgewerbe ist auf dem Lande, da wo die Kinder

hingehören, damit sie unter den elementaren Tatsachen des Lebens ihr Leben beginnen, fern von den komplexen, künstlichen und oft zerstörenden Einwirkungen der Maschine und der Großstadt. Einige von uns gehen so weit zu sagen, daß schon dies allein es notwendig macht, daß man die Maschine kontrolliere, und daß dies eine ethische Forderung ist.
Aus diesem Grunde sind die meisten Künstler und Handwerker gegen die mehr materialistischen Tendenzen des Sozialismus und sagen, daß sie in einigen Fällen die Übel noch verschlimmern, gegen die man kämpfen muß. Sie sagen, daß eine politische und wirtschaftliche Theorie, welche in einer Höchstentwicklung des Fabriksystems und seiner vollen Kontrolle durch den Staat die Lösung für alle Schwierigkeiten des modernen Lebens sieht, nicht genügt. Sie wollen mehr. Im Licht ihrer eigenen Werkstatt- und Handwerkserfahrung erscheint ihnen keine Lösung als endgültig, welche aus dem industriellen System gewachsen ist, dem System der Maschine. Sie geben zu, daß sie für einen großen Teil der fabrikmäßigen Organisation im Lande Geltung haben mag, und vielleicht umfaßt diese heute die Mehrheit der menschlichen Tätigkeiten; aber die, welche Kunstgewerbe betreiben, können eben niemals zu dieser Organisation gehören. So weit also die Lehre des Sozialismus auf das Fabriksystem gegründet ist und seinen Bedürfnissen dient, muß sie die Künstler und die Handwerker ausschließen, und in diesem Sinne können sie nicht Sozialisten sein.
Vielleicht gehen sie noch weiter und sagen, daß ihre Arbeit besser sei als die Produktion der Fabriken, und daß sie damit der Gemeinschaft einen größeren Dienst erweisen; sie stellen fest, daß die beiden nicht nebeneinander bestehen können, und da ihre Arbeit für die Gemeinschaft mehr bedeute, so müsse jene andere Art der Arbeit beschränkt und reguliert werden, nicht um ihrem, der Künstler und Handwerker, Interesse zu dienen, sondern im Interesse der Gesamtheit. Diese Forderung wird nicht aus ästhetischen Gründen erhoben — sie gehen nicht von der Ästhetik aus —, sondern aus menschlichen und ethischen Gründen, die mit dem Charakter und dem Leben der Nation zu tun haben.
Auf der anderen Seite zieht die Theorie des Sozialismus viele unter ihnen stark an, da sie sich auf jene elementaren Bedingungen des modernen Lebens bezieht, welche dem ganzen Körper der Industrie gemeinsam sind: der Sozialismus strebt danach, von unten her die Konkurrenz zu beschränken. Sanierung der Elendsviertel, bessere Einrichtung der Werkstätten, Festigung des gewerkschaftlichen Gedankens, die Lehre vom Mindestlohn, Altersfürsorge, Marktreform, enger Zusammenhang zwischen England und den Kolonien, Bodenreform: alle diese Programmpunkte des Sozialisten oder des Sozialreformers heißen viele unter ihnen willkommen, weil sie glauben, sie werden ihre kleinen Werkstätten und ihr Dasein als Bürger begünstigen. Um diese Dinge durchzusetzen, mag es notwendig sein, das Recht auf Privateigentum anzutasten oder gewisse Privilegien zu beschränken; aber das stört sie nicht. Sie sagen lediglich »das muß sich finden. Wir haben auch ein Recht zu leben. Unser Leben dient den Bedürfnissen der Gesamtheit, ihren höheren Bedürfnissen, und diese Dinge sind für unser Leben notwendig.«

Freilich können sie sich der Einsicht nicht verschließen, daß sie in nicht allzu ferner Zeit Gefahr laufen, ihre Existenzgrundlage zu verlieren, dann nämlich, wenn sie ihre bisherigen Kunden verlieren, und das waren hauptsächlich die Wohlhabenden. Wenn man das Kunstgewerbe als einen Luxus behandeln wird, so würde jede hohe Besteuerung der Wohlhabenden seinen Lebensnerv durchschneiden; und der Kunde, für den sie in aller Welt am liebsten arbeiten, ist der alte Gentleman auf dem Lande, welcher ihnen gegenüber immer noch etwas von der Höflichkeit des achtzehnten Jahrhunderts zeigt, eine patriarchalische Sympathie, die aus dem Feudalsystem stammt. Ob sie nun für ihn eine Kirche instand setzen, ob sie ihm ein Haus bauen, er ist der Klient, den sie am höchsten schätzen, mit dessen Wünschen die ihren sich am ehesten decken. Aber die neue Zeit ist schon sichtbar. Der alte Landgentleman verschwindet, er vermietet sein Haus an einen anderen, »der Josef nicht kennt«. Sein Land wird für die Fuchsjagd aufgeteilt, er hat kein Interesse mehr an dem Kunsthandwerk seiner Gegend — vielleicht auch haben die Künstler und Handwerker die Gegend verlassen —, und er kauft jetzt Maschinenprodukte in der Stadt. Die Gesellschaft, die die Künstler und Handwerker als Leute behandelt, die »am Rande« leben, behandelt den alten Gentleman ebenso. In harten Zeiten haben die Dinge »am Rande« zu verschwinden, und in dem Maße, wie die Künstler und Handwerker lediglich den Puscheln und Fransen am Leben der Gesellschaft dienen, mögen auch sie zu verschwinden haben; vielleicht ist es in diesem Falle besser, daß sie verschwinden.
Aber die Handwerksmeister, welche den Sinn des Kunstgewerbes ein wenig tiefer verstehen und die Bedingungen der modernen Industrie erkennen, unter welchen das Kunstgewerbe arbeitet, wissen, daß sie einen echten öffentlichen Dienst erfüllen. Mag sein, daß dieser Sinn des Kunstgewerbes für eine kurze Zeit nicht klar in Erscheinung tritt. Er wird jedoch wieder hervortreten. Ihr Ziel ist das Nützliche, das Nützliche der besten Art. Ihre Mission ist Qualität. Sie haben zu bestimmen, welche Gegenstände richtig sind und welche falsch; sie haben zu sagen, welche besser mit der Hand gemacht werden und nicht mit der Maschine, zu sagen, welches die Gegenstände sind, die als Einzelstücke gemacht werden müssen, und welche Dinge am besten um ihrer selbst willen gemacht werden sollten und welche am besten geeignet sind, Charakter und Erfindungsvermögen in dem zu entwickeln, der sie macht.
Aber die neue Zeit ist sichtbar, und vielleicht wird der Handwerker Arbeit bei den Gemeinden suchen und nicht mehr bei dem kultivierten alten Herrn auf dem Lande. Dies denken meine sozialistischen Freunde, und sie scheinen zu glauben, es werde dem Handwerker unter König Storch ebenso gut gehen wie unter König Stamm; ich habe meine Zweifel. Bis jetzt sieht es nicht so aus, als ob die Männer, welche die sozialistische Meinungsbildung beeinflussen, sich sehr viele Gedanken über die Bedeutung des Handwerks gemacht haben; sie haben auch keine Notwendigkeit dafür gesehen, in ihrem Staat einen angemessenen Platz für den Handwerker zu finden. Das liegt daran, daß sie an diese Dinge von außen herangehen, als seien das quasi wissenschaftliche Fragen; oder sie

behandeln sie vom Standpunkt der Maschinenproduktion aus; sie behandeln sie niemals unmittelbar, wie der Handwerker das tut, der seine Werkstatterfahrung hat. Es ist darum schwer für sie, seinen Standpunkt zu verstehen[1]. Einer der Zwecke dieses Buches ist es, dem Handwerker seinen eigenen Standpunkt sichtbar zu machen; er wird es dann leichter finden, mit seinen Brüdern im Handwerk zusammenzukommen und einen Druck auf die Leute auszuüben, die dem neuen Staat Form geben sollen; und er wird sich seiner eigenen Stellung in diesem Wechsel der Dinge besser bewußt sein. Die kommende Revolution in England wird sich wesentlich als ein Kampf zwischen den großen Städten und dem Parlament abspielen, wobei die Großstädte für die Demokratie stehen und versuchen werden, die Kontrolle über ihre eigene wirtschaftliche Umwelt in die Hand zu bekommen, während das Parlament die Privilegien vertreten wird: in der Bodenfrage, im Kapital und in der Kontrolle der Produktionsmittel. In diesem Kampf ist dem Handwerker offenbar wenig Spielraum gelassen; es wird also seine Sache sein, selbst nach seinen Interessen zu sehen. Ich hoffe, daß einige der Erfahrungen, die in diesem Buch niedergelegt sind, und einige der Anregungen, die es gibt, ihm dabei behilflich sein mögen.
Die Rechtfertigung für das Kunstgewerbe ist Qualität. Es dient einem echten Bedürfnis. Nun aber müssen die Handwerker selbst realistischer werden; sie müssen mitten ins Leben treten, und die Männer und Frauen, die ein Handwerk treiben, dürfen sich für ihren Unterhalt nicht lediglich auf ihr Handwerkertum verlassen. Sie müssen bereit sein, in die Urproduktion einzutreten: Arbeit auf dem Lande, kochen und backen, Viehzucht und alles, was zum Haus gehört. Sie müssen zwischen den Dingen unterscheiden lernen, die man haben muß, und denen, die man besser nicht haben sollte: Sie müssen lernen, einfach zu leben. Der Städter der Zukunft wird, denke ich, hauptsächlich draußen auf dem Lande leben, und er wird mehr mit seinen eigenen Händen zu machen haben, als das jetzt der Fall ist. Vielleicht wird er mitbringen, was er in der Stadt gelernt hat; aber wenn wir das Leben der bürgerlichen Demokratie, das die Großstadt uns gelehrt hat, voll leben wollen, so müssen wir über die Großstadt hinausgehen. Wir müssen die Lehre des Landes ebenfalls lernen, Kunst und Handwerk müssen »zurück aufs Land«, sie müssen wenigstens teilweise imstande sein, sich selbst zu erhalten. Sie müssen ihren eigenen Absatzmarkt in die Hand bekommen und durch gemeinsame Aktion die Produktion der Maschine begrenzen. Gleichzeitig aber müssen sie unabhängig werden, zum Teil wenigstens, indem sie zur Urproduktion der ländlichen Wirtschaft zurückkehren; das ist eine Rückkehr aufs

---

[1] *Vergleiche folgende Stelle aus einem Vortrag Ashbees aus dem Jahre 1903 in der Arts and Crafts Society of Boston (Massachusetts):* ... und wir fanden jene großen demokratischen Gewalten, von denen wir als Reformatoren eine Wiederbelebung des englischen Handwerks erwartet hatten, die Gewerkschaftsbewegung und die Genossenschaftsbewegung, beschränkt und gleichgültig in allen Dingen der ästhetischen Erziehung. Die großen sozialen Ziele, die wir mit einer solchen Ausbildung befördern wollten, die Möglichkeit einer industriellen Kunst, wie wir sie verstanden, wurden nicht begriffen und in ihrer Bedeutung unterschätzt.

Land. Kunst und Handwerk und die Bodenfrage in England gehen Hand in Hand.

In diesem Buch habe ich versucht, die praktische Arbeit einer Gruppe englischer Handwerker darzustellen, die, unterstützt von einigen Kapitalisten, ihre Arbeit, ihr Können und ihre Traditionen mit sich hinausgenommen haben, die ihr Handwerkszeug zusammengepackt haben und aufs Land gegangen sind, um zu arbeiten. In welchem Maße sie erfolgreich waren oder gescheitert sind, das festzustellen, ist nicht meine Sache. Ich ziehe meine Schlüsse aus ihren Erfahrungen, und was ich zu sagen habe, ist nur insofern wertvoll, als es durch Erfahrung geprüft worden ist. Wenn man zeigen kann, daß sie in gewissen Richtungen Erfolg gehabt haben, dann heißt das, daß andere ebenfalls Erfolg haben werden; und sie werden weiter gehen; wenn sie gescheitert sind, so bedeutet das lediglich, daß bis jetzt der rechte Weg noch nicht gefunden ist. Andere werden ihn finden.

Geoffrey Scott:
Die Architektur des Humanismus (1914)

Die Rückwendung zu Renaissance und Barock, welche bereits vor der Jahrhundertwende begonnen hatte, fand 1914 ihren Theoretiker in Geoffrey Scott, der den verschiedenen »Irrlehren« (fallacies), die seit Ruskin die englische Bewegung inspiriert hatten, den Prozeß machte.
Scotts eigene Position ist freilich weniger überzeugend als seine Kritik. Er beruft sich auf Lipps' Theorie der Einfühlung und behauptet, daß in der Architektur jede Linie, jede Fläche, jedes Volumen und besonders jeder Raum von uns im Sinne unserer körperlichen Regungen und Kräfte einfühlend nachvollzogen werde. Diese Theorie ist allenfalls auf die Architektur der Antike und der Renaissance anwendbar, wird aber kaum dem Wesen der Architektur an sich gerecht. So schließt sie zum Beispiel die Möglichkeit einer Metallarchitektur bewußt aus: »Wo zwischen der sichtbaren Masse eines Materials und seiner Stabilität ein übergroßer Unterschied besteht, wie dies zum Beispiel beim Stahl der Fall ist, kann der Verstand zwar ganz leicht die Funktion eines Gliedes am Bau berechnen, es ist aber völlig unmöglich, sie im Sinne unserer eigenen körperlichen Erfahrung zu begreifen[1]*.«*
Scotts Wirkung blieb vorwiegend negativ. Die englische Bewegung hatte bereits zehn Jahre vorher ihren Impuls eingebüßt. Nun wurden ihre Grundlagen, eine nach der anderen, untersucht und ad absurdum geführt. Eben aus diesem Grund ist Scotts Kritik eine notwendige Ergänzung zu Lethabys Theorien.

---

[1] *Es ist immerhin interessant, daß Gropius im gleichen Jahre, 1914, schrieb: »Die verstandesmäßige arithmetische Berechnung der Stabilität eines Materials unterscheidet sich wesentlich von der instinktmäßig empfundenen geometrischen Harmonie der Bauteile, die Konstruktionsform von der Kunstform. Vergleicht man mehrere Materialien verschiedener Stabilität auf ihre technischen und ästhetischen Funktionen hin, so zeigt sich, daß die Erfüllung der rechnerischen Forderungen nicht gleichzeitig ihre ästhetischen bedingt. Ein breiter Holzbalken, von zwei dünnen Eisenstangen getragen, genügt der statischen Rechnung, das ästhetisch empfindende Auge wird aber durch das Mißverhältnis der tragenden und getragenen Glieder beleidigt, denn die stabile Eigenschaft des Materials ist unsichtbar, harmonisches Ebenmaß aber nur in der sinnlichen Anschauung des optischen Flächenbildes begreiflich.« Aus: Der stilbildende Wert industrieller Bauformen. Jahrbuch des Deutschen Werkbundes, 1914.*
Muthesius hatte diese Einschränkung bereits im Jahre 1901 geleugnet. Die Ästhetik, sagt er, folge der Gewohnheit: »Hätten wir niemals ein anderes Baumaterial gehabt, als Eisen, so hätten wir eben eine andere Ästhetik.« Aus: Stilarchitektur und Baukunst, 1901—03.

Scott macht die romantische Bewegung dafür verantwortlich, daß in die Praxis und die Kritik der Architektur literarische Ideen eingeführt wurden. Natur, Nützlichkeit, das Malerische, das Konstruktive seien Kriterien, welche die immanenten Werte der Architektur nicht betreffen. Sie haben aber im 19. Jahrhundert diese Werte ersetzt.
Scotts Kritik der zeitgenössischen Theorie ist ein zusammenhängendes Lehrgebäude, eine Gegentheorie. Wir geben hier lediglich einige Abschnitte wieder, welche sich mit dem englischen Landhaus beschäftigen.

Aus dem Kapitel »Die romantische Irrlehre«

In England entstand eine Architektur des Wohnhauses, welche sich an keinen Stil anschloß und deren Bauten nicht eigentlich entworfen wurden. Wie die »georgian« (Renaissance) Bauart, die ihr voranging, findet sie ihre Anwendung im Kleinhaus wie im großen Landhaus. Aber während der Geschmack des 18. Jahrhunderts dem Bauernhaus etwas von der Würde des großen Hauses zu geben suchte, ist man heute bestrebt, das große Landhaus romantisch zu bauen wie ein Bauernhaus ... Man liebt eine Architektur, welche praktischen Zwecken genügt und sich im übrigen auf eine Vielheit von schrägen Dächern und dicken Schornsteinen verläßt, um der Gruppe eine »natürliche« Schönheit zu geben. Außer in der Wahl der Materialien und einer gewissen Komposition der Baumassen, haben die Teile eines solchen Hauses keine Beziehung zueinander, noch zum Ganzen. Man versucht gar nicht, solche Beziehungen herzustellen, sie sind unerwünscht. Der Bau wächst ohne eine ordnende Disziplin aus den zufälligen Erfordernissen des Grundplanes. Der Eindruck, den man anstrebt, obwohl er nicht immer erreicht wird, ist der des völlig »Natürlichen«. Das Haus soll den Ton der Landschaft annehmen, es soll versteckt in ihrem Schatten liegen und sich frei auf ihren Hängen gruppieren. Dies — seien wir fair — ist das Ideal, welches allzuselten verwirklicht wird. Soweit diese Architektur sich überhaupt von der Vergangenheit anregen läßt, schaut sie auf alte Farmhäuser, in denen man lange gewohnt hat: von der Zeit geflickt, verändert, überwachsen: Bauten, so unbewußt in ihrer Planung, so voller Zufälle in ihrer Geschichte, daß sie beinahe einen Teil der Natur bilden, die sie umgibt und der sie dienen.
Inwieweit eine solche Architektur schön sein kann, werden wir später untersuchen. Aber eine »natürliche« Architektur bietet dem Auge keine Gelegenheit, Nuancen wahrzunehmen, und sie erzeugt ein Vorurteil gegen jede Art von Ordnung. Denn alle Eigenschaften, die eine »natürliche« Architektur besitzen mag, beruhen auf einer Negierung der Ordnung. Ein Geschmack, der sich an der Betrachtung dieser abrupten Vielheit der Formen geschult hat, sieht in einer

Renaissancefassade nichts als die bare Eintönigkeit, denn dies ist alles, was er daran erkennen kann. Kein Wunder also, wenn er ... den Renaissancestil als gequält und pompös ablehnt, in der eigenen Inkompetenz jedoch die »Würde« von Feld und Wald zu erblicken glaubt.
Eine solche Architektur, die von der Naturpoesie ausging, hatte also zunächst einmal zwei Pflichten. Einmal mußte sie den Beschauer vergessen machen, daß es sie überhaupt gab; sie hatte die Erbsünde ihrer Existenz zu überzuckern: ein Gebäude ist nun einmal etwas Künstliches, ein Werk der Menschenhand. Nun hat aber die Natur selbst eine Reihe von Kletterpflanzen hervorgebracht, offenbar zu dem Zweck, die Einbindung von Häusern zu fördern; denn sie können schließlich einen jeden Bau überwältigen und haben denn auch die Baukunst Englands glücklich ausgelöscht. Das Geistige im Entwurf auszumerzen, jedes zusammenhängende Denken ad acta zu legen — denn jedes Denken schafft konsistente Form —, ist also die erste, die negative Vorbedingung einer »natürlichen« Architektur. Ihr zweites Ziel ist positiver. Wenn erst einmal der Geist bewußter Kunst ausgetrieben ist, so kann der Hexensabbat der Romantik durch die weit geöffnete Tür eintreten. Die Naturpoesie darf nun die Architektur mit jeder ihrer Stimmungen anstecken: der idyllischen des ländlichen Stiles, den wir beschrieben haben; der phantastischen und wilden jeder Art mittelalterlicher Erinnerung; oder der neuen deutschen Ausartungen[1].
Es ist das Wesen der romantischen Kritik, daß sie es literarischen Moden gestattet, den Geschmack in der Architektur zu kontrollieren. Dies ist der Kardinalpunkt, zu dem wir wieder zurückgeführt werden und auf dem wir noch einmal bestehen müssen ...
Es gibt Werke der Architektur, welche durch ihr Alter beinahe zur Natur geworden sind und durch ihre Geschichte beinahe menschlich belebt. Auch diese sind romantisch. Aber wenn man dergleichen neu baut, so wird sofort klar, daß das romantische Element mit architektonischen Werten nichts zu tun hat... Nackt und gegenwärtig, seines Altersreizes entkleidet, fehlt dem Gebäude nun beides: die Schönheit des Gegenwärtigen und der Zauber der Poesie...

... Selbstverständlich kann Architektur malerisch sein, ohne affektiert zu werden, und vielgestaltig ohne Unruhe. Warum also sollte man eine solche Architektur nicht gutheißen? Was ist falsch an einer Architektur fürs Wohnen, deren Reichtum an Formen lediglich durch den Gebrauch bedingt ist? Eine solche Architektur wird ruhig wirken, weil in ihr das Malerische nicht zum Selbstzweck wird, und ihre Häuser werden ebenso unbeabsichtigt wirken wie die Natur selbst. Eine solche Architektur versucht gar nicht zu überraschen und zu fesseln ... Diese Architektur ist in England populär geworden, man malt ihre Häuser so gern, man lebt in ihnen so gern. Poesie und Gefühl sind für sie eingenommen; sie sind hübsch anzusehen. Warte, bis sie bewachsen sind, und

---
[1] *Gemeint ist offenbar der Jugendstil.*

dann werden sie bald »vom Zauberstabe der Natur ihren eigenen Geschöpfen ähnlich gemacht worden sein«. Ihre Schönheit ist der Mode nicht unterworfen, denn sie ist elementar und echt.
Aber wieviel sind wir bereit zugunsten dieser harmlosen, dieser zuweilen charmanten Architektur aufzugeben? Was steht auf der anderen Seite? Gewöhnlich heißt es, die Alternative sei l e d i g l i c h die Form. Das Formale hat seinen eigenen Reiz, er ist am Ende nicht schwächer. Aber es hat mehr als das. Es ist die Grundlage des Entwurfes. Alles, was in der Architektur den Intellekt anzieht und festhält; jeder Genuß, der Vielfalt enthält und Dauer verspricht, jede Feinheit des Rhythmus, jede Größe der Konzeption gründet im Formalen... »Formale« Architektur verhält sich zur »malerischen« wie die ganze, große Kunst der Musik zu dem trägen Rauschen und Murmeln der Felder im Sommer.
All dies wird geopfert; und vielleicht wird dabei nicht einmal jener geringe andere Wert gewonnen...
Es gibt eine Schönheit der Kunst und eine Schönheit der Natur. Eine Struktur, bei deren Errichtung man die Grundlagen des Entwerfens nicht sonderlich ernst genommen hat, wird dadurch noch nicht zu einem Naturprodukt; wahrscheinlich wird sie dadurch einfach liederliche Kunst. Nur dann, wenn die Kraft der Kunst ermattet ist, wenn ihr Ziel einmal erreicht ist, erscheint die Natur aufs neue als ein Ideal. Es ist das letzte Zeichen der Künstlichkeit einer Zivilisation, wenn die Natur an die Stelle der Kunst tritt... So kam es, daß durch den romantischen Geschmack alles Künstliche verspottet wurde; aber Kunst, was immer sonst sie sein mag, muß künstlich sein; sie wurde einfach deswegen verspottet, weil sie nicht natürlich war; aber durch keine Kasuistik der Welt kann Kunst jemals natürlich werden.

Hermann Muthesius
1861—1927*

Geboren *1861* in Großneuhausen in Thüringen als Sohn eines Maurermeisters. Seine erste sichtbare Begabung war die musikalische. Er wurde vom Kantor des Dorfes im Orgelspiel unterrichtet und brachte sich selbst das Klavierspielen bei.
Er erlernte bei seinem Vater das Maurerhandwerk, wurde aber dann doch, auf Drängen des Kantors, nach Leipzig auf das Realgymnasium geschickt und studierte später Architektur an der Technischen Hochschule in Berlin. Daneben arbeitete er bei Paul Wallot, dessen Werk ihn stark beeindruckt hat.
Noch vor Ende des Studiums erhielt er durch die Firma Ende und Boeckmann die Möglichkeit, nach Tokio zu gehen, wo die Firma große Regierungsaufträge hatte.
Muthesius wurde nachhaltig von Japan beeinflußt, darüber kann kein Zweifel bestehen, und jeder, der ihm auch nur flüchtig begegnet ist, erfuhr das. In seinem eigenen Werk tritt dieser Einfluß allenfalls im Inneren seines eigenen Hauses zutage, und in seinen Schriften meines Wissens überhaupt nicht. Die Zeit, da man in der japanischen Architektur ein Vorbild erkannte, war noch nicht gekommen, und wahrscheinlich erschien sie dem jungen Muthesius als zu exotisch, um eine Übertragung selbst indirekter Art zu gestatten. Er blieb in Japan vier Jahre, bis *1891*.
1893 ging er als Regierungsbaumeister in das Entwurfsbüro des Ministeriums für öffentliche Arbeiten.
1896: Reise nach Italien und Heirat. Frau Muthesius, musikalisch wie er selbst, studierte Gesang an der Berliner Hochschule für Musik. Das Ergebnis der Italienreise ist seine erste Schrift »Italienische Reiseeindrücke«, in der er sich bereits entschieden gegen die Nachahmung der Stile wendet.
Noch im gleichen Jahr erhielt er dann die Berufung an die deutsche Gesandtschaft in London als Attaché für Architektur, welche sein Leben bestimmend beeinflussen sollte. Er blieb dort sieben Jahre, bis zum Jahre *1903*. Der Gedanke, einen solchen Posten in London einzurichten, zeigt zweierlei: den Eindruck, welchen englische Architektur und englisches Kunstgewerbe damals auf dem Kontinent machten und eine erstaunliche Wachheit und fortschrittliche Gesinnung der kaiserlichen Regierung. Irre ich nicht, so ist dieser Gedanke nicht ohne Anregung von allerhöchster Stelle zur Ausführung gekommen, was bei der nahen

---
* Diese biographische Skizze folgt dem liebevollen Lebensbild, das Günther Muthesius gelegentlich des 100. Geburtstages seines Vaters für »Werk und Zeit« geschrieben hat.

Hermann Muthesius, 1861—1927. Foto um 1925

Verbindung des Kaisers zu England auch wieder naheliegend ist. Auf jeden Fall hat dieser Entschluß Folgen für die deutsche Kunstentwicklung gehabt, die man damals nicht absehen konnte. Die Wahl Muthesius' für den Posten war ein Glücksgriff, wie er in der Personalgeschichte der Regierungen selten ist.
Das wichtigste Ergebnis der Londoner Studien ist das dreibändige Werk »Das Englische Haus« (1904). Es sind aber noch mehrere andere Bücher in London entstanden, darunter die grundlegende Schrift »Stilarchitektur und Baukunst«, welche sich keineswegs auf England bezieht, sondern auf die Lage der Architektur und des Kunstgewerbes in Deutschland.
1902: Promotion zum Dr.-Ing. (Dresden).
1904: Berufung als Geheimrat in das Preußische Handelsministerium, dem das Landesgewerbeamt unterstand. Muthesius' Aufgabe war die Reform der preußischen Kunstgewerbeschulen, wobei seine englischen Erfahrungen wiederum eine große Rolle spielten. Für seinen Vorgesetzten, den späteren Staatssekretär von Seefeld, welcher »Das Englische Haus« gelesen hatte, baute er sein erstes Haus; das war der Beginn einer spät begonnenen, aber sehr umfangreichen Tätigkeit als Landhausarchitekt. »Das Englische Haus« und das Haus von Seefeld hatten eine außerordentliche Wirkung, und die Straßen der Berliner Vororte füllten sich damals mit Häusern im »englischen Landhausstil«. Muthesius ist nicht, wie Voysey, nur Landhausarchitekt gewesen; aber seine Häuser bilden den weitaus größten und wichtigsten Teil seines gebauten Werkes.
Im gleichen Jahr 1904 wurde Muthesius zur Weltausstellung nach St. Louis geschickt, um besonders über die deutsche Abteilung zu berichten.
Der kritische Vortrag, den er im Frühjahr 1907 an der Berliner Handelshochschule über die Lage des Kunstgewerbes in Deutschland hielt, führte zum Protest des »Verbandes zur Wahrung der wirtschaftlichen Interessen des Kunstgewerbes«. Dieser Angriff gegen ihn, der in der Forderung an den Kaiser gipfelte, ihn zu entlassen, eben dieser »Fall Muthesius« beförderte die Gründung des Deutschen Werkbundes: noch im Herbst des gleichen Jahres. Man kann Muthesius mit mehr Recht als irgendeinen anderen den Gründer des Deutschen Werkbundes nennen. Von 1907 bis etwa zum Ausbruch des Krieges war er der Zweite Präsident und wahrscheinlich der wichtigste Mann des Bundes. Der Juli 1914 brachte die erste Werkbundausstellung in Köln und die Auseinandersetzung mit van de Velde, die den Werkbund beinahe gespalten hätte. Vielleicht ist es dem unmittelbar darauffolgenden Ausbruch des Krieges zu verdanken, daß er zusammenhielt.
Mit der Architektur der Nachkriegsjahre hatte er keine Sympathie. Es wurde still um Muthesius. Er arbeitete bis zuletzt, und er blieb optimistisch; aber ähnlich wie seine englischen Freunde, wie Lethaby und Voysey, mußte er fühlen, daß die Bewegung in der Form, in der er sie begonnen hatte, auch in Deutschland am Ende war.
Er starb bei einem Straßenbahnunfall in Steglitz beim Besichtigen einer Baustelle im Jahre 1927.

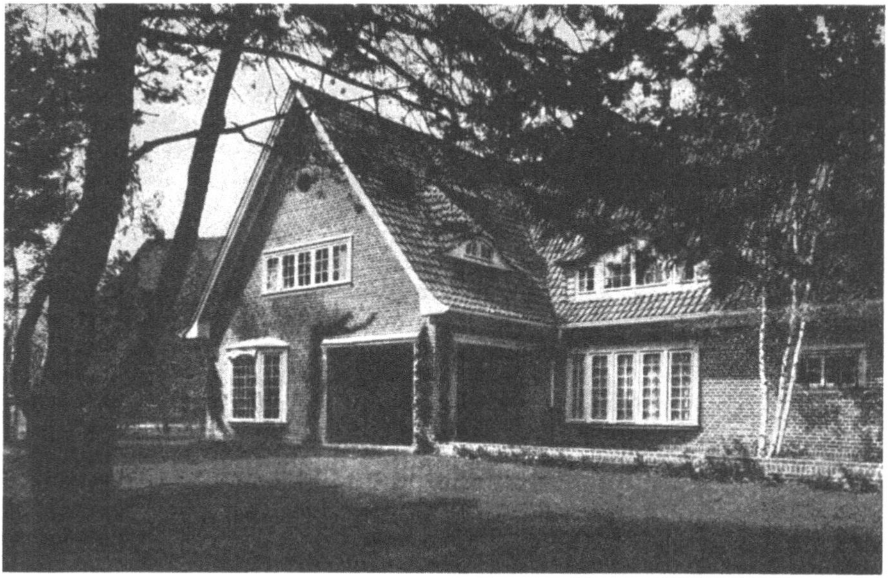

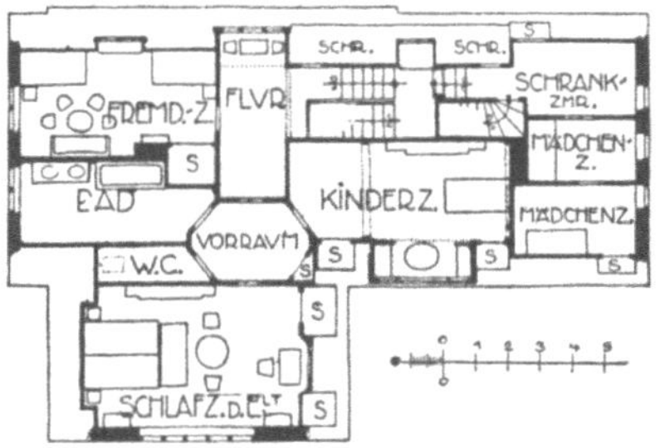

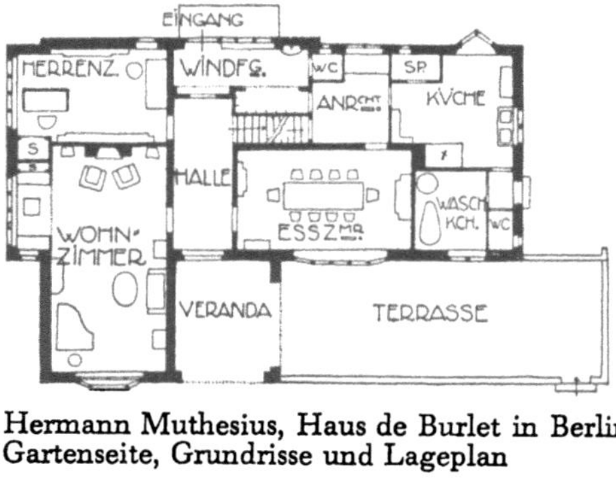

Bebaute Fläche 218 qm.

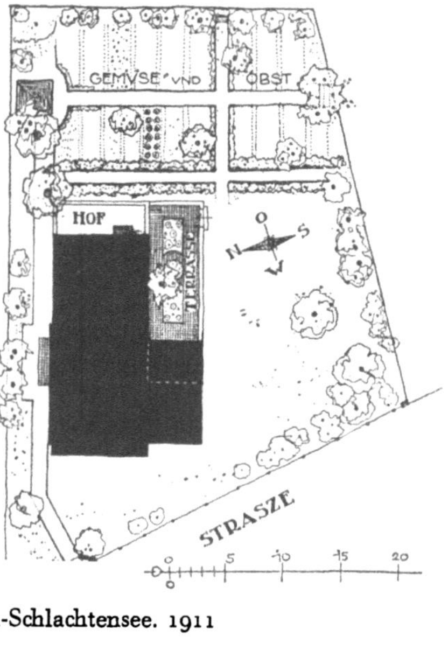

Hermann Muthesius, Haus de Burlet in Berlin-Schlachtensee. 1911
Gartenseite, Grundrisse und Lageplan

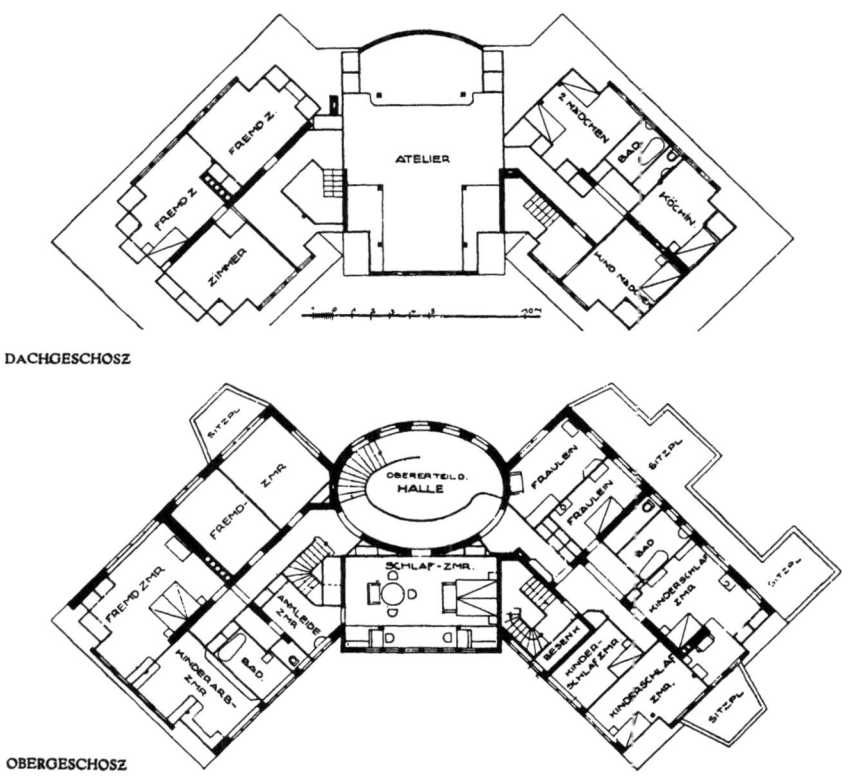

Grundriß des Dach- und Obergeschosses zu dem Haus Freudenberg auf Seite 114

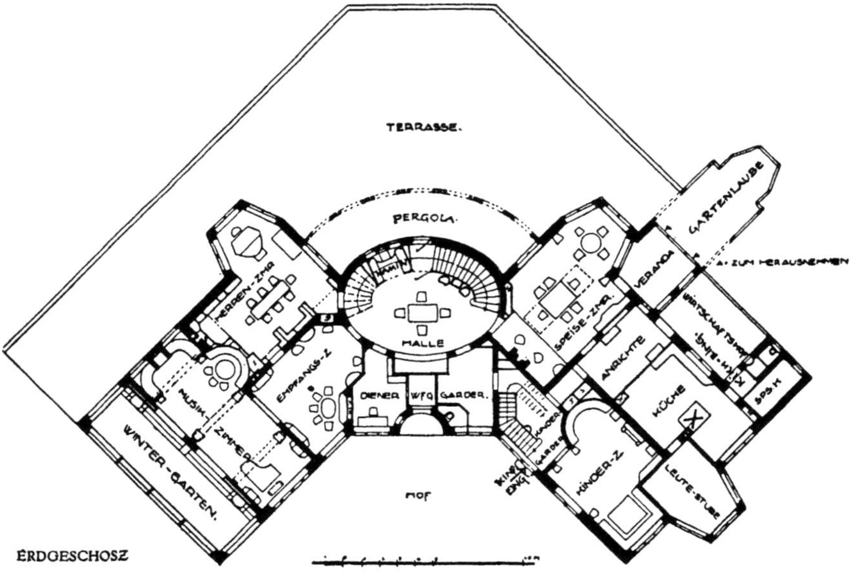

Hermann Muthesius, Haus Freudenberg in Berlin-Nikolassee. 1907/08
Eingangshof und Grundriß des Erdgeschosses (siehe auch Seite 113)

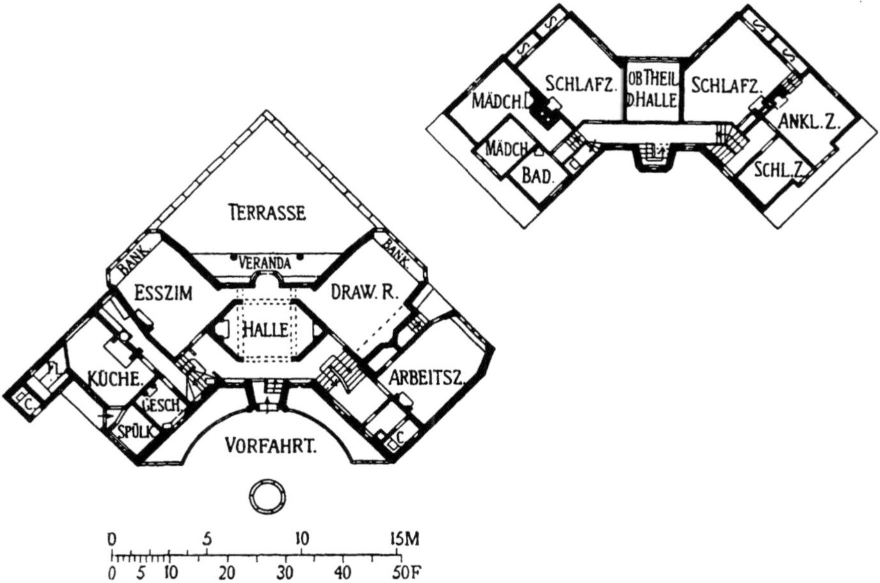

Eward S. Prior, »The Barn«, Exmouth, Devonshire
Eingangsseite und Grundrisse des Erdgeschosses und ersten Obergeschosses

Hermann Muthesius, eigenes Haus in Berlin-Nikolassee. 1906. Musikzimmer

Das Englische Haus*

Aus dem Vorwort

Es ist offenbar, daß hier nur das eigene Haus den Grund für unsere jetzt so viel befürwortete künstlerische Erziehung des Volkes abgeben kann. Das eigene oder gar selbstgebaute Haus nötigt von selbst zur Ausgestaltung und führt so unmittelbar in das Gebiet der künstlerischen Selbstbetätigung hinein. Von hier aus wird jeder den Schlüssel für die außerhalb getriebene Kunst mitbringen und wenigstens die Möglichkeit erwerben, sich dem Verständnis der Künstlerkunst unserer Tage zu nähern. Denn er ist jetzt selbst ein Stück Künstler, was in natürlichen Verhältnissen jeder einzelne stets war, so lange nämlich das dafür vorhandene geistige Organ noch nicht der Verkrüpplung überlassen worden war. An der heutigen, mit verkrüppeltem Kunstorgan behafteten Gesellschaft ist vielleicht nichts bezeichnender als die vollkommene Unfähigkeit, irgendein Verhältnis zur Architektur zu gewinnen. Malerei und Bildhauerei interessieren ja wenigstens durch die Anekdote, die Architektur bleibt aber ganz unverständlich. Soll man nicht aus den zerrissenen Fäden des Verständnisses für Baukunst auf einen Zusammenhang mit dem verlorengegangenen Sinn für das Familienhaus schließen? Sicherlich würde die wieder zur Geltung gelangende häusliche Baukunst eine Brücke bilden, auch die allgemeinen Architekturfragen dem Volke wieder näher zu bringen. Ganz unbedingt nötig ist aber die Wiederbelebung des Interesses am Wohnhaus für das volle Gedeihen der heute im Aufschwung begriffenen angewandten Künste. Nur im Haus kann deren Hort gesucht werden, nur die Ausgestaltung der Wohnung und des Hauses kann überhaupt das Ziel jeder kunstgewerblichen Bewegung sein.
Blicken wir zurück auf England, das sich, wie gesagt, ein inniges Interesse am Haus und eine Wertschätzung des Einzelhauses bis auf den heutigen Tag bewahrt hat, so liegt die Frage nahe, ob für die oben gerühmten Vorteile des Wohnens im Einzelhaus Belege im Wesen des heutigen englischen Volkes zu finden sind. Ohne die Klippen zu unterschätzen, auf die der Betrachter bei Formulierung derartiger Folgerungen kommen kann, die auf mehr oder weniger schwebenden Werten beruhen, so läßt sich gleich in bezug auf den letztberührten Punkt, den neuerlichen Aufschwung in den angewandten Künsten, mit Sicherheit behaupten, daß er in seiner in England heute erlangten Breite und Allgemeinheit nicht denkbar wäre ohne das Vorhandensein des englischen Hauses. In England fing die kunstgewerbliche Wiedergeburt, das Werk William Morris', ganz eigentlich im Haus an, sie erschien erst dann in Zeitschriften und auf Ausstellungen, als sie zehn Jahre und mehr dort im stillen gewirkt und greifbare Resultate erlangt hatte. Welcher Unterschied gegen das heute bei uns sich abspielende Treiben der neuen Bewegung! Aber auch noch andere heute in Eng-

---

* Auszüge aus dem gleichnamigen Buch von Muthesius, 1904.

land zu betrachtende Eigentümlichkeiten lassen sich auf das Leben im Haus und die Vorliebe zum Land zurückführen, das fleißige Lesen von Büchern und damit in Verbindung stehend das weitverbreitete Interesse an schöner Literatur; die verhältnismäßig hohe Stufe von Religiosität, die heute in England angetroffen wird; das vorzügliche Familienleben, das sich in guten häuslichen Sitten, dem auffallenden Einvernehmen der Hausgenossen und der trefflichen Erziehung der Kinder ausspricht. In letzter Beziehung namentlich scheint der Zusammenhang mit dem Wohnen im Haus besonders einleuchtend; die auf Selbständigkeit, gute Lebensart und moralische Festigkeit, vor allem aber auf Charakterbildung ausgehende englische Erziehung ist von der englischen Eigentümlichkeit des Lebens im Einzelhaus gar nicht zu trennen. Denn wie die gute Kindererziehung eines Landes recht eigentlich ein Beweis für sein gutes Familienleben ist, so müssen zur Erklärung des letzteren unbedingt die Wohnungsverhältnisse herangezogen werden ...

Der Engländer baut sein Haus lediglich für sich selbst. Rücksichten auf Repräsentation, auf zu gebende Feste oder Gastmähler kennt er nicht, wie ihm denn nichts ferner liegt, als durch Entfaltung in und an seinem Haus nach außen hin zu glänzen. Ja, er vermeidet es sogar, durch auffallende Gestaltung oder durch irgendwelche architektonische Aufwendung die Aufmerksamkeit auf sein Haus zu ziehen, geradeso, wie er sich scheuen würde, durch einen phantastischen Anzug mit seiner Person aus dem Üblichen herauszutreten. Im besondern ist der architektonische Pomp, das Stil- und Architekturmachen, dem wir in Deutschland noch so sehr ergeben sind, an ihm nicht mehr zu finden. Hier ist höchst lehrreich zu beobachten, wie eine schon vor vierzig Jahren entstandene Bewegung gegen das Stilnachahmen, die gleichzeitig engeren Anschluß an die einfachen ländlichen Bauten suchte, in ihrem Verlauf die erfreulichsten Früchte getragen hat. Dieselbe Sachlichkeit, die wir in der Gestaltung des Hauses bemerken, ist in seiner Situierung auf dem Gelände und seiner Stellungnahme zur umgebenden Natur zu beobachten. Innige Anpassung an die Natur mit dem Bestreben, Garten und Haus zu einem einheitlichen, eng verschmolzenen Ganzen zu machen, ist das Ziel.

Aus dem Kapitel »Das Elisabethanische Haus« (etwa 1550—1630)

Diese Glanzperiode englischer Hausbaukunst ist aber besonders auch deshalb noch von maßgeblicher Wichtigkeit, weil sie eigentlich alle Elemente der modernen Wohnung entwickelte. Die elisabethische Kunst wurde zunächst von dem von Inigo Jones eingeführten Palladianismus über den Haufen gerannt. Als aber nach Jahrhunderten das Bedürfnis auftrat, sich von dessen Fesseln zu befreien, da brauchte man nur auf die Schätze dieser Kunst zurückzugreifen, um wieder im Sinne der heimatlichen, einem intimeren Wohnbedürfnis angepaßten und stimmungsreichen Wohnungskunst zu schaffen. Denn hier waltete noch inniges und dabei sachliches germanisches Empfinden. Das neuklassische

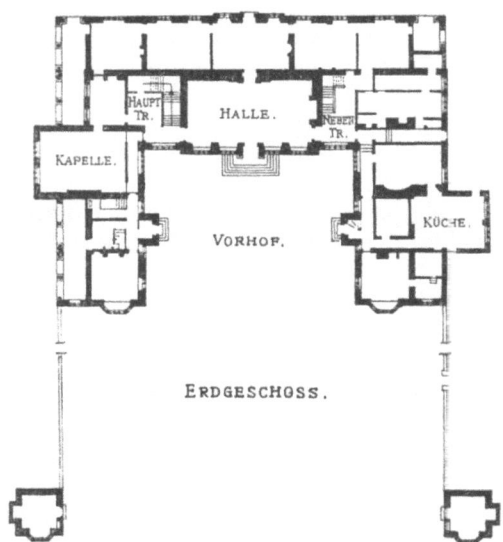

Aston Hall, Warwickshire. 1618—1635. Grundriß

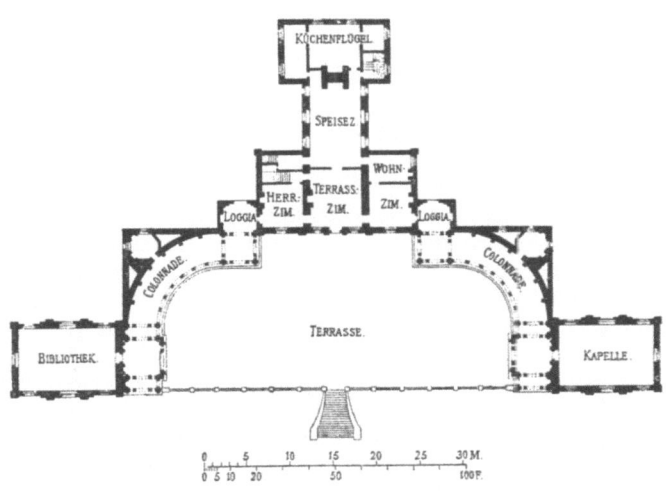

Stoke Park, Northamptonshire, 1630—1634 (Inigo Jones). Grundriß

Schönheitsideal hatte bisher nur Äußerlichkeiten beeinflußt, die das in der Heimat entwickelte Gerüst nicht berührten. Die neue englische Hausbaukunst steht im wesentlichen auf den in elisabethischer Zeit entwickelten Grundlagen.

Aus dem Kapitel »Das Palladianische Haus« (etwa 1630—1770)

Die Entwicklung des englischen Hauses wurde im ersten Viertel des siebenzehnten Jahrhunderts barsch abgebrochen. Mit dem Auftreten Inigo Jones' beginnt eine Periode des Hausbaues, die mit der Weiterausbildung des Organismus desselben nichts zu tun hat und, bei Lichte betrachtet, lediglich in die Geschichte der formalen Architektur, nicht in die des Hauses fällt. Die ungeheuren Veränderungen, die damals eintraten, werden am eindringlichsten vorgeführt an zwei Häusern, die beide in den dreißiger Jahren des siebzehnten Jahrhunderts vollendet wurden: Aston Hall (1618—1635) und Stoke Park (1630—1634). Den Grundriß des ersteren haben wir als den Ausgangspunkt der elisabethisch-jacobeanischen Entwicklung bereits kennengelernt. Er redet die Sprache eines bodenständig gewachsenen Organismus, in langsamer Entwicklung aus den heimatlichen Wohnbedürfnissen herausgereift und diese in klarer Form verkörpernd. Er zeigt dabei großes Geschick in der Plananordnung, eine gewisse differenzierte wohnliche Einzeldurchbildung, die auf eine lange Entwicklungskette schließen läßt. Stoke Park dagegen, von Inigo Jones um dieselbe Zeit gebaut, gibt sich auf den ersten Blick als fremder Eindringling zu erkennen. An das Wohnen in englischem Klima und nach englischer Sitte ist hier offenbar nicht gedacht worden. Ein riesiger architektonischer Aufwand ohne irgendein anderes Ergebnis als die stattliche, theatermäßige äußere Wirkung. Die Wohnräume schrumpfen auf einen kleinen Kern der Anlage zusammen, und von irgendwelcher gemütlichen Bildung derselben ist nicht die Rede. Hier ein Wohnhaus, dort eine Theaterdekoration. Wie war ein solcher Umschwung möglich? ...
Von »Hausentwurf« kann da nicht mehr die Rede sein. Es handelt sich um die notdürftigste Einpassung des Bedürfnisses in eine vorher vorhandene starre Hohlform ...
Der Zeitabschnitt der Herrschaft des Palladianismus stellt sich durchaus als der einer formalistischen Abschweifung von den wahren Zielen des Wohnhausbaues dar. Die Bereitwilligkeit, mit welcher man alle Rücksichten der Behaglichkeit und der Zuträglichkeit einem Wahngebilde von abstrakter Schönheit opferte, fällt doppelt auf in einem Lande wie England, das durch seinen Sinn für Komfort und seinen praktischen Verstand berühmt geworden ist. Alle Rücksichten wichen aber in jener Zeit denen der sogenannten künstlerischen Wirkung, die man rein äußerlich in Symmetrie und Größe suchte. Man betrachtete den Wert eines Hauses nicht nach seiner Wohnlichkeit, sondern nur danach, ob es von außen einen großartigen Eindruck mache. Und die einfache Wahrheit, die Bacon 1597 an die Spitze seines Essays über die Baukunst setzte: »Häuser werden gebaut, um darin zu wohnen, nicht um sie zu betrachten: man gewähre daher der

Nützlichkeit den Vortritt vor dem Gleichmaß, es sei denn, daß beide zu erreichen seien« konnte jetzt durch das berühmte Scherzwort des Lord Chesterfield ergänzt werden, der dem die Fassade seines palladianischen Wohnhauses bewundernden General Wade den Rat erteilte, sich gegenüber derselben ein Zimmer zu mieten, um sie gehörig genießen zu können ...

Aus dem Kapitel »Das Haus während des Kampfes des Klassizismus mit dem Romantizismus« (etwa 1770—1860)

... Trotz dieser durch die Verschiedenheit der Stilziele bedingten Zersplitterung, die sich auch in der Plangestaltung des englischen Hauses äußerte, herrschte jedoch über die wesentlichen Grundsätze der letzteren in beiden Lagern volle Übereinstimmung. So konnte sich im Laufe dieses Zeitabschnittes der moderne englische Hausplan zu derjenigen Reife entwickeln, die er heute darstellt. Die Ziele und Bedingungen des Hausplanes wurden jetzt wissenschaftlich gefaßt und nach allen Richtungen erörtert, vielleicht mit um so größerem Eifer, als die vorhergehende Zeit solche Ziele gar nicht als vorhanden betrachtet hatte. Gesundheitliche Gesichtspunkte, früher kaum gekannt, traten in den Vordergrund, soziale, besonders solche, die sich aus dem Verhältnis der Herrschaft zum Dienstpersonal ergaben, drängten sich auf. Nach dem Schwärmen in Architekturgebilden, die mehr Theaterstaffagen als Wohnhäuser waren, war das Gewissen der praktischen Vernunft erwacht. Man war nach dem Rausch stark ernüchtert und baute in eifriger Arbeit ein System von Bedingungen des Hausplanes auf, das alle gesundheitlichen, sozialen und Bequemlichkeitsanforderungen, ohne zunächst auf die sogenannte Architektur Rücksicht zu nehmen, in der denkbar vollkommensten Weise erfüllen sollte. Die Bedingungen der einzelnen Wohnräume wurden fixiert und ihre Lage zur Sonne sowie ihre Beziehung zu den übrigen Räumen des Hauses daraus abgeleitet. Für den Wirtschaftsteil wurden alle Verrichtungen des Betriebes in genaue Form gefaßt und Räume für jeden Einzelteil desselben zurechtgelegt. Für die Lage des Wirtschaftsteiles zu dem Wohnteil wurde der Gesichtspunkt aufgestellt, daß jeder Teil eine selbständige, abgeschlossene Gruppe zu bilden habe, damit sich Herrschaft und Dienerschaft in ihrem entsprechenden Gehege nicht störten. Denn man begann jetzt der Dienerschaft dasselbe Recht auf Unabhängigkeit, »privacy«, zuzugestehen, die die Herrschaft so sehr schätzte. Kurz, es wurde die ganze, weitausgesponnene Wissenschaft der Planbildung entwickelt, die im zweiten Band noch ausführlich zu betrachten sein wird.
Hier liegt die eigentliche Kulturarbeit des neunzehnten Jahrhunderts am englischen Haus vor. Es ist eine wissenschaftliche Arbeit und damit ein echtes Kind des wissenschaftlichen Jahrhunderts, und sie wurde zunächst am großen Landsitz entwickelt. Die Hauptförderer waren eine Gruppe von schottischen Architekten, an deren Spitze Burn als eigentlicher Pionier in der Wissenschaft der Planbildung marschierte. Die ausschließlich praktischen Ziele dieser Gruppe und die

Vollkommenheit, mit der sie sie, unter Hintansetzung aller romantischen Gedanken, erreichten, machten die schottische Architektenschule um die Mitte des Jahrhunderts auch in England berühmt. In England nahm den Faden dieser streng wissenschaftlichen Richtung der hochverdiente Robert Kerr auf, der in seinem 1864 erschienenen Werk »The Gentleman's House« die Anforderungen, die an ein vornehmes englisches Haus zu stellen sind, nicht nur überhaupt zum ersten Male, sondern auch sogleich in scharfer, klassisch zu nennender Form fixierte.

Dieses bedeutende Buch, das einen Markstein in der Entwicklung des englischen Hauses bildet, erschien gerade zu einer Zeit, als eine junge, aufstrebende Architektenschule ganz neue Ausgänge in der Kunst des Hausbaues nahm. Ihr kam das wissenschaftliche Werk, was die Generation vor ihr geleistet hatte, zugute, sie baute auf ihm diejenige Tat auf, die wir das moderne englische Haus nennen.

Aus Teil II »Die Entwicklung des englischen Hauses«

A. Unter den älteren Architekten

... Von der Mitte der vierziger Jahre aber trat ein Schriftsteller auf, der mit seiner hinreißenden Beredsamkeit und seinem glühenden Kunsteifer weite Kreise mit sich führen und ihnen die Augen für diese neuerweckte Auffassung öffnen sollte: es war John Ruskin (1819—1900), ein Mann, dem England in künstlerischer Beziehung Unendliches zu verdanken hat. Vielleicht vermag man dies heute nicht mehr ganz nachzufühlen. Seine Bedeutung liegt in seiner Zeit und ist nur an seiner zeitlichen Umgebung zu messen. Die jetzt vorgenommenen Übersetzungen ins Deutsche werden uns manche Perle aus seinen Schriften enthüllen, aber alles in allem wohl mehr das Bild eines stark persönlichen, etwas sonderbaren Denkers geben, als das eines Propheten von der ungeheuren gestaltenden Bedeutung, die er hatte. Für England war er damals der Prophet einer neuen künstlerischen Kultur. Er war nicht nur der erste, der Turner erschloß, der erste, der sich der bei ihrem Auftreten verlachten und verspotteten Präraffaeliten annahm, er war der erste, der diejenigen Ideale verfocht, die später in den Kreisen der neuen handwerklichen Kunstbewegung die Richtschnur abgaben: Einfachheit und Natürlichkeit im Bilden und Empfinden, Aufrichtigkeit in der tektonischen Gestaltung, für die im Zweck, im Material und in der Konstruktion die Bedingungen zu suchen sind, Betonung des Werkmäßigen, Charakteristischen, Bodenwüchsigen, Zusammenfassen von Kunstschaffen und Naturbeobachtung. Vor allem aber verlangte er im tektonischen Schaffen eins: gute, anständige, gediegene Werkmannsarbeit, wie sie im alten Handwerk so prächtig geübt worden war. Das Verlangen hiernach mußte in England früher auftauchen als auf dem Kontinent, da hier die alte Innungskultur etwa fünfzig Jahre früher gefallen war und die Maschine das Handwerk alter Tradition um die Mitte des Jahrhunderts bereits völlig vernichtet hatte. Die Forderung guter Arbeit führt stets von selbst auf die Bedingungen, aus denen sie hervorgehen muß: die soziale Lage des Arbeiters. Und so gelangte Ruskin als erster auf den Standpunkt, die ganze Maschinenkultur anzuzweifeln. Sie mache, so behauptete er, den Menschen selbst zur Maschine, indem sie ihn zwinge, sein ganzes Leben eine einzige mechanische Handverrichtung zu erfüllen, und sei so für das geistige und materielle Wohl des Arbeiters unmittelbar tötend. Der Arbeiter sollte wieder ein denkendes Wesen werden und Freude an dem selbständigen Erzeugnis seiner Hand haben, das sei die Bedingung für die menschliche Existenz. Jedem Tätigen wieder die Freude an der Arbeit zu verschaffen, das wurde der Kern von Ruskins sozialen Zielen.

Es tat dabei zunächst nichts, daß diese Ziele zum Teil rückblickend waren und ihre praktische Verwirklichung kaum in naher Aussicht stehen konnte, im Grunde waren sie auf den Bedingungen des über alles geliebten und bewunderten Mittelalters formuliert. Ruskin predigte Haß gegen Eisenbahnen, Fabriken und alle Schöpfungen der neueren Kultur, denen er durch sein ganzes Leben aus dem Wege ging. Aber er erreichte doch eins, er führte eine innere Sammlung herbei mitten in der Zeit eines hochgehenden, in vieler Beziehung rücksichtslosen und alle Ideale vernichtenden Industrialismus und in der Jagd nach Geld um jeden Preis, die das englische Leben, wie das Leben des neunzehnten Jahrhunderts überhaupt, beherrschte.

Die Präraffaeliten und Ruskin fachten das Feuer der Begeisterungen in vielen Jungen an, die damals die Schwelle des Lebensschauplatzes überschritten und den Grundstock der Generation bilden sollten, in welcher sich die weitere Verbreitung der neuen Kunstideale vollzog. Unter diesen befanden sich die damals in Oxford studierenden Freunde William Morris (1832—1896) und Burne-Jones (1833—1898). Burne-Jones war es später beschieden, den Präraffaelismus in England zur vollen Volkstümlichkeit überzuführen, William Morris schlug den bedeutsamen Weg ein, die von Ruskin gepredigten Ideale im Handwerk praktisch zu versuchen. Er wurde der Begründer der neuen Kunstbewegung. Er hatte seine Laufbahn im Atelier eines Architekten, des Gotikers Street, begonnen, dort aber nur trocknen Formalismus angetroffen und daher der Architektur bald den Rücken gekehrt. Sein Gefühl sagte ihm, daß das dort Gesehene nicht die richtige Ableitung aus den Schätzen unserer alten Kultur sei, sein Schaffensdrang wollte lebendigeres, frischeres, und er sah, daß er dies nur erlangen konnte, wenn er persönlich auf die eigentliche Basis des Handwerks bis zur Selbstausführung herabstieg. Morris hat darauf sein Leben zum großen Teil damit zugebracht, ein Handwerk nach dem andern persönlich zu erlernen. Nicht mit Beschränkung auf die mechanische Art des Handwerkers, sondern mit der Intelligenz des Entdeckers und Pfadfinders. Die Grundlage war ihm in allen Fällen die mittelalterliche Ausübung des Handwerks. Aber als moderner Mensch konnte er gar nicht anders, als auf dieser Grundlage einen modernen Ausbau vorzunehmen, der sich unserem heutigen Kulturzustand anpaßte. Hierbei lag es ihm allerdings fern, auf »neue Formen« auszugehen, aber indem er stets auf die Natur zurückgriff, um diese in ebendemselben Sinne zu benutzen, wie die mittelalterlichen Meister es getan hatten, kam er als moderner Mensch von selbst und ohne es zu wollen auf Neues. Als Engländer von Natur geschäftlich unternehmend und auf den praktischen Tatbestand losgehend, gründete er sofort ein Geschäft für Innenausstattung (Morris, Marshall, Faulkner & Co., seit 1861 bestehend), wobei er das Geschäftsziel aufstellte, alles Gebotene selbst herzustellen. Er pflegte Möbelentwurf, farbiges Glas, Stickerei, Textilkunst, Tapetendruck, Teppichweberei, später Buchkunst in ihrer ganzen Ausdehnung. So entstand damals die erste moderne Werkstätte für Handwerkskunst, genau 35 Jahre früher, als man auf dem Kontinent ähnliche Gründungen vornahm. Im letzteren Fall folgte man einer allgemein gewordenen Bewegung, der Gedanke lag allerorten in der Luft; im Falle der Morrisschen Werkstätten aber handelte es sich um den starken Willen eines Einzelnen, der mit der Kraft des Genies gegen den Strom seiner Zeit schwamm, allein seinem eigenen künstlerischen Instinkt folgend. Denn er wurde zunächst gar nicht verstanden, und nur der Umstand, daß er sich bereits als Dichter einen geachteten Namen erworben hatte — er schwang sich als solcher bald zu einer nationalen Bedeutung empor — und als Graduierter von Oxford überhaupt zur obersten Schicht der englischen Gesellschaft gehörte, schützten ihn vor völligem Mißerfolg.

Auf allen Gebieten, die Morris in seine Tätigkeit einschloß, wirkte er bahnbrechend, er legte den Grund für die Ausbildung, die alle diese Zweige der neuen Kunstbewegung später erfahren haben. Rossetti und Ford Maddox Brown standen als persönliche Freunde und Teilhaber den Werkstätten sehr nahe und beeinflußten unbewußt deren Geist selbst da, wo sie nicht persönlich eingriffen. Burne-Jones, der intimste Freund Morris, hatte von Anbeginn wirklichen und den tätigsten Anteil durch Lieferung von Entwürfen für Glas, Gobelins, Buchillustration und allem, was mit der figürlichen Komposition zusammenhängt, genommen. Von den siebziger Jahren an entstand ein Grundstock von künstlerischen Kräften, die auf dasselbe Ziel lossteuerten. Mit Beginn der achtziger Jahre (1882) wirkte eine Künstlervereinigung, die Century-Guild, die später ein sehr interessantes Vereinsblatt, The Hobby Horse (das Steckenpferd), herausgab (erschienen von 1884—1891) und deren treibende Kraft der Architekt Mackmurdo war, in weiterem Sinne in dem von Morris geschaffenen Gedankenkreis. Walter Crane zeichnete gleichzeitig seine Kinderbuchillustrationen, mit denen er nicht nur bis in die weitesten Kreise des Volkes hinabdrang, sondern sogar zuerst die neuen in England gereiften Ideen der außerenglischen Welt übermittelte. Die Anregung zu seinen, ganz neue Wege einschlagenden Farbenkompositionen nahm er dazu hauptsächlich von den eben bekannt gewordenen japanischen Farbendrucken, wie denn überhaupt das zu jener Zeit künstlerisch entdeckte Japan die kräftigste Anregung nach jeder Richtung der darstellenden Kunst abgab. Selwyn Image, Henry Holiday, Lewis F. Day sind weitere damals auftauchende künstlerische Kräfte, die die neue Bewegung weiter trugen. In der ersten Hälfte der achtziger Jahre war die Gemeinde schon zahlreich genug, um sich zu einem Verein, der Art Workers' Guild, zusammenzutun (gegründet 1883), aus deren

Mitte sodann seit 1888 jene Reihe berühmter Kunstausstellungen (Arts- and Crafts-Exhibitions) in der New Gallery in Regent Street, London, entstand, die als erste historische Zeugen der weiteren Welt Kunde gaben von der neuen Kunst, die in der Stille gereift war und nun als fertiges Ergebnis an die Öffentlichkeit trat. Vom Jahre 1893 an verbreitete die der neuen Bewegung gewidmete, von dem ungemein verdienten Schriftsteller und Künstler Gleeson White begründete Zeitschrift »The Sudio« die neuen Ideen über die ganze Welt, und dieser Verbreitung ist es wohl zu danken, daß auch auf dem Kontinent ein heftiges Verlangen auftauchte, aus dem alten stilreproduzierenden Getriebe der Kunstausübung herauszukommen und neue Wege zu suchen ...
Es ist ein merkwürdiges Ereignis, daß in England beide Bewegungen, die von Morris ausgehende kunstgewerbliche und die sich an die Entdeckung der Landbauten anschließende, zur selben Zeit entstanden, ohne eigentlich etwas miteinander zu tun zu haben. Ja, sie schienen fast gegensätzlich, denn Morris und seine ganze Umgebung waren strenggläubig mittelalterlich, während die Queen-Anne-Leute[1] eigentlich im bewußten Widerspruch zur Gotik auf die bürgerliche Barockkunst zurückgingen. Allerdings war das Maß der architektonischen Formen an diesen Landbauten das bescheidenste, Profile, Gesimse, Konsolen, Stützen usw. trugen aber dennoch den Renaissance-Charakter; während man andererseits wohl sagen kann, daß diese Bauten, wenn man ihren allgemeinen Charakter, ihre Schlichtheit und Sachlichkeit in Betracht zog, in der Gesamtempfindung ebensogut gotisch hätten genannt werden können. Daß es aber Erfolg verspreche, die spezifisch gotische Formenwelt wieder in die moderne Kunst einführen zu wollen, das leugneten die Queen-Anne-Leute entschieden. Die Gotik war tot und ihr Wiederaufleben im neunzehnten Jahrhundert war ein künstliches gewesen. Konnten sich auch die Architekten eine gewisse Gewandtheit in ihren Ausdrucksmitteln aneignen, etwa so, wie man lateinisch sprechen lernen kann, so hatte doch die ganze jahrzehntelange gotische Beeinflussung den Handwerker kaum berührt. In diesem steckte trotz aller versuchter Einwirkung noch ein Rest der alten Renaissance-Schulung, in die er zurückverfiel, wenn er allein gelassen wurde. Man glaubte daher auf lebendigeres Gefühl zu vertrauen, wenn man den Rest der Renaissance-Tradition weiter pflegte. Morris war dagegen schwerlich zu dieser Ansicht zu bekehren. Ihm war Renaissance bedingungslos Verfall und Sünde, und die Gotik das goldene Zeitalter. So kam es, daß beide Bewegungen, deren Zusammenfluß später die moderne englische Hausbaukunst bilden sollte, anfangs unabhängig nebeneinander herliefen. Der Begriff der künstlerischen Einheit des Hauses mit seinem Inhalt war

---

[1] *»Queen Anne« war der Name, den die neuen Architekten ihren Häusern gaben. Trotzdem einige unter ihnen — und auch Morris — ihre Unabhängigkeit betonten und sogar das Wort »modern« gebrauchten, hielt man es doch für besser, sich auf eine Tradition zu berufen. Man dachte dabei an die kleinen Häuser in der Kleinstadt und auf dem Lande, welche am Anfang des 18. Jahrhunderts allenthalben in England gebaut wurden. Man übernahm dabei oft auch gewisse Stilformen jener Zeit. Sie finden sich sogar noch in frühen Häusern von Voysey (Norney Grange). (Anmerkung des Herausgebers.)*

zudem damals noch von wenigen gefaßt, so daß der Architekt und der »Dekorateur« verschiedene Leute waren, die kaum etwas miteinander zu tun hatten. Dem gegenseitigen Verständnis kam aber von Anfang an zu Hilfe, daß die neue architektonische Bewegung auf die besonderen Formen überhaupt nicht allzuviel Gewicht legte. Ging doch der Kampf gerade gegen das Überwuchern des Formalen, gegen das Stilgepränge. Man kämpfte nicht vom Standpunkt des einen Stils gegen einen anderen, sondern gegen den Stil überhaupt. Man wollte Freiheit von den Fesseln des Stils, ohne dabei aber so weit zu gehen, die Tradition zu verachten.
So wurde also damals der kunstgeschichtlich höchst wichtige Schritt des Bruchs mit den hohen Architekturstilen getan...

Von den drei genannten Männern wirkte übrigens Philip Webb (geb. 1830) in inniger Freundschaft und vollkommenem Einvernehmen mit William Morris, er führte verschiedene Häuser mit ihm zusammen aus, in denen Webb die Architektur und Morris die Innendekoration und Möblierung übernahm. Das erste derartige Haus war dasjenige, das sich Morris selbst im Jahre 1859 in Bexley Heath in Kent baute und das den Namen »The Red House« erhielt. Es war Webbs erster Bau und Morris baute es zu einer Zeit, wo er — er war damals erst 25 Jahre alt — über seinen Lebensberuf noch im ungewissen war. Der Hausbau hatte für ihn die ungeheure Bedeutung, ihn seine wahre Lebensaufgabe entdecken zu lassen. Indem er daran ging, das Haus im Innern nach seinen Ideen auszustatten, sah er sich bei dem Stand der damaligen sogenannten Dekorationskunst bald in die Notwendigkeit versetzt, alle Bestandteile der Ausstattung neu zu schaffen. Hierbei stieg das Feld seiner zukünftigen Lebensbetätigung, die Reorganisation des Innern des Hauses, immer klarer vor ihm herauf. Er schuf für sein Haus mit Webb zusammen Wandbehänge, Möbel, farbiges Glas, sein Freund Burne-Jones begann einen Fries zum Schmuck des drawing room, von dem drei Felder ausgeführt sind, seine übrigen Freunde halfen ihm die Füllungen in den Möbelstücken bemalen. Die Deckenmalerei, die eine eigenartige Musterung in Gelb und Weiß zeigt, nahm er selbst in die Hand. Dieses erste Haus Morris' (er verließ es schon nach sechs Jahren wieder, um nach London zu ziehen) ist kunstgeschichtlich von großer Bedeutung. Es ist das erste individuelle Haus der neuen künstlerischen Kultur, das erste Haus, das innen und außen als Ganzes gedacht und ausgeführt war, das erste Beispiel in der Geschichte des modernen Hauses überhaupt. Es war nicht nur im Innern revolutionär, sondern stand auch mit seiner äußeren Gestaltung in seiner Zeit vollkommen einzig da. Ganz in roten Ziegeln errichtet, war es das erste Beispiel der Anwendung dieses Materials für ein Wohnhaus, nur für Kirchen und größere Gebäude hatte schon Butterfield gern Ziegel angewendet. Es hat hohe Ziegeldächer und riesige rote Schornsteinkästen. Die ausgesprochene Farbenabsicht prägt sich schon in seinem Namen »The Red House« aus, eine Bezeichnung für Häuser, die von da an häufig wurde und heute noch, zum Teil auch noch in mannigfachen Umbildungen wie Red Court, Red Roofs usw. sehr beliebt ist.

Im Grundempfinden gotisch, zeigt das Haus neben spitzbogigen Öffnungen dennoch die bürgerlich-barocken hoch-rechteckigen Fenster mit den Schiebefenstern und dem weißgestrichenen, kleinteiligen Rahmenwerk, auch sind die Walmdächer ganz frei und ungotisch behandelt. Im Innern ist vielfach, wie an den Kaminen, in Korridoren usw., das unverputzte Mauerwerk stehengelassen. Überall sieht man volle Selbständigkeit und Urwüchsigkeit im Gegensatz zu der herrschenden Richtung der geputzten »italienischen Villa«. So steht dieses Haus in jeder Beziehung als hervorragendes Beispiel an der Pforte der Entwicklung des modernen englischen Hauses ...

Philip Webb hat sich von Anbeginn durch eine große formale Zurückhaltung bei durchaus selbständiger, durch seine Selbständigkeit sogar genialer, aber fast puritanisch einfacher Gestaltung ausgezeichnet. Seine Wirkung erreicht er durch Material, Farbe und Masse, und zwar ohne jede Künstelei. Das Höchstmaß von künstlerischer Aufrichtigkeit ist in ihm verkörpert, er will eher weniger denn mehr scheinen als er ist. Die Mehrzahl der Menschen wird an seinen Leistungen vielleicht verständnislos vorübergehen, weil die Bauten eben verabscheuen, aufzufallen, so wie der wirklich vornehme Mann von heute in seiner Erscheinung nicht auffällt oder auffallen will. So verkörperte Philip Webb von Anfang an die besten Eigenschaften des englischen Kunstempfindens in großer Reinheit. Das macht ihn zu einem klassischen Träger des englischen guten Geschmackes und erklärt die Verehrung, mit welcher jeder englische Kunstjünger zu dem jetzt in bescheidener Zurückgezogenheit auf dem Lande lebenden Meister emporblickt ...

Mit Lowther Lodge gab Norman Shaw den wirklich erfolgreichen Anstoß zu der schmucklosen Ziegelarchitektur, der die heutige Hausbaukunst in England seitdem gefolgt ist, im Gegensatz zu der Stilprätension von früher.

Philip Webb hatte in seinem stillen Wirken schon seit zehn Jahren so und noch einfacher gebaut. Aber erst dem weit mehr in der breiten Öffentlichkeit schaffenden und wirkenden Norman Shaw war es vorbehalten, diese Grundsätze zu popularisieren. Sie sind seitdem die leitenden geworden, und die Entwicklung ist von da an mit folgerechtem Schritt auf immer größere Abstreifung alles Überflüssigen gegangen, bis zu dem völlig puritanischen Gepräge, das die Bauten des besten Teiles der jetzigen hausbauenden Architektenschaft tragen.

Der Gedanke, der in dieser Entwicklung zum Ausdruck kommt, ist der, daß das Wesen des Hauses in seiner Anlage und nicht in seinen Formen beruhe. Norman Shaw behauptet gelegentlich, daß ihn das Äußere seiner Häuser wenig oder gar nicht interessiere. Seine Freude am Bilden sei mit dem Grundriß erschöpft. Die Grundrisse sind es denn auch, die den Kern des Schaffens Norman Shaws bedeuten. Hier äußert sich seine geniale Natur am auffallendsten. Sie sind die Muster der Nützlichkeit und Bequemlichkeit und strahlen doch dabei für das grundrißgeübte Auge das höchste Maß von Behaglichkeit aus. Hiermit ist ihr Interesse aber noch nicht erschöpft. Sie haben stets noch einen Reiz darüber hinaus, und zwar durch ein gewisses poetisches Element, das sich unbeschadet der vorerwähnten Eigenschaften in ihnen zu erkennen gibt. Er bereichert die Behaglichkeit des Wohnens durch individuelle Anordnungen, bildet hier langgestreckte Räume, welche prächtige perspektivische Wirkungen geben, legt dort das ganze Haus um einen kleinen Mittelhof, um den sich Gänge ziehen, hat stets durch ihre Genialität überraschende Treppenanlagen, bricht die Stockwerkshöhen, wo es angezeigt erscheint, um neben der Ersparnis im umbauten Raum auch noch ein poetisches Motiv, wie den Einblick durch ein Fenster oder einen Erker in einen tiefer liegenden Raum zu erreichen. Es ist nicht zu viel behauptet, daß jeder einzelne Grundriß Norman Shaws in dieser Beziehung das gespannteste Interesse erregt. Seine Meisterschaft beruht dabei darin, daß alles durchaus natürlich erscheint, seine Grundrisse sind durchaus nicht vorwiegend romantisch, sie sind in allererster Linie praktisch. Aber bei reichlicher und sogar raffinierter Erfüllung aller praktischen Erfordernisse bleibt dem Meister noch Spielraum genug, auch stets noch die höheren Forderungen der rein sentimentalen Ansprüche mit spielender Genialität zu befriedigen. Er macht in seinen größeren Landhäusern mit Vorliebe von der mittelalterlichen Halle Gebrauch, die er in all ihrer Größe und ihrem ganzen romantischen Zauber in seine Häuser einführt...

Das Gepräge der unauffälligen, aber echten Vornehmheit könnte nicht besser getroffen werden, als es hier geschehen ist. In diesen Häusern verkörpert sich der Geist des englischen reichen Mannes besten Schlages, der, von jedem Parvenütum frei, in seiner Weise der bescheidenste und zurückhaltendste Mensch ist. Und diese Häuser sind zugleich die Grundsteine für eine neue Architektur, die ihr Wesen in der schlichten Bürgerlichkeit sucht. Sie sind gerade dadurch im besten Sinne modern, daß sie sachlich und bürgerlich sind...

Wie ist es denkbar, daß der Apostel der Freiheit, der erste moderne Architekt, den die Gegenwart gebar, in die Ketten der Stile zurückging, wie ist es möglich, daß der Meister aus dem Adlerflug seiner Gedankenwelt zurückkehrte in den Käfig des nachempfindenden Gestaltens? Es ist schwer, darauf die richtige Antwort zu geben. Und würde man Umfrage halten, so würden die Antworten sehr verschieden ausfallen. Diejenigen, die immer im Käfig geblieben sind, würden natürlich sagen, daß der Meister sich zum Richtigen zurückbekehrt habe, andere würden der Ansicht sein, daß die Elastizität seiner Schwingen versagte, nachdem er sie während seiner besten Jahre im Vollbesitz seiner Kraft erprobt hatte.[1]

Man kann aber solche Wandlungen im Menschen nie aus diesem heraus allein erklären. Ist es auch richtig, daß Persönlichkeiten die Zeit, und insbesondere die Kunst einer Zeit machen, so ist es doch ebenso richtig, daß die Zeit die Persönlichkeiten macht. Wirkung und Gegenwirkung hier richtig abzugrenzen, dürfte schwer, wenn nicht unmöglich sein. In der zweiten Hälfte des neunzehnten Jahrhunderts sehen wir in der Geistesrichtung überall das merkwürdige Schauspiel des Wiedererstarkens des Konservativismus auf Kosten des Liberalismus vor sich gehen. England, das im letzten Jahrhundert die Führung hatte, gibt auf allen

---

[1] *Es wurde bereits darauf hingewiesen (Einleitung), daß Muthesius in späteren Jahren den gleichen Weg gegangen ist.*

R. Norman Shaw, Landhaus Leyes Wood, Sussex. 1868

geistigen Gebieten das ausgeprägteste Beispiel dafür, in der Politik, der Religion, der sozialen Bewegung. Vielleicht ist auch dieser Rückschritt in der Kunst nur ein Teil der großen Gesamtbewegung. Aber man kann wenigstens dabei die Hoffnung haben, daß es sich nur um eine Pendelschwingung, um eine Art zeitweiliger Reaktion gegen eine etwas zu hoch gespannte Freiheitsbewegung handelt, durch die im letzten Ende der wirkliche Fortschritt der Welt nur etwas verschoben, aber nicht wesentlich aufgehalten werden kann.
Wie dem auch sei, Norman Shaw gab durch sein Zurückgehen auf den streng gebundenen Stil des Klassizismus des achtzehnten Jahrhunderts das Signal für die englischen Architekten, in diese Bahnen einzulenken. Die neunziger Jahre bezeichnen die Ausbreitung dieser Bewegung. In den Jahren 1890—1893 baute John Belcher sein Vereinshaus der Bücherrevisoren in Moorgate Place, London, das als Markstein des Übergangs der öffentlichen Architektur in den gebundenen Klassizismus betrachtet werden kann. Seitdem hat sich die Bewegung langsam, aber stetig verstärkt, und heute sieht man bei Wettbewerben um öffentliche Gebäude fast nur noch diese Formen vertreten. Die Literatur der neunziger Jahre trug fleißig Stoff herbei, um das Feuer zu nähren. Das 1897 erschienene Buch von Reginald Blomfield »A History of Renaissance Architecture in England

1500—1800« ist in dieser Beziehung so stark tendenziös, daß man es trotz aller literarischen Fähigkeiten des Verfassers kaum zu der eigentlichen kunstgeschichtlichen Literatur zählen kann. Man stelle sich vor, daß der Verfasser eine 1900 erschienene kürzere Ausgabe des Werkes mit einer elementaren Säulenordnungstafel schließt, um das Rüstzeug der korrekten Säule wieder in die Hand zu geben! ... Man ist also in England nach einigen Jahrzehnten verhältnismäßiger Freiheit und Selbständigkeit wieder mitten in eine »Stilarchitektur« hineingeschritten. Ja, wie zu den Zeiten der Kämpfe zwischen Neugotik und Klassizismus erheben sich jetzt Wortführer, die die Architektur Inigo Jones' gegen die freiere der letzten Jahrzehnte mit Aufbietung aller Mittel ausrufen. Wohlverstanden, die streng gebundene, italienisch versteifte Säulenarchitektur, und zwar im Aufbau wie im Grundriß ...
Es ist nun aber das Bezeichnende in der gegenwärtigen Lage, daß diese Richtung, so sehr sie auch in der öffentlichen Architektur bereits Boden gewonnen hat, die häusliche Architektur im großen und ganzen noch wenig hat beeinflussen können ...

In seiner Auffassung des Fensters hat er vielleicht am eindrucksvollsten auf seine Zeit gewirkt. Das Fenster ist ja in der nordischen Baukunst von grundsätzlich anderer Art wie in der italienischen. Die italienische Kunst hat nichts anderes in ihm zu sehen vermocht als ein Mauerloch, das sie gleichmäßig über die Fassadenflächen verteilte. Das Lochartige des Fensters wurde noch hervorgehoben durch die schattengebenden Glieder, und der Symmetrie zuliebe wurden auch da Löcher angebracht, wo sie gar nicht nötig waren. Wie anders die nordische Baukunst! Sie machte das Fenster durch Zusammenfassung, durch die Art, wie sie es in innige Beziehung zu den Bedingungen des von ihm beleuchteten Raumes setzte, zum sprechendsten Ausdrucksmittel, sie ließ es von dem Wesen des Hauses erzählen. Norman Shaw war der erste, der diese große Wahrheit von Anbeginn wieder erkannte. Der nach englischer Art weit herausgebogene Erker mit der ringsherumgehenden Verglasung, die kleinen, in einer langen, durch Pfeiler nicht unterbrochenen Reihe angebrachten Fensterchen, überhaupt das gruppierte Fenster, wurden erst durch ihn wieder vollkommen heimisch in England. Er zog diese besten Schätze, die die volkstümliche Baukunst der nordischen Völker erzeugt hat, wieder ans Licht und beschenkte seine Zeit damit. Die Fenster sind stets das Hauptmotiv, oft das einzige der Häuser.
Das kleine Haus war bisher, d. h. seit den zwanzig Jahren, in denen Philip Webb, Eden Nesfield und Norman Shaw sich gelegentlich seiner in einem neugestaltenden Sinne angenommen hatten, doch noch nicht wesentlich vorwärtsgekommen, wenigstens war es in der neuen Form noch nicht populär geworden. Er bildete noch die Ausnahme statt die Regel. Zudem stand es im Geruch, teuer zu sein, und wer billig bauen wollte oder mußte, glaubte daher, an der alten Schablone bleiben zu müssen. Der Ruhm, hier helfend eingegriffen zu haben und das kleine Haus der neuen Art vollständig heimisch in England gemacht zu haben, gebührt wieder Norman Shaw, und zwar tat er dies durch die Villen-

kolonie Bedford Park bei London. Ein kunstsinniger und unternehmender Mann, Jonathan Carr, hatte westlich von London, direkt hinter dem Vorort Hammersmith gelegen, Mitte der siebziger Jahre den Grundbesitz eines alten Landhauses, genannt Bedford House, gekauft und wollte dieses baureif gewordene Gelände mit Häusern für den kleineren Mittelstand bebauen. Er zog Norman Shaw zu Rate, und dieser widmete sich hier mit Eifer der Aufgabe, eine Reihe von Typen kleiner Häuser zu entwickeln, die alle Ansprüche an Behaglichkeit, Bequemlichkeit und sogar an künstlerische Gestaltung befriedigten und dabei in ihrer Billigkeit mit den üblichen Unternehmerbauten wetteiferten. Der Versuch gelang über alle Erwartung. Das Grundstück wurde so aufgeteilt, daß möglichst viel von dem wertvollen alten Baumbestand bewahrt wurde, man scheute sich nicht, alte Bäume seitlich am Wege stehen zu lassen, oder den Bürgersteig ihnen zu Liebe um sie herumzuführen. Die Straßen zogen sich in angenehmer Biegung entlang, wobei darauf gesehen wurde, daß die Häuser möglichst die beste Sonnenlage, Südosten bis Süden, erhalten konnten, jedes Haus bekam einen möglichst angenehm zugeschnittenen kleinen oder größeren Garten zugeteilt. Die Häuser waren zum großen Teil alleinstehende, zum Teil Doppelhäuser, zum Teil jedoch auch Reihenhäuser, denn man war sich bewußt, daß, wo es sich um äußerste Billigkeit handelte, diese nur durch das übliche Reihenhaus erreicht werden konnte. Ein wohlbedachter Wechsel, der sich aber trotzdem fernhielt von dem Spielerisch-malerischen, in das man bei solchen Gelegenheiten leicht verfällt, sorgte dafür, daß selbst bei den Reihenhäusern ein angenehmer Eindruck erzielt wurde. Und ein solcher wurde durchweg im hohen Grade erzielt. Die Kolonie war, selbst von der Billigkeit der Häuser abgesehen, eine vollkommene Offenbarung für die damalige Welt. Eine stille Behaglichkeit und eine erfrischende Lebensfreude schien aus diesen Straßen mit diesen im Grünen sitzenden lustigen Häuschen zu sprechen. Man hatte sich früher so etwas nicht träumen lassen, am wenigsten aber erwartete man es in einem für den kleinen Mittelstand bestimmten neuen Stadtteil zu sehen ...
Bedford Park wurde sogar sehr bald eine Sehenswürdigkeit, die kein durch London kommender Amerikaner anzusehen versäumte. Und man muß, die Umstände der damaligen Zeit in Betracht gezogen, sagen, daß sie dies reichlich verdiente. Es gab damals kaum eine Anlage, die sich an künstlerischem Reiz mit Bedford Park messen konnte, am wenigsten aber war bis dahin das kleine Haus künstlerisch und wirtschaftlich auch nur annähernd so befriedigend gelöst worden als jetzt hier. Und in letzterem Umstand liegt die ungeheure Bedeutung Bedford Parks in der Geschichte des englischen Hauses. Es bedeutet nicht mehr und nicht weniger als den Ausgangspunkt des modernen kleineren Hauses, das von da an sogleich seinen Weg über das ganze Land nahm ...
Die Fingerzeige, die Norman Shaw hier gegeben hatte, waren von größter Bedeutung. Ja, vielleicht liegt gerade in diesen kleinen Bauten, auf die er selbst nur geringe Zeit verwandte, die er gewissermaßen nebenher machte, eine der fruchtreichsten Anregungen, die er seiner Zeit gegeben hat. Das Problem des Hausbaues der Gegenwart ist das Haus für den Mittelstand. Dieser ist im Laufe

des neunzehnten Jahrhunderts zu einer ungeahnten Bedeutung durchgedrungen, er lagert jetzt an der Oberfläche der wirtschaftlichen Schichtung. Er verlangt mit Ungestüm nach seiner Kunst. Ob heute noch ein oder zwei Dutzend großer Landsitze oder Fürstenschlösser mehr oder weniger gebaut werden, die ja in früheren Jahrhunderten fast allein das Bild des Hausbaues bestimmten, ist angesichts dieser wichtigeren Frage der Zeit belanglos. Es kommt darauf an, das kleine Haus befriedigend zu lösen, und Norman Shaw hat dies für England zuerst in Bedford Park getan...

Aus Band II »Die Entwicklung des englischen Hauses«

B. Unter den jüngeren Architekten

Mit den bisher betrachteten Architekten schließt ein wichtiger Abschnitt in der Entwicklung der englischen Hausbaukunst ab. Es ist schon hervorgehoben worden, daß die von Morris begründete kunstgewerbliche Richtung und die Architekturrichtung eigentlich nichts miteinander zu tun hatten... Philip Webb, der überhaupt als Architekt in jeder Beziehung eine Ausnahmestellung einnimmt, war der einzige, der in beiden Bewegungen mitten drin stand. Nesfield, Norman Shaw, George, kurz die typischen Architekten des Zeitraumes von 1860 an, wußten noch nichts von Morris und dem Kunstgewerbe. Es ist wahr, daß sie die Bauherren, für die sie Häuser bauten, veranlaßten, ihre Ausstattung von Morris ausführen zu lassen, woraus ihre Überzeugung hervorgeht, daß die von Morris gefertigten Stücke die besten ihrer Art seien. Aber der springende Punkt war der, daß sie an der eigentlichen Ausstattung des Hauses, ganz besonders an der mit beweglichen Dingen wie Möbeln, Stoffen und Teppichen, keinen oder nur geringen Anteil nahmen. Sie glaubten ihre Aufgabe mit dem Bauen erfüllt zu haben. So kam es, daß die eigentliche kunstgewerbliche Bewegung neben der Architektur her und nicht mit ihr ging. Das neue Kunstgewerbe war aus der Malerei entsprungen, die Schule Rossettis war seine Nährmutter gewesen; ihre ersten Jünger waren Maler, ihre Anhänger allgemein-ästhetisierende Leute, nicht Architekten. Die Architekten schwebten über den Verhältnissen, das Handwerk lag für sie unterhalb ihres Bereichs. Nicht, als ob nicht schon früher Architekten sich des Handwerks hätten annehmen wollen. Die Neugotiker, an ihrer Spitze der geniale Pugin, hatten mit allen Kräften auf dessen Reorganisation hingewirkt. Aber sie taten dies ausschließlich im Sinne der mittelalterlichen Formensprache, und man kann heute ruhig eingestehen, daß sie damit um so weniger Erfolg hatten, je mehr sie auf das Äußerlich-Stilistische versessen waren... Soweit das Handwerk auf die Ausstattung des Hauses Bezug hat, konnte es sich fast nur an den von Morris ausgehenden Bestrebungen in der erforderlichen neuen Form entwickeln, und das tat es, wie bereits hervorgehoben, innerhalb jener kleinen Gemeinde, die sich allmählich zu der Art Workers Guild

herausbildete, und aus deren Mitte von 1888 an die Arts-and-Crafts-Ausstellungen veranstaltet wurden.
Die jüngere Architektengeneration nahm eine grundsätzlich andere Stellung zur kunstgewerblichen Bewegung ein wie die ältere. Sie fand diese schon vor, und zwar als einen wesentlichen Programmpunkt der Zeitaufgaben. Sie wuchs in sie hinein, und es konnte nicht fehlen, daß sie von ihr, wenn nicht ganz in Anspruch genommen, so doch mächtig angeregt wurde. Und so kam es, daß sich diese jüngere Generation in ihren besten Elementen jetzt tätig der kunstgewerblichen Bewegung anschloß. Ja, sie fühlte sich mehr oder weniger mit ihr eins, und zwar taten dies ganz vorwiegend solche Architekten, die sich dem Haus- und Kirchenbau widmeten und unter den ersteren wieder besonders fast alle Schüler Norman Shaws. Damit traten neue Ziele ein, hauptsächlich die von Ruskin und Morris so sehr und bei jeder Gelegenheit betonten der Material- und Arbeitswerte. Es begann die Vorstellung sich festzusetzen, daß der Wert eines Stückes vorzugsweise in der technisch richtigen, in der material- und werkgerechten Ausführung beruhe. Die Bedingungen jedes von Menschenhand gefertigten Gegenstandes sollten im Werkstoff, dem Zweck und der Konstruktion erschöpfend gegeben sein, die Form sollte eine Folge dieser Bedingungen sein, nicht einer von diesen unabhängigen, vorgefaßten Idee entspringen. Vor allem aber wurde äußerste Gediegenheit der Ausführung zur unerläßlichen Bedingung gemacht, ein Gesichtspunkt, in welchem ja Morris so ausschlaggebend gewirkt hatte. Das alles waren die seitdem so oft gehörten Grundsätze der Ruskinschen Lehren, in denen man im innersten Kern den Durchbruch einer nordisch-germanischen Kunstauffassung im Gegensatz zu der italienisch-klassizistischen erkennen kann. In der Form, in der sie aufgestellt sind, ist nur eins unberücksichtigt geblieben: die bei jedem menschlichen Bilden unterlaufenden rein sentimentalen Werte, als da sind Stimmung, Poesie, Rhythmus, Versinnbildlichung, Phantasie. Aber es schadete nichts, daß die greifbaren Forderungen gegenüber den sich ohnedies einstellenden sentimentalen so stark betont wurden. Man kann die Bewegung, die so ganz auf das rein Werkmäßige zurückging, als eine Art Materialismus bezeichnen, wie er in der Malerei nach Perioden hochfliegender, und daher leicht von der Wirklichkeit abschweifender Idealistik von Zeit zu Zeit einzutreten pflegt, um die Verbindung mit den realen Grundlagen wieder herzustellen.
Die sich in der Architektur ergebenden Folgen der geschilderten Bewegung waren zunächst noch nicht diejenigen, daß die Architekten sich ohne weiteres der gesamten inneren Ausstattung des Hauses angenommen hätten, es waren vor allem stark puristische in der Architektur selbst. In deren Verfolg befleißigte man sich jetzt der äußersten formalen Zurückhaltung und härtesten Einfachheit. Man ging eigentlich auf jene baren Ziegelsteinwände der Häuserreihen in Gowerstreet in London zurück, die, vor etwa hundert Jahren auf Pachtland der Herzöge von Bedford und Portland gebaut, in ihrer gänzlichen Architektur- und Kunstlosigkeit das denkbar Äußerste an künstlerischer Enthaltsamkeit leisteten. In der Tat fing man an, in diesen Vierteln gewisse Verdienste, wenn nicht

Schönheiten zu erkennen. Und mit einer ganz geringen Zugabe von Stimmung glaubte man aus ihrem Geist heraus jetzt die Architektur des modernen Hauses bilden zu können. Diese Strömungen sprechen sich in dem besseren Teil der Hausarchitektur der letzten zehn bis fünfzehn Jahre, wie ein Blick auf die von hier an folgenden Abbildungen lehrt, ziemlich stark aus. Dem kontinentalen Auge sagen solche Häuser meist nicht zu. Sie erscheinen ihm düster, hart, weltverschlossen, kunstlos, ja fast abweisend. Dunkle Ziegelmassen ohne jede Gliederung ragen aus dem Boden hervor. Kein Profil belebt die schmucklose Fläche, die Mauern sind als Brüstungsmauern über den Dachansatz hinaufgeführt und oben glatt abgeschnitten, geradlinig begrenzte Giebel beenden sie an den Schmalseiten. Die gewaltigen, viereckig gelassenen Schornsteinkästen ragen einsam in die Luft. Nur das Rahmenwerk der Fenster, das in seinem weißen Anstrich zu der dunklen Masse in Gegensatz tritt, hellt den Eindruck etwas auf. Aber auch bei ihnen ist auf Abwechslung und Schattenwirkung verzichtet, sie sitzen bündig in der Mauerfläche. Das Ganze hat etwas Herbes, Düsteres, fast Freudloses. Aber auf der andern Seite hat es doch auch etwas ungemein Kraftvolles und Selbstbewußtes. Verschlossen, zäh und gestählt stehen diese Häuser in der englischen Nebelluft, die dunklen Kolosse passen vortrefflich unter den ewig bedeckten Himmel, an welchem schwere Wolken hängen und darüber hinwegjagen. Was soll hier jene sonnigheitere Architektur, die unter italienischem Himmel ihren Ursprung hat? Die englische Baukunst ist zu Zeiten immer wieder, trotz mannigfaltiger fremder Importationen, auf dieses Schwere, Düstere, Schmucklose zurückgekommen. In ihm verkörpert sich ohne Zweifel ein nationales Empfinden. So kommt es vielleicht auch, daß nach jahrelanger Bekanntschaft mit England und seiner Kunst gerade diese Art Architektur so ungemein anspricht. Philip Webb war der erste, der sie wieder in die Gegenwart einführte, und die in den letzten Jahren so sehr gewachsene Verehrung des Meisters unter den Jüngeren ist der beste Beweis, daß der Same, den er damit streute, aufgegangen ist. Norman Shaw, der alle Register des Ausdrucks mit Genialität — um nicht zu sagen mit Virtuosität — handhabte, hat ihr in seiner besten Zeit angehangen. Und unter der jetzt am Ruder befindlichen Generation sind es ganz vorwiegend seine Schüler, die sie weiter pflegen. Es ist merkwürdig, daß keiner derselben der letzten Schwenkung des Meisters in den Neuklassizismus gefolgt ist, sondern daß alle bei den Idealen seiner besten Zeit, dem Ringen nach dem Einfachen, Schmucklosen, Großen geblieben sind.

Unter den Schülern Norman Shaws ist William Richard Lethaby unbedingt an erster Stelle zu nennen. Er ist deshalb ziemlich unbekannt geblieben, weil er eine große Abneigung gegen Veröffentlichungen hat, eine Eigenheit, die er mit andern Mitgliedern der Arts-and-Crafts-Gemeinschaft teilt. Wer jedoch seine Häuser kennt, muß sofort zu dem Schluß kommen, daß er einer von denen ist, die heute die besten Traditionen der englischen Hausbaukunst in Händen haben und weiterführen. Zu der düsteren Größe tritt hier noch ein feiner, aparter Stimmungsbestandteil. Im besten Sinne modern im Denken und Fühlen und

Bedford Square, London. Reihenhäuser. 1780

sicherlich jeden romantischen Anflug abweisend, kann Lethaby doch nicht umhin, eine hohe ästhetisch-vergeistigte Atmosphäre über seine Bauten auszubreiten, die den Beschauer sogleich in ihren Bannkreis zieht. Seiner Häuser sind nicht allzuviele, aber jedes scheint ein Meisterstück zu sein. Am reinsten hat er sein Wollen vielleicht in dem für Lord Manners erbauten Landsitz Avon Tyrell bei Christ Church verkörpert, der hier ausführlich wiedergegeben ist. So ernst und streng die Eingangsfront erscheint, so lebendig und einladend erscheint die Gartenfront mit der vor ihr liegenden Terrasse und den drei sich aus dem dunklen Ziegelmauerwerk herausstreckenden weißen Erkern. Im Innern ist nichts erstrebt als eine ruhige Behaglichkeit, dekorativer Schmuck ist nur an den Decken und Wänden in Form von echtem Handstuck verwendet, auf Farbe ist, abgesehen von den Teppichen, verzichtet, Wände und Decken erscheinen in einfachem Weiß. Die Kamine sind bei Lethaby mit Vorliebe in schlichten glatten Marmorflächen gebildet, wobei auf die Wahl eines schönen streifigen Materials der Hauptwert gelegt ist. Das Formale zeigt überall die größte Zurückhaltung, alle seine Bildungen haben den strengsten Werkcharakter.

Lethaby hat vielleicht viel mehr als in der Architektur im Kunstgewerbe auf seine Zeit beeinflussend gewirkt und zwar in seiner Eigenschaft als Direktor der 1896 gegründeten Central School of Arts and Crafts in London, in welcher er zum ersten Male den Werkstättengedanken grundsätzlich und bis zur letzten Folgerung verkörperte. Neuerdings folgen sämtliche Kunstgewerbeschulen Englands dem hiermit gegebenen, sehr beherzigenswerten Beispiel...

Eine andere Folge, die die innigere Berührung der Architektur mit dem Kunstgewerbe in England hatte, war die bei einigen Architekten auftretende Neigung, die historischen Formen der Architektur zu verlassen und in sogenannten neuen Formen zu schaffen. Mit Norman Shaw ist es allen seinen Schülern durchweg gemein, daß sie davon absehen, neue Formen entwickeln zu wollen. Sie sind mit den historischen Formen vollständig zufrieden, ja beschränken sich lediglich auf die heimisch-englischen Formen, wobei sie sogar so weit gehen, sich innig an die örtliche Überlieferung der Bezirke anzuschließen, in denen sie bauen. Im auffallenden Gegensatz dazu steht daher diese zweite Gruppe von Architekten. Sie stellt sich etwa auf denselben Standpunkt zur historischen Formenwelt wie die kontinentale neue Bewegung, die damit begonnen hat, das Alte über den Haufen zu werfen. Es muß von vornherein gesagt werden, daß diese Gruppe von Hausarchitekten in England klein ist. Sieht man von den später zu betrachtenden, meist jüngeren Schotten ab, so vertritt sie in London kaum ein halbes Dutzend Künstler. Auch diese gehören, wie die Schüler Shaws, der Art Workers' Guild an, sie bilden die andere Hälfte jener Gemeinde, und aus ihrer Mitte heraus wurde das geboren, was in der ersten Hälfte der neunziger Jahre den Kontinent als eine neue Formenwelt so sehr überraschte. Im übrigen hatte ja auch das Gestalten der andern Partei im Laufe der Zeit von selbst auf eigenartige Formen gedrängt, nur daß diese jetzt an und für sich erstrebt, ja zur Bedingung gemacht wurden.

Geht man dieser neuen Formenwelt auf den Grund, so wird man indessen

entdecken, daß sie sich, lediglich formal betrachtet, aus sehr einfachen Bestandteilen zusammensetzt. In einem scherzhaften Artikel des »Artist« waren sie auf drei Formen reduziert: den sich nach oben verjüngenden, vierkantigen Pfosten, das sehr weit herausgezogene einfache Simaprofil und das Bäumchenmotiv. Mit diesen drei Bestandteilen lassen sich, so hieß es, heute sämtliche Wettbewerbe gewinnen, und diese ganze neue Kunst läßt sich in fünf Minuten erlernen. Es ist ein Körnchen Wahrheit in diesem Sarkasmus. Vor allem andern ist der Primitivismus treffend gekennzeichnet, an dem gerade die englische neue Kunstgemeinde so sehr festhaftet. Was aber verschwiegen ist, ist der Umstand, daß das Neue, das uns aus diesen Bildungen anspricht, gar nicht so sehr in der bloßen Form beruht. Es ist vielmehr eine Sache der neuen Auffassung der Fläche, des Verhältnisses der geschmückten zu den ungeschmückten Teilen und der Farbe. Die äußeren Formen in der Weise, wie es so häufig geschieht, ganz und gar in den Vordergrund zu drängen, ist eine Verkennung der Sachlage, hervorgegangen aus einer rein äußerlichen, oberflächlichen Beurteilung.
Die neue Auffassung ist es denn auch viel mehr, als es die neuen Formen sind, die den Leistungen dieser Gruppe ein so hohes Interesse verleiht und ihnen ihre kulturbildende Bedeutung verschafft, ja die es mit sich gebracht hat, daß der ganze Kontinent von England so mächtig beeinflußt werden konnte. Die werkmäßigen Ideale blieben bei dieser Gruppe dieselben wie bei der erwähnten Gruppe der Norman-Shaw-Schüler, mit denen sie sich in der Arts-and-Crafts-Gemeinde die Hände reichte. Mehr als bei den Norman-Shaw-Schülern aber machte sich bei den Modernen von vornherein das Gefühl geltend, daß das Haus mit seinem gesamten Inhalt als Einheit betrachtet werden müsse. Dieses erhöhte Verantwortungsgefühl war das wirklich Neue, das mit ihnen heraufzog. Hier hat innerhalb der Londoner Bewegung vor allem Voysey höchst maßgebend gewirkt, er vereinigte zum ersten Male vollständig, wenn auch in kleinem Rahmen, die Arbeit, die bisher Morris vertreten hatte, mit der des bisherigen Architekten. Er baute nicht nur Häuser, sondern zeichnete auch Möbel, Teppiche, Tapeten, Kleingerät. Mit ihm beginnt der zweite Schritt in der englischen Hausentwicklung, der sich eben in dieser Zusammenfassung des Hauses und seines Inhaltes zu erkennen gibt. Beides gelangt jetzt unter die Obhut ein- und desselben Gestalters...
Der bei weitem tätigste und bekannteste Architekt dieser Gruppe ist entschieden C. F. A. Voysey. Er geht im Hausbau auf und ist in seiner Fruchtbarkeit auf diesem Gebiet mit Ernest Newton zu vergleichen. Seine Sonderart ist mehr das kleine Haus als das große, obgleich er auch umfangreichere Häuser errichtet hat. Wie im Innern, so strebt er auch im Äußeren eine von dem Historischen abweichende, persönliche Eigenart an. Seine Ausdrucksmittel bewegen sich dabei im Rahmen des Allereinfachsten, so daß seine Häuser immer den Stempel der Primitivität tragen. Hiermit üben sie ihren Reiz aus, denn gewollte Originalität führt Naturen, die nicht durchaus etwas Geniales in sich tragen, in der Architektur leicht ins Absurde. Immerhin beraubt das Aufgeben aller historischen Überlieferung auch bei Voysey seine Häuser jener bodenwüchsigen Überzeugungs-

fähigkeit, die wir bei den Häusern der Norman-Shaw-Gruppe so sehr bewundern. Voysey wendet fast stets Rauhputz für die Wände und englische Schieferdeckung für die Dächer an. An den Ecken setzt er gern schräg herausgestreckte Strebepfeiler an, die Dächer ragen weit über die Mauer hervor und stützen sich meist auf dünne, schmiedeeiserne Konsolen. Die Fenster sind als kleine, niedrige Reihenfenster behandelt, ihr Rahmenwerk ist grün oder weiß gestrichen. Die Schornsteine sind weiß und zeigen eine geringe Verjüngung nach oben. Die Verhältnisse der Häuser sind entschieden breitgelagert, dies ist das Hauptziel im Zuschnitt der Massen. Als Ideal schwebt die Hütte vor, und zwar auch bei den Häusern, die sich infolge ihrer Größe und des in ihnen entfalteten Aufwandes eher als Palast denn als Hütte ausweisen.

Im Grundriß hält Voysey stets auf äußerste Gedrängtheit, wobei er in meisterhafter Art doch stets die größte Bequemlichkeit erreicht. Da er von allen englischen Architekten am meisten auf Sparsamkeit ausgeht, so bevorzugt er, ganz besonders bei kleinen Häusern, die rechteckige Form des Grundrisses. Dadurch erhalten die Häuser zugleich auch äußerlich stets eine wohltuende Einfachheit. Innerlich spart er aufs äußerste an Platz in Korridoren und Nebenräumen, ohne aber die Hauptzimmer selbst unnötig zu beschränken. Sein eigentliches Steckenpferd ist die möglichste Niedrigkeit der Räume. Die Höhe von 2,75 m (9 Fuß engl.) für die Hauptzimmer erscheint ihm bereits als Höchstmaß; 2,44 (8 Fuß engl.) oder selbst 2,36 m (7³/₄ Fuß engl.) noch durchaus zulässig, sogar erwünscht. Gegen hohe Räume sträubt er sich überhaupt und lehnt einen Bau ab, bei dem sich der Bauherr nicht auf niedrige Räume verstehen will. Voysey verkörpert in dieser scharfen Betonung der niedrigen Räume übrigens nur eine Ansicht, die heute in England allgemein, wenn auch nicht überall in so schroffer Form geteilt wird. Höher als 3,05 m (10 Fuß) baute auch schon Norman Shaw in seinen einfacheren Häusern nicht. Seitdem hat sich der Geschmack noch auf weit niedrigere Maße gerichtet. Von den führenden Architekten wird 2,45 m lichte Höhe heute für die üblichen Wohnräume allgemein als das richtige betrachtet. Und zwar hat man dabei weniger die Sparsamkeitsrücksichten als die der ästhetischen Wirkung im Auge: niedrige Räume erscheinen stets gemütlich und geben dem Zimmer eine geschlossene, einheitliche Wirkung, sie lassen es groß in der Grundfläche erscheinen und machen im allgemeinen die Ausstattung, besonders die Behandlung der Wände und der Decke zur halben Arbeit. Wirtschaftlich betrachtet sind sie ein Grund für die Billigkeit des englischen Hauses. Und in dieser Beziehung kommen sie auch Voysey in dessen Bestreben entgegen, so sparsam wie möglich zu bauen. Er erreicht dieses Ziel aber auch noch durch größte Einfachheit. Auf jedes Ornament wird willig verzichtet, die Wirkung wird in den Verhältnissen und in der Wahl einfachster Farbtöne gesucht. Im Innern sind bei Voysey immer schon die kleinen Reihenfenster ein Hilfsmittel der künstlerischen Wirkung, die durch kein anderes erreicht werden kann. Besondere Sorgfalt widmet er daneben noch den Kaminen. Da, wo Mittel vorhanden sind, greift er für die Wandverkleidung zur Täfelung, die er mit Vorliebe in Eichenholz bildet, das er unbehandelt stehen läßt. Auch seine Möbel sind in rohem Eichenholz ausgeführt, halten aber in ihrer Form dennoch eine gewisse graziöse Linie inne. Für die Wandverkleidung und die Teppiche und Stoffe stehen ihm in den nach seinen eigenen Entwürfen hergestellten Erzeugnissen — er hat die englische Industrie reichlich mit solchen versehen und in dieser Beziehung geradezu die Erbschaft William Morris' übernommen — die denkbar besten Mittel zu Gebote. Er wendet das Muster in seinen Innenräumen aber dennoch nicht so häufig an, als man nach der Ornamentfreudigkeit seiner Stoffe und Teppiche vermuten sollte, seine Räume atmen eine angenehme Ruhe in Form und Farbe. Eine feine, fast schüchterne Keuschheit, die phantastischen Anwandlungen erschreckt aus dem Wege geht, ist ihre Grundstimmung. Die Zahl von Voyseys größeren und besonders die Zahl seiner kleineren Häuser ist ungemein groß. Ein Haus mittleren bis kleineren Umfangs, Broadleys in Windermere, wird als Beispiel hier ausführlicher vorgeführt. Es ist ein Haus zum Sommeraufenthalt, von dessen Terrasse sich eine glänzende Aussicht über den nahen Windermere-See eröffnet. Die Halle ist zum Hauptwohnraum gemacht. Sie hat zu diesem Zweck einen mächtigen Erker und einen umfangreichen Kaminplatz, und in ihrer Mitte ist ein Billard aufgestellt. Die übrigen Räume sind nur mäßig groß. Die Innenausstattung und Möblierung zeigt Voyseys höchst einfache, aber trauliche und geschmackvolle Art, solche Aufgaben zu behandeln, im besten Licht.

Voysey ist auf die jüngere Generation von bedeutendem Einfluß gewesen. Vielleicht ist er dafür verantwortlich, daß neuerdings der Rauhputz als äußere Verkleidung der Häuser in Mode gekommen ist, vielleicht hat auch die von ihm so sehr betonte Niedrigkeit der Räume durch seinen Einfluß so viele Anhänger gewonnen. Auch Äußerlichkeiten, wie die Strebepfeiler an den Ecken, werden nachgemacht. Jedenfalls ist Voysey unter den vielbeschäftigten Londoner hausbauenden Architekten von heute der eigenartigste und sein Mut, das Neue zu suchen und seiner persönlichen Kunst Geltung zu verschaffen, ist bei dem sonst innerhalb der Londoner Bewegung herrschenden Konservativismus ebenso einzig wie erfrischend...

Die Auffassung Baillie Scotts vom Haus ist bereits die eines innen und außen ganz einheitlich durchgebildeten Organismus. Architekt und Ausstattungskünstler treten hier verschmolzen auf, der eine wäre ohne den andern nicht mehr denkbar. Hierin liegt gegen die Londoner Bewegung ein Fortschritt. Es ist wahr, daß Voysey hier in ähnlichem Sinne wirkt. Aber da bei ihm nicht so starke sentimentale Werte mitsprechen, so sind seine Räume, selbst wo er sie auch möbliert hat, dennoch nicht allzuweit von der alten Auffassung entfernt, aus vorhandenem Einzelmaterial gute Einrichtungen zusammenzustellen. Dieser Auffassung folgte mehr oder weniger auch Morris, natürlich unter Verwendung der lediglich von ihm selbst geschaffenen Einzelheiten, wie Tapeten, Stoffe und Möbel. Hier bei Baillie Scott jedoch handelt es sich bei dem Raum um eine Einzelschöpfung, deren Elemente nicht zufällig vorhanden, sondern aus dem Hauptgedanken abgeleitet sind. Es ist der neue Gedanke des Innenraumes als selbständiges Kunstwerk, den Baillie Scott zum ersten Male verwirklicht. Von jetzt an tritt er plötzlich an verschiedenen Orten gleichzeitig auf, vor allem fing kurz darauf die kontinentale Bewegung geradezu mit ihm ihre Laufbahn an. London und das eigentliche England blieben auf dem Morrisstandpunkt stehen. Mit dem Kontinent gleichzeitig setzte aber Schottland in diesem neuen Sinn ein, und zwar mit derjenigen poetisch-mystischen Lokalfärbung, die als die ausgeprägt schottische bereits erwähnt worden ist.

In Schottland war es ein kleiner Kreis ganz junger Leute, die um die Mitte der neunziger Jahre, in jener merkwürdigen Zeit, in der so viel Neues nach Gestaltung strebte und ungesehen gärte und stürmte, dem neuen Gedanken zur Form verhalfen. Sie erschienen zum ersten Male auf der Arts-and-Crafts-Ausstellung vom Jahre 1896 vor dem größeren Publikum, nicht ohne, wie es bei bedeutenden künstlerischen Leistungen immer der Fall ist, von ihm verlacht zu werden. Nur wenige vermochten aus dem traumhaften Gestalten der kupfergetriebenen Füllungen, aus dem eigentümlichen Liniengewirr der figürlichen Kompositionen, aus den starren Möbelformen einen Sinn zu erkennen. Ja, das Londoner Lager erhob offenbaren Widerspruch, der sich so weit steigerte, daß auf der nächsten, 1899 unter der Präsidentschaft Walter Cranes stattgefundenen Ausstellung die Sachen zurückgewiesen wurden. Durch dieses Dokument gab die Londoner Bewegung klar ihren Standpunkt zu erkennen, an dem Weiterausbau der neuen Gedanken keinen Anteil mehr zu nehmen, einen Standpunkt, den sie seit dem Tod William Morris' (1896) bis auf die heutige Zeit beharrlich eingehalten hat. Die Schotten aber fanden nicht nur lebhafteste Anerkennung auf dem Kontinent, sobald sie nur dort erschienen, sondern befruchteten die dort im Entstehen begriffene neue Formenwelt, namentlich in Wien, aufs nachhaltigste, so daß zwischen ihnen und den Führern der Wiener Bewegung über den Kopf Englands hinweg ein unzertrennliches Band geknüpft ist. Wie England fünfzehn Jahre vorher die neue Bewegung in der schottischen Malerei nicht verstanden und spurlos an sich hatte vorübergehen lassen, so verhielt es sich jetzt gegen diese neue schottische Bewegung in den tektonischen und dekorativen Künsten ablehnend. Gleichzeitig und mit demselben Eifer lehnte es alles ab, was auf dem Kontinent Neues entstand und vorging, ohne auch nur im mindesten willens zu sein, das Gute, das trotz aller anfänglichen Ausschreitungen in der Bewegung lag, zu erkennen. So ist es bis auf den heutigen Tag geblieben. Hier wie so oft hat England die eigentümliche Rolle gespielt, neue Gedanken bis zu einer gewissen primitiven Form zu entwickeln, ohne sodann in der Lage zu sein, deren Ausbau zu vollenden. Unsere ganze neue Bewegung steht auf den Schultern der Ergebnisse, die England in den Jahren von 1860 bis Mitte der neunziger Jahre in aller Stille entwickelt hat. Die letzte Folgerung zu ziehen, die nur in der Betrachtung des Innenraumes mit allem seinen Inhalt als in sich geschlossenes Kunstwerk beruhen konnte, hat es unterlassen zu tun. Auf keiner bisherigen Ausstellung der Londoner Arts-and-Crafts-Gruppe ist bisher ein fertiges Zimmer gezeigt worden. Man begnügt sich auch heute noch mit der Vorführung der früheren Kästchen, Stickereien, Tapeten- und Stoffmuster, Metallsachen und Einzelmöbel.

Der eigentliche treibende Genius der schottischen Bewegung ist Charles Rennie Mackintosh, um ihn gruppieren sich die anderen Mitglieder des kleinen ursprünglichen Kreises, Herbert McNair und die beiden früheren Fräulein Margaret und Francis MacDonald, jetzigen Frau Mackintosh und Frau McNair. Alle sprechen mit großer Überzeugung dieselbe künstlerische Sprache, so daß sie, obgleich bei näherer Betrachtung unter sich verschieden, insgesamt an ein und demselben Werk arbeiten könnten, ohne daß dessen Einheit im mindesten gestört würde. Mackintosh ist ganz und bis zur letzten Faser Architekt, seine zahlreichen, als Mitglied der Firma Honyman, Keppie und Mackintosh und unter seinem eigenen Namen geschaffenen Architekturwerke, wie Geschäftshäuser, Kirchen, Schulen usw., ganz besonders aber auch seine zahlreichen Wettbewerbsentwürfe stempeln ihn zu einem der hervorragendsten jüngeren Architekten Englands, wenn nicht der Gegenwart überhaupt. Das architektonische Empfinden Mackintoshs bringt den strengen tektonischen Grundzug in die Schöpfungen der Gruppe, der trotz aller Phantastik darin zu bemerken ist. Herbert McNair, der jetzt als Professor der Abteilung für dekorative Kunst an der Universität in Liverpool tätig ist, ist figürlicher Zeichner, hat sich aber im Möbelentwurf und allen Kleinkünsten betätigt. Die beiden weiblichen Mitglieder sorgen für das eigentlich Ornamentale, wie Füllungen in Treibarbeit, Stickereien, Wandmalereien, Aufnäharbeiten. Dabei ist es ihr Grundsatz, sich nicht auf den Entwurf zu beschränken, sondern alles mit eigener Hand auszuführen und so ihren Arbeiten den allein gültigen Stempel des echten Kunstwerkes aufzudrücken. Das Kernziel aller der genannten Mitglieder des Kreises ist das Zimmer als Kunstwerk, als einheitlicher Organismus in Farbe, Form und Stimmung. Von diesem Gedanken ausgehend entwickeln sie nicht nur das Zimmer, sondern schließlich das Gesamthaus, dessen Äußeres nur als Umschließung des Eigentlichen, auf das es ankommt, der Zimmer gilt, ohne großen Anspruch auf künstlerisches Auftreten an sich zu machen. Die architektonisch starke Hand Mackintoshs sorgt trotzdem für das Einhalten der eigentlich architektonischen Werte auch hier, wie auch seine Grundrißlösungen ein Muster an Sachlichkeit und bequemer, behaglicher Anordnung sind.

Das Wesen der Kunst dieser Glasgower Gruppe liegt dennoch recht eigentlich in einem sentimental-poetischen Grundzug. Man strebt hohe künstlerische Stimmungswerte an, und zwar besonders solche einer mystischen, symbolischen Art. Es läßt sich in dieser Beziehung kein größerer Gegensatz denken wie zwischen der in neuen Formen schaffenden Londoner Richtung, deren fleißigster Vertreter Voysey ist, und der schottischen der Mackintosh-Gruppe; die eine geht auf äußerste Nüchternheit, ja auf Unterdrückung der Phantasie aus, die andere wird von der Phantasie geradezu beherrscht und geleitet. Trotzdem ist beiden der streng tektonische Grundzug gemein, der Material- und Konstruktionswerte heilig hält und in dieser Beziehung nie ins Unnatürliche und Gekünstelte verfällt. Gesunde werkmäßige Fügung, Gestaltung innerhalb der im Material gegebenen Grenzen (so daß man z. B. nie Holz wie Kautschuk oder Gußeisen behandelt), sind die Grundbedingungen beider Richtungen und stellen sie beide in Gegensatz zu einem Teil der kontinentalen Bewegung, namentlich zu der von Belgien ausgegangenen. Die Eigenart der Mackintosh-Gruppe liegt ebensowohl in der Form, besonders in der Auffassung des Verhältnisses von Fläche und Schmuck als in der Farbe. In beiden Beziehungen herrscht die breitschichtige, nach Größe strebende, fast mystische Ruhe, die nur hier und da unterbrochen wird von einem kleinen aufgesetzten Schmuckteil. Der letztere wirkt dann edelsteinartig. Die Ruhe wird erreicht durch ungegliederte breite Formen und eine neutrale, das ganze beherrschende Grundfarbe, etwa Grau, Weiß oder Dunkelbraun-Grau. Für den streng architektonischen Charakter sorgt die starke Betonung rhythmischer Folgen, wie senkrechter Glieder oder die Anhäufung von gleichen Gliedern überhaupt (wie den kästchenartigen Lichthüllen). Gemusterte Stoffe sind verpönt wie überhaupt jedes mechanisch hergestellte Ornament. Die wenigen vorhandenen Schmuckteile treten in der Form von handgearbeiteten Füllungen, von aufgenähten Teilen, von Einlagen, von aufschablonierten Mustern auf, immer aber spärlich und zerstreut. Sie bilden stets nur kleine Überraschungen innerhalb der großen ruhigen Wirkung. Für die geschmückten Teile wird eine lebhafte Farbe gewählt, etwa Hellgrün, ein dunkles Rosa oder Heliotrop. Dieser Farbengrundsatz erinnert an Velazquez' Graubilder, auf denen sich farbige Teile ebenfalls so wirkungsvoll abheben. Oder man kann sagen, daß hier der Gedanke in die Dekoration des Zimmers getragen ist, den Whistler in die Malerei eingeführt hat. Jedenfalls ist die Verfeinerung, die erreicht wird, überzeugend, und die früher übliche Art, tief satte Farben als Grundfarben nebeneinanderzustellen, erscheint daneben sofort schwerfällig und unklug. Die Farbe wird jetzt gewissermaßen auf ein höheres Niveau gehoben, indem man sparsamer mit ihr umgeht. Sie wird so aufgefaßt wie die Festesfreude im Leben, die, je seltener, um so erfreulicher und erwünschter ist. — Man muß derartige Räume, wie beispielsweise die Wohnräume Mackintoshs in Glasgow, einmal gesehen haben, um zu erkennen, welche großen Wirkungen durch solche Mittel erreicht werden können.

Über die Mackintosh-Gruppe herrschen noch vielfach irregeleitete Ansichten. Man kennt ihre Leistungen entweder nur aus Veröffentlichungen, die ja immer ein schiefes Bild geben, oder aus den leidigen Ausstellungen, die ja auch den Besten veranlassen, den Rahmen des Gesunden, im Leben Erträglichen zu überschreiten. Man sehe sich Mackintoshs wirkliche, für den Gebrauch bestimmte Räume an, die genannten Zimmer in seiner Wohnung in Glasgow, die Räume in den von ihm gebauten Landhäusern, und man wird anderer Meinung sein. Jedenfalls ist durch Mackintosh die Gedankenwelt der Innendekoration unendlich bereichert worden. Er hat nicht nur neue Hilfsmittel erschlossen, sondern deren ganze Auffassung auf ein neues Niveau gebracht. Erhebt man einmal den Innenraum zum Kunstwerk, d. h. sucht man in ihm ästhetische Werte zu verkörpern, so liegt es jedenfalls nahe, die künstlerische Wirkung bis zur letzten Vollendung zu steigern. Dies tut der Mackintosh-Kreis, und man wird ihm an und für sich daraus keinen Vorwurf machen können. Eine andere Frage ist, ob für unsere Alltagsräume eine solche Steigerung angebracht ist. In Mackintoshs Räumen ist eine Verfeinerung erreicht, von deren Niveau selbst das Leben des künstlerisch gebildeten Teils unseres Publikums noch weit entfernt ist. Die Feinheit und Strenge der hier waltenden künstlerischen Stimmung verträgt keine Einmischung des Gewöhnlichen, mit dem ja unser Leben gefüllt ist. Jedes Buch mit einem unrichtigen Einband würde, auf dem Tisch liegend, stören, ja eigentlich ist sogar der heutige Mensch, ganz besonders der heutige Mann in seinem schmucklosen Arbeitskleid in dieser Märchenwelt ein Fremdling. Es ist vorläufig nicht daran zu denken, daß unsere ästhetische Kultur so sehr das Übergewicht in unserem Leben haben wird, daß solche Räume allgemein werden. Aber sie sind Marksteine, die ein Genie weit hinausgeschoben hat, um der Menschheit das Höhere und Höchste in der Ferne vorzuzeichnen ...

Der Mackintosh-Einfluß zeigt sich in Glasgow auch noch bei einer Reihe ganz hervorragender Kleinkünstler in verschiedenen Techniken, so namentlich bei der trefflichen Stickerin J. R. Newberry, deren Schülerin Ann Macbeth und der Buchillustratorin Jessie King. Alles strebt nach demselben romantisch-poetischen Ziel mit Betätigung derselben feinen Mischung von streng herrschender Zurückhaltung und einer aus fernen Welten geholten Phantastik. Die schottische Bewegung ist eine Gegenwirkung gegen die von den Londoner Arts-and-Crafts-Kreisen so stark betonten Nützlichkeits- und Vernunftgründe. Weg mit der Romantik, hieß es dort, wobei man vorwiegend den Stilwulst, das bedeutungslose Ornament und die vergessenen Material- und Werkrücksichten der Kunst des 19. Jahrhunderts im Sinn hatte. Ohne Phantasie keine Kunst, ist die schottische Antwort darauf. Wir sehen auch hier die zwei Pole des Realismus und des Idealismus, zwischen denen die Kunst in ihrer Entwicklung so leicht hin- und herschwingt. Der Realismus ist das von Zeit zu Zeit notwendige Erfrischungsbad, um die Kunst in Verbindung mit dem Gegebenen, mit der Mutter Erde, zu halten. Aber das letzte Ziel der Kunst kann immer nur ein idealistisches sein ...

An erster Stelle in dieser Reihe ist E. L. Lutyens in London zu nennen, eine junge Kraft, die im Laufe der letzten fünf Jahre immer mehr in den Vordergrund der hausbauenden Architekten getreten ist und die vielleicht berufen sein wird, binnen kurzem die Führung im englischen Hausbau in einer Weise zu übernehmen, wie sie früher etwa Norman Shaw hatte. Lutyens gehört zu denjenigen Künstlern, die es ablehnen würden, irgend etwas mit irgendeiner neuen Bewegung zu tun zu haben. Er baut in Verliebtheit in das Alte, dessen Reize ihm unerschöpflich erscheinen. Wie weit er hierin geht, dessen entsinnt sich jeder Besucher der letzten Pariser Weltausstellung an dem Beispiel des daselbst auf dem Quai d'Orsay stehenden, von Lutyens gebauten englischen Hauses. Es war so altertümlich, daß es einen ganz falschen Begriff von der Lage in England gab; ja, das ganze Äußere und der Hauptteil des Innern waren wörtlich einem alten Beispiel nachgebildet. Er predigte somit die in England von so vielen vertretene Ansicht, daß es etwas Besseres wie diese alte Kunst gar nicht geben könnte. Wie aber ein wirklich bedeutender Künstler den Forderungen seiner Zeit

Sir Edwin Lutyens, Tigbourne Court, Surrey. 1897. Straßenseite

gar nicht ausweichen kann, so sehen auch Lutyens' Neubauten in Wirklichkeit gar nicht altertümlich aus. Im Gegenteil, es ist ihnen, wenn auch nicht ein moderner, so doch ein ganz persönlicher Zug von höchstem Interesse eigen. Im Grundriß strebt er eigenartige Lösungen durch die Einführung oder vielmehr Wiederaufnahme des Gedankens des umschlossenen Hofes an, in der Situierung die innigste Verbindung des Hauses mit dem umgebenden Boden durch Weiterführung des architektonischen Gedankens in der Form von Terrassen, Zierbeeten, Wasserbecken, Buchsbaumhecken und Laubengängen. In dieser Beziehung ist er der eifrigste Förderer der neuen Bewegung im Gartenbau, auf die noch zurückzukommen sein wird. Im Äußeren seiner Häuser überrascht der immer ungemein schlichte und großzügige Zuschnitt sowie vor allem die treffliche Materialbehandlung, in der er der unbestrittene Meister ist. Er weiß einer einfachen Bruchsteinmauer, einer Ziegel- oder Fachwerkwand einen überraschenden Reiz zu geben. Bruchstein bevorzugt er, wendet aber auch Rapputz mit gleich guter Wirkung an. Er liebt die kleinen fortlaufenden Fensterchen über alles, stellt seine Schornsteine mit Vorliebe schräg zur Front (so daß die Flächen der Kästen um 45 Grad gedreht sind) und bevorzugt, ganz besonders in den Höfen, die breitgelagerten halbrunden Kolonnadenöffnungen. Seine Häuser wirken durch ihre werkliche Tüchtigkeit ebenso überzeugend, wie durch ihre trauliche, gefällige Erscheinung und gehören unbedingt zu dem besten, was heute in England geleistet wird. Auf eine künstlerische Innenausbildung legt er weniger Gewicht. Hier genügt ihm die äußerste Einfachheit der Bauernhütte und, wo Luxus verlangt wird, eine Wiederholung der Stile. Sein Mobiliar ist ebenfalls weit davon entfernt, modern zu sein, er liebt hier die gedrehten Formen der Zeit Jacobs I. und lehnt sich an das Möbel jener Zeit an. Aber auch diese Anlehnungen zeigen stets das, was ihn überhaupt charakterisiert: eine kernige Tüchtigkeit und eine wohltuende Vertiefung in das Innerste der ihm gestellten Aufgabe...

In der Tat waren beide Versuche[1] so glücklich gelungen, daß sie zu weiterem Ausgreifen ermutigten. In einem 1898 erschienenen Buch[2] setzte Ebenezer Howard die Bedingungen auseinander, unter welchen dem Elend der Städte, namentlich soweit es die städtische Arbeiterbevölkerung betrifft, Einhalt getan werden könnte, und kam zu dem Ergebnis, daß dies durch die Verlegung der Industrien auf das Land und durch Anlegung von neuen Städten mit gesunden Einzelwohnungen in offener Bauweise bewirkt werden könnte. Das Buch hatte solchen Erfolg, daß sich bald darauf eine Gesellschaft bildete, zunächst um die Gedanken des Verfassers in weiteren Umlauf zu bringen, sodann, um wirklich zur Gründung einer neuen Stadt, einer »Gartenstadt« an einem passenden Ort im Lande zu schreiten. Lever und Cadbury, die Gründer von Port Sunlight und Bournville nahmen sich der Bewegung an und hielten in ihren Kolonien Versammlungen ab. Augenblicklich ist die Bewegung im kräftigen Wachstum, und der erste Versuch der Gründung einer neuen Stadt, die natürlich in Verbindung mit der Gründung oder wenigstens der Verlegung einer großen Fabrik aufs Land geschehen muß, befindet sich bereits in Vorbereitung.
So hat sich in England beim kleinen Haus die soziale Frage stark mit der künstlerischen vermählt und, man muß unbedingt sagen, zu seinem Vorteil. Wenn es gelänge, die Ideale, die in dieser Beziehung vorschweben, zu verwirklichen, so würde die Kunst in gleichem Maße Gewinn ziehen wie die soziale Bewegung. Natürlich ist an eine plötzliche Abzapfung der unteren Bevölkerungsschicht aus den Städten zunächst noch nicht zu denken. Und die Lösung der in England seit Jahrzehnten brennenden Arbeiterwohnungsfrage läßt sich auf der Grundlage der Gartenstadtgesellschaft nicht ohne weiteres erwarten. In den Städten, namentlich in London, drängen die Verhältnisse weiter und weiter, und hier liegt die gewaltige Aufgabe vor, alljährlich Tausenden von Menschen neue, gesündere Wohnungen zu schaffen...
Bedenkt man, welche guten Leistungen des Londoner Bauwesens jetzt auf die-

---

[1] *Muthesius spricht hier, gegen Ende des geschichtlichen Teils seines Werkes, von den Industrie-Siedlungen Bournville (Cadbury) und Port Sunlight (Lever) und kommt im folgenden auf die Gartenstadtbewegung.*
[2] *Ebenezer Howard: To-morrow, a Peaceful Path to Real Reform, in zweiter Auflage unter dem Titel erschienen: Garden Cities of To-morrow, London 1902.*

sem Gebiet vorliegen, so muß man große Hoffnung auf die Ausführung eines Planes setzen, in Tottenham, einem zwei Stunden nördlich von London gelegenen Ort, einen ganzen Landbezirk, 91 ha groß, mit Einzelwohnhäusern für Arbeiter zu bebauen. Dieses Unternehmen bewegt sich ganz in der Richtung der Ziele der Gartenstadtgesellschaft, wie denn überhaupt der Gedanke immer mehr an Bedeutung gewinnt, daß die Errichtung der großen Arbeiterkasernen inmitten der Städte die Wurzel des Wohnungselends der unteren Klassen nicht berührt. Wirkliche Abhilfe kann nur in einer Entvölkerung der großen Städte, in der Auswanderung der Stadtbevölkerung in das offenen Land gefunden werden. Und vielleicht wird diese Frage deshalb in England zuerst gelöst werden, weil der Engländer aller Schichten von allen Völkern am meisten seine natürliche Vorliebe für das Landleben bewahrt hat...

Aus Teil II »Die Entwicklung des englischen Hauses«

Ergebnis

Die heutige englische Hausbaukunst ist zusammengewachsen aus der wieder aufgenommenen Tradition der alten ländlichen Baukunst und der modernen Bewegung im Kunstgewerbe. Die englische moderne Kunstbewegung hat aber, das sei hier nochmals wiederholt, nichts von dem Phantastischen, Überflüssigen und vielfach Gesuchten, in dem sich ein Teil der neuen kontinentalen Richtung noch bewegt. Weit hiervon entfernt, hängt sie vielmehr am Primitiven, Bäuerischen; und hier geht sie vorzüglich zusammen mit dem Typus des altüberlieferten ländlichen Hauses. Überdies entspricht das Ergebnis recht eigentlich dem englischen Geschmack, dem nichts über die schlichte Einfachheit geht, den das Urwüchsige als poetisch anspricht, weil es seinen ländlichen Neigungen entgegenkommt, und dem phantastische Evolutionen ins Blaue hinein gerade dann am verhaßtesten sind, wenn er täglich von ihnen umgeben leben soll. Der englische Hausbewohner will in seinem Hause Ruhe haben. Eine saubere Behaglichkeit, die vollentwickelte Bequemlichkeit, das ist es, worauf es ihm ankommt. Ein Mindestmaß von »Formen« und ein Höchstmaß von ruhiger, behäbiger, aber dennoch frischer Stimmung, das strebt er an. Seine Vorliebe liegt unausrottbar bei dem Ländlichen und Bäurischen. Jeder solche Anklang scheint ihm ein Band an die geliebte Mutter Natur zu sein, der das englische Volk trotz aller hohen Kultur treuer geblieben ist als irgendein anderes Volk. Das heutige Haus ist ein Zeugnis dafür. Wie es, vom Blumengarten umgeben und von der Straße weit abgewandt, sich nach den breiten, saftigen Rasenflächen erschließt, die die frische Kraft und Ruhe der Natur ausströmen, wie es, breit hingelagert, mehr das Schützende, den Unterschlupf ausdrückt, als Pomp und architektonische Entfaltung anstrebt, wie es weit ab von aller Kultur irgendwo im Grünen versteckt liegt und von den Bewohnern täglich die Opfer der Überwindung weiter Entfernungen fordert, die diese aus Liebe zu ihm gern bringen, wie es lustig in der Farbe und massig in der Form sich der umgebenden Natur trefflich anpaßt, so steht es heute da als ein Kulturzeugnis der gesunden Neigungen eines Volkes, das sich bei allem Reichtum und aller vorgeschrittenen Kultur den Sinn für das Natürliche in bewundernswertem Maße bewahrt hat. Die Stadtkultur mit ihren verbildenden Einflüssen, mit ihrem sinnlosen Hasten und Drängen, mit ihrer treibhausartigen Entwicklung der im Menschen schlummernden Eitelkeitstriebe, mit ihrer Steigerung ins unnatürlich Verfeinerte, Nervöse und Krankhafte, sie hat dem englischen Volk noch so gut wie nichts anhaben können. Gerade der geistig führende Teil des Volkes gibt sich dort dem Landleben hin, der Teil, der bei uns am ersten Gefahr läuft, dem Stadtleben zu verfallen.

Eine breite Behäbigkeit lagert über der Lebensführung des Engländers. Sein Leben ist weit mehr altfränkisch als modern, überall die Anzeichen einer überlieferten, ruhigen Kultur tragend, deren Untergrund ein altansässiger Wohlstand ist. Dieser Wohlstand hat das Parvenüstadium, durch den jeder Reichtum zu gehen pflegt und durch den ein Teil des deutschen Reichtums jetzt zu gehen scheint, längst überwunden. Vielleicht ist es in jene Zeit zu setzen, in der das palladianische Hausideal mit seiner äußerlichen Entfaltungssucht tonangebend war.

Das heutige Haus erzählt nichts davon. Es prägt überall eine prunklose, ja bescheidene Ruhe der Lebensauffassung aus, die Lebensauffassung des gereiften Mannes, den das Leben gelehrt hat, daß er nur in sich und nicht im Treiben der Welt den ersehnten Frieden finden kann. Mit dem Treiben der Welt hat er in seinen Geschäften zu tun, Frieden und Ruhe sucht er in seinem Haus, das ihm zugleich der Hort seines Familienlebens und das Bindeglied mit der Natur ist. Aus der Mitte der Seinen strömt ihm Glück und Liebe, aus der unverfälschten Natur aber diejenige, ewig sich erneuernde Kraft zu, für die die Natur uns selbst das beste Sinnbild ist. Liebe und Kraft sind im Leben die Erwecker zu Taten und die Bedingungen zum geistigen und körperlichen Wohlbefinden. Das häusliche Leben der besten Form ist demnach die Quelle der vollkommensten Gesundheit.

Aus Band III »Inneneinrichtung«

Aus »Allgemeines über das heutige englische Mobiliar und andere Ausstattungsstücke«

Man bestand auf der unbehandelten Holzfläche, ging auf primitive Bauernformen zurück, zeigte überall, oft in geradezu aufdringlicher Weise, die Konstruktion und hatte für Komfort und verfeinerte Lebensformen sehr wenig übrig. Diesem Unternehmen lag die Anschauung zugrunde, daß man von vorn beginnen müsse, um über den verdorbenen Kulturzustand, den das 19. Jahrhundert heraufgebracht habe, hinwegzukommen. Der einzige Raum im Hause, auf den sich die sogenannten Kunstbestrebungen dieser Zeit nicht erstreckt hatten, war die Küche. Daher ging man auf das Küchenmöbel zurück, die Küchenstühle gaben die Ideen für das neue Sitzmöbel, der Küchenschrank für das Schrankmöbel. Zum Unterschied von den wirklichen Küchenmöbeln waren diese neuen Möbel nur etwa zehnmal so teuer, weil sie unter der wirtschaftlichen Voraussetzung des Kunstwerks produziert wurden. In den Londoner Arts-and-Crafts-Ausstellungen werden sie mit dem ganzen Anspruch, Kunstwerke zu sein, vorgeführt, nicht nur insofern der Verkaufspreis dem von Kunstwerken entspricht, sondern auch insofern, als außer dem Namen des »Entwerfers« der Name jedes einzelnen Handwerkers im Katalog angeführt ist, der bei der Anfertigung beteiligt war. Darf man sich wundern, wenn das Publikum über solche Vorführungen seinen Spott treibt?

Bis zur Übertreibung primitiv ist der Durchschnitt der Möbel der heutigen Londoner kunstgewerblichen Gemeinde, deren Hauptvertreter im Mobiliar Sidney H. Barnsley ist...

Sie modern zu nennen, wäre ein Anachronismus, sie sind reaktionär. Man ist so ganz im Handwerksideal befangen, daß man für nichts anderes Gehör hat. Und da große Persönlichkeiten, die außer diesem Handwerksziel auch noch jenes Mehr haben, das das wahre Kunstwerk ausmacht, fehlen, so füllt das Handwerksideal heute in seiner baren Form die Anforderungen der Londoner Gewerbekünstler vollkommen aus. Der Fluch aber, der auf ihren Erzeugnissen lastet, ist der der wirtschaftlichen Unmöglichkeit. So sind denn gerade die Möbel der Teil der Leistungen des Londoner Kunstgewerbes, der unbedingt enttäuschen muß. Man sucht nach moderner Kunst, d. h. nach Stücken, die unseren modernen Bedingungen vollkommen entsprechen, und findet Küchenschränke rohen Gefüges vorgesetzt, für die man so viele Pfunde Sterling zahlen soll, wie sie Taler wert sind[1]...

Charles R. Mackintosh und sein Kreis pflegen die persönliche Kunst einer modernen Zeit am ausgesprochensten. Die Kunst Mackintoshs ist recht eigentlich das, was Shakespeare Kaviar für das Volk nennt. Aber in ihr ist das Ziel, auf das das ganze neuere Kunstgewerbe hindrängt: die Einheit des Innenraumes, in einer Weise erreicht, die man sich unmöglich überboten denken kann.

Sowohl die Möbel der Londoner Arts-and-Crafts-Gruppe als die Künstlermöbel wird man nur in Häusern sehen, deren Besitzer eine künstlerisch ausgewählte Einrichtung haben wollten. Und dieser Häuser sind selbst in England nicht allzu viele. Das also, was eine neue Bewegung in den gewerblichen Künsten vorzugsweise anzustreben hätte, nämlich die Einführung künstlerisch guten Hausrats in das Alltagshaus, ist also auch in England noch nicht erreicht.

Aber der englische Allgemeinstand des häuslichen Mobiliars unterscheidet sich doch ganz wesentlich von dem heutigen kontinentalen. England ist das einzige

---

[1] *Immerhin sieht Muthesius in Voyseys Möbeln eine Ausnahme von der üblichen Art der Möbel der Londoner Schule.*

Land, in dem es heute möglich ist, in Möbelgeschäften eine Auswahl von Möbeln für sein Haus zu treffen, die, wenn auch nicht hohen künstlerischen Ansprüchen, so doch denen des guten Geschmacks völlig genügt. Das will gewiß etwas heißen...
Die Arbeit, die der geschmacklich gebildete Deutsche heute zu verrichten hat, wenn er seine Wohnung einrichten will, nimmt bei dem völligen Mangel an Verständnis für das Einfach-Gute, den man bei unseren Geschäftsleuten antrifft, geradezu etwas Verzweifeltes an. Diese Arbeit ist dem Engländer erspart. In Geschäften, wie bei Liberty, Story, Heal & Söhne und vielen anderen, findet er leicht, was er braucht. Das sind doch schließlich Früchte der neuen kunstgewerblichen Bewegung, die nicht zu unterschätzen sind. Ja, man wird nicht anstehen, in dieser Hebung des Allgemeinniveaus, das sich eben in der schließlichen Veredlung des Inhalts des marktmäßigen Dekorationsgeschäftes ausspricht, die wertvollste Folgerung dessen zu erblicken, was unsere kunstgewerbliche Bewegung anstrebt...

Aus »Das Badezimmer«

Wasserzu- und -abflußröhren, Leitungen der verschiedensten Art für heißes Wasser, für die Heizung, für elektrisches Licht, für den Nachrichtendienst fingen an, das Haus zu durchziehen und ihm den Charakter eines verfeinerten Organismus zu geben, mit Arterien, Venen und Nerven, wie sie der menschliche Körper hat. Die ästhetische Schönheit früheren Ideals mußte dabei zunächst in den Hintergrund rücken. Aber vielleicht tritt mit der Zeit überhaupt eine neue Art von Schönheit an ihre Stelle, die des vergeistigten praktischen Zwecks. Anzeichen dafür sind in den Teilen des Hauses gegeben, die mit gesundheitlichen Fragen zusammenhängen...
Die Einhaltung dieses Grundsatzes schafft einen hohen, im besten Sinne künstlerischen Stil des Badezimmers, und bei wirklicher Enthaltung von ornamentalen Zusätzen, die hier das Gesamtbild stets stören, wird hier ein Gepräge von echter Modernität erreicht. Sie ist deshalb so echt und wird deshalb dauernd sein, weil sie streng logisch entwickelt ist und weder mit sentimentalen noch gewollten Stimmungswerten rechnet. Ein solches modernes Badezimmer ist wie ein wissenschaftlicher Apparat, in welchem die geistvolle Technik Triumphe feiert und jede hereingetragene »Kunst« nur störend wirken würde. Die rein aus dem Zweck entwickelte Form ist an sich so geistreich und vielsagend, daß sie ein ästhetisches Behagen hervorruft, das sich in nichts von dem künstlerischen Genuß unterscheidet. Hier haben wir eine wirkliche neue Kunst, die keiner Stimmungslinien bedarf, um sich durchzusetzen, eine Kunst, die auf tatsächlichen modernen Bedingungen und modernen Errungenschaften beruht und vielleicht einst, wenn alle Tagesmoden sich modern gebärdender Kunstrichtungen verrauscht sein werden, als der sprechendste Ausdruck unseres Zeitalters angesehen werden wird...

Stilarchitektur und Baukunst*

Dieser bedeutende Aufsatz wurde zuerst in kürzerer Form im Jahr 1901 veröffentlicht. Neu ist besonders ein »Zusatz über die kunstgewerbliche Lage«, das heißt eine frühe Kritik des Jugendstils. Das Büchlein hat zwei Teile. Im ersten wird eine kurze Analyse der Umstände versucht, die zu dem Stilchaos der zweiten Hälfte des 19. Jahrhunderts geführt haben. Muthesius spricht von den beiden Revolutionen in der Architektur, der der Renaissance, welche die Architektur den bildenden Künsten geopfert und sie von ihnen getrennt habe, und der neu-griechischen um 1800, welche das Handwerk seiner Basis beraubt habe. Das Bürgertum trete um etwa diese Zeit in seine herrschende Rolle ein, aber ohne eigenes künstlerisches Erbe. Die Maschine bestimme im Laufe des Jahrhunderts die Produktion mehr und mehr und vernichte das Handwerk: »Während sich so das Handwerk, die unentbehrliche Unterschicht aller künstlerischen Zustände, an Hunger und Verfolgung allmählich zu Tode quälte, schwärmten unsere Gebildeten noch immer für ein angeblich Höheres und Reineres in der Kunst, für die letzte harmonische Einheit einer Weltkunst, die sie sich in dem Begriff der griechischen Klassizität zurechtlegten. Sie zeichnete sich vor allem dadurch aus, daß sie wie ein Phantom in der Luft schwebte und den Boden des Lebens nicht berührte. Eben deshalb nannte man diese Zeit wohl die des Idealismus.«
Die Gegenbewegung, wie Muthesius sie nennt, die romantische, habe dann die Gotik wieder heraufgeführt, die er, wie schon Goethe, für deutsch oder germanisch hält: »Mit diesem Romantizismus trat im 19. Jahrhundert der germanische Geist wieder in seine Rechte ein.« Er sieht indessen auch in dieser Bewegung einen Irrweg, sogar in England: »Wer etwa heute noch glaubt, daß wir bei größerer Konzentration in der Wiederaufnahme der mittelalterlichen Baukunst einen Rettungsanker aus dem künstlerischen Chaos hätten finden können, den kann das englische Beispiel lehren, daß er in einer Täuschung befangen ist.« Muthesius fügt aber sofort hinzu:
»Und doch hat England durch die sorgsamere und ausgedehntere Pflege der romantischen Richtung in der Baukunst einen Vorteil erreicht, der allen Aufwand reichlich aufwiegt und um den es jedes Land beneiden kann: Es ist in die Lage versetzt worden, zuerst von allen Völkern eine moderne und dabei vollständig nationale Kunst zu entwickeln. Um die sechziger Jahre fing sich hier das an zu bilden, was wir als den modernen englischen Stil zu bezeichnen gelernt haben, und zwar fand die Entwicklung in direktem Anschluß an die Gotik statt. Der Vater dieser neuen Kunstrichtung ist William Morris, ihr Mittelpunkt die Ausstattung des englischen Hauses, ihr Leitsatz gesunde Handwerklichkeit, Vernünftigkeit und Aufrichtigkeit und ihre Triebfeder eine echte, volkstümliche Begeisterung für die Kunst, die namentlich durch die weit verbreiteten Schriften Ruskins angefacht worden war. Jedermann kennt den Triumphzug, den diese

---

* Auszüge aus dem gleichnamigen Aufsatz von Muthesius, 1903.

Kunst vor etwa zehn Jahren auch über das Festland unternahm, wo sie mit Gewalt die Geister aufrüttelte und sie zur Erstrebung gleicher Ziele anstachelte: Er wäre ohne die eingehende Beschäftigung Englands mit der Gotik, ohne die hier stattgefundene Sättigung des Volksgeistes mit den aus ihr abgeleiteten neuen Kunstidealen, nicht möglich gewesen.
Diesen Vorteil hatte das Festland, wo noch immer die alten griechischen und italienischen Schönheitsideale in den Köpfen spukten, nicht. Dazu vermochte die Gotik eine zu geringe Bedeutung zu erlangen.«
Die Wiederbelebung der italienischen Renaissance durch Semper und die folgende der deutschen Renaissance und aller späteren Stile führten dann dazu, »daß man sich binnen kurzem dem Nichts gegenüber befand.«
Der zweite Teil des Aufsatzes beginnt mit der Behauptung, man habe nun, da man alle Stile zu beherrschen gelernt habe, die Ausdrucksmittel für die verschiedenen Stimmungsgehalte der Architektur kennengelernt: »Was war natürlicher, als daß wir uns in unserem Wiederholungslehrgang der bisherigen Formenkunst an diese Verschiedenheiten der Ausdrucksregister gewöhnten und sie nach Absolvierung des Kurses nach Belieben zu verwenden wünschten?« Freilich verlangt Muthesius, daß man nun »frei mit den Mitteln schalten und walten« solle, wobei man auch die neuen Mittel, also Eisen und Glas, nicht ausschalten dürfe: »Als einen Bau, an welchem viele der genannten neuen Gedanken zum ersten Male vereinigt auftraten ... muß das neue Reichstagsgebäude in Berlin von Paul Wallot gelten. Gerade die neuen Gedanken, nicht zum mindesten das Wagnis der Hinzuziehung von Glas und Eisen für die äußere Gestaltung der Kuppel, waren der Grund des vielfachen Widerspruches, dem der Bau begegnete.« Er rühmt aber nicht nur dieses Wagnis, sondern auch »die freie künstlerische Gestaltung mit Beherrschung aller Mittel der bisher geleisteten Kulturarbeit«.
Diese Teile der Einleitung zum zweiten Teil erscheinen uns heute einigermaßen zeitgebunden. In dem zweiten Teil selbst jedoch entwickelt Muthesius eine zusammenhängende Theorie der neuen funktionalistischen Architektur. Im besonderen setzt er sich darin mit England auseinander. Seine Theorie ruht in wesentlichen Punkten auf der englischen Erfahrung, und zuweilen glaubt man Lethaby zu lesen. Was ihn von dieser trennt, ist seine Auffassung vom Wesen und von den Möglichkeiten der Maschine.
Dieser Teil enthält auch die Auseinandersetzung mit dem Jugendstil, den »Zusatz über die kunstgewerbliche Lage«, den er in die Auflage von 1903 neu aufgenommen hat.

Aber auch noch andere, neuzeitliche Forderungen haben sich im Laufe des letzten Jahrhunderts in der Baukunst geltend gemacht und haben — für die große Menge zwar unbemerkt und gegenüber dem durchaus im Vordergrund stehenden Stiltreiben auch ziemlich im verborgenen wirkend — doch eine Art Unterströmung hervorgerufen, die einen bestimmenden Bestandteil einer anbrechenden neuen Architektur liefern wird. Es sind die Forderungen, die sich aus den neuen wirtschaftlichen und Verkehrsverhältnissen, den neuen Konstruktionsprinzipien und den neuen Materialien ergaben. In letzterer Beziehung hat uns das neunzehnte Jahrhundert zwei neue Baustoffe gebracht: Eisen und Glas, für die sich in den ungemein erweiterten Verkehrs- und anderen neuzeitlichen Verhältnissen sogleich die Verwendung ergab. Diese Verhältnisse brachten uns einige wichtige neue Gebäudegattungen, vor allem die Verkehrshalle und das Ausstellungsgebäude. In beiden war die weite Raumbehandlung mit Zuführung eines Höchstmaßes von Licht die Grundbedingung. Eisen und Glas schienen hier die gegebenen Materialien.

In der Ausstellungsarchitektur war es England, das durch den für die erste Weltausstellung von 1851 errichteten Kristallpalast der Welt die Wege wies, ein für seine Zeit völlig einzig dastehendes Unternehmen, ein Wunderwerk des damals noch blühenden englischen Unternehmungsgeistes. Die Gebäude wurden von einem Gärtner, dem später geadelten Joseph Paxton, errichtet, der deshalb zu Rate gezogen wurde, weil es sich um die Erhaltung einer Baumreihe inmitten des Ausstellungsgebäudes handelte.[1] Seine Erfahrungen an Gewächshäusern brachten ihn auf die eigenartige Konstruktion aus Eisen und Glas. Man reihte das Gebäude seinerzeit wohl kaum in die Werke der Architektur ein, und doch ebnete sein Vorbild einer neuen architektonischen Erscheinung der folgenden Jahrzehnte die Wege: der weitgewölbten Eisenhalle. Sie kam besonders zur Geltung in den Ausstellungspalästen einer Reihe von Weltausstellungen, die Frankreich von da an veranstaltete, und Frankreich, wo der geniale Architekt Labrouste schon früher in seiner Bibliothek Sainte Geneviève und der Nationalbibliothek dem Eisen in reichem Maße Zutritt gewährt hatte, übernahm als eigentliches Ausstellungsland die Führung auf diesem Gebiete. Seine glänzendste Leistung in bezug auf Eisenarchitektur führte es 1889 in der großen Maschinenhalle und dem Eiffelturm vor, Werken, gegen die alle Bauten der letzten Weltausstellung einen peinlichen Rückschritt bedeuten. Dieser Rückschritt war allerdings schon vorbereitet worden durch Amerika, das in Chicago zum Erstaunen der Welt, die gerade von dort etwas Neuzeitliches erwartete, nichts Besseres zu tun gewußt hatte, als das bekannte antike Maskenkleid über die Eisengerippe seiner Ausstellungshallen zu hängen. Mochte das Märchenbild, das so geschaffen war, noch so bezaubernd sein, für den Kunstfortschritt konnte diese rückblickende Leistung mit nicht mehr als Null angesetzt werden.

Das Konstruktionsprinzip des aus Eisen und Glas gebildeten Ausstellungspalastes griff bald auch auf andere Gebiete über. Die Bahnhofshalle, die Markthalle, das Museum mit dem glasüberdeckten Mittelhof, der weite, glasüberwölbte Saal in jeder Form, schließlich auch das sich mit großen Glasflächen gegen die Straße öffnende städtische Geschäftshaus sind Kinder desselben Gedankens. Die Entwicklung des Geschäftshauses hat sich ganz hauptsächlich in dem rasch aufstrebenden Berlin abgespielt. In ihr verkörpert sich eine wirkliche Kulturleistung Berlins, die in Messels Warenhaus Wertheim sogar ein klassisch

---

[1] *Dies ist nicht ganz korrekt. Die Frage der Erhaltung der Bäume trat erst auf, als Paxton seinen Entwurf fertig hatte.*

zu nennendes Beispiel aufzuweisen hat. In dem letzteren Bau schuf der Architekt, lediglich indem er neuen Bildungsgedanken in logischer und vorurteilsfreier Weise Ausdruck gewährte, etwas durchaus Modernes, ohne daß er eigentlich darauf ausgegangen wäre, es zu tun. In noch weitgehenderem Maße wie beim Geschäfts- und Warenhaus haben Eisen und Glas in unseren Sammelpunkten des öffentlichen Verkehrs Anwendung gefunden, die der riesig gesteigerte Bewegungstrieb der modernen Menschheit zu so hoher Bedeutung entwickelt hat. Es wäre ganz verfehlt, solche aus vollkommen modernen Bedürfnissen erwachsenen und mit modernen Mitteln errichteten Bauten aus dem Gebiet einer noch so streng künstlerischen Betrachtung ausschließen zu wollen. Viele Ästhetiker leugnen allerdings die künstlerische Natur des Eisenbaues, indem sie gewöhnlich den Satz aufstellen, das Eisen habe zu wenig Körper, um zu monumentalen Wirkungen die Hand zu bieten, ein Satz, der sehr akademisch klingt und lediglich alte Anschauungen auf Neues überträgt. Hätte die Menschheit kein anderes Baumaterial als Eisen vorgefunden, wer möchte daran zweifeln, daß sie auch mit ihm Kunstwerke geschaffen hätte? Wir würden eben dann eine andere Ästhetik haben, das wäre der ganze Unterschied. Aber auch schon unsere bisherigen Eisenbauten reden eine Sprache, die beredt genug ist, um auch künstlerisch zu überzeugen. Niemand wird sich dem befreienden, mächtigen Eindruck entziehen können, den die modernen weitgewölbten Eisenhallen unserer Bahnhöfe machen, auch wenn sie vorläufig nicht in die kunstgeschichtlichen Stile einrangiert werden. Diese Kinder einer neuen Zeit gehören ebenso in das Gebiet der Kunst wie die Kirche und das Museum, ja, selbst reinen Ingenieurbauten, wie der kühn geschwungenen Eisenbrücke, wird man ein künstlerisches Interesse abgewinnen und in ihnen eine Äußerung menschlichen Kunstschaffens erblicken. Spricht sich doch gerade in ihnen ein vollständig neuer, moderner Gestaltungsgeist aus, der, so unentwickelt er noch auftreten mag, aus den eigensten Bedürfnissen unserer Zeit geboren ist und weit mehr ein echtes Kind derselben genannt werden muß, als die auf Stilwiederholungen ausgehenden Bestrebungen unserer Architekten ...

An dieser Stelle folgt das Urteil über Wallots Reichstagsgebäude. Hieran schließt der folgende Text an:

Aber es darf nicht vergessen werden, daß die von Wallot geschaffene Architekturrichtung in diesem ausschließlich monumentalen Sinne eine gewisse Einseitigkeit in sich birgt. An das große Hauptgebiet dessen, was die Baukunst im Leben des Menschen zu leisten hat, die Lösung der einfachen Alltagsaufgaben, hat sie nicht herangereicht. Man kann nicht einmal wünschen, daß sich ihr besonderer Einfluß auf diese erstrecken möge, denn die phantastische Formenfülle und der hohe Schwung, der ihr eigentümlich ist, wären hier verderblich — schon das Reichstagsgebäude seufzt gewissermaßen unter einer Überladung mit Formen — und würden einen schon ohnedies offenbaren bedenklichen Zug unserer heutigen Alltagsarchitektur noch steigern: Das Überwuchern des rein Formalen.

Man kann es geradezu als den Fluch des architektonischen Schaffens der letzten

Jahrhunderte bezeichnen, daß an den Alltagsaufgaben Monumentalarchitektur gemacht wurde. In fast allen früheren Zeiten, zum mindesten in denen, in welchen die Kunstausübung noch etwas Eigenwüchsiges hatte, hielt man von selbst einen Unterschied zwischen Monumentalbaukunst und bürgerlicher Baukunst inne. Neben der Architektur, die sich an den großen Werken ausließ, die als Denkmäler der historischen Baukunst auf uns gekommen sind, lief stets eine bauliche Ausübung her, die in einer gewissen handwerksgerechten Weise dem Alltagsbedarf der Menschen an Wohnhäusern und anderen Kleinbauten entgegenkam. Bei ihr sah man ab von der Entfaltung hoher Kunstmittel, man blieb einfach und natürlich, man beschränkte sich auf das Notwendige und Nächstliegende und folgte im allgemeinen einer durch Jahrhunderte weitergeführten örtlichen Zunfttradition, auf die die Wandlungen der Monumentalarchitektur, wenn überhaupt, nur in großer Abschwächung eingewirkt hatten. Sie stand fest auf dem Boden des praktischen Bedürfnisses, der örtlich gegebenen Verhältnisse und vor allem des gesunden Menschenverstandes.

Diese Art der alten Bauausübung ist während des neunzehnten Jahrhunderts verlorengegangen, sie erhielt geradeso wie das Handwerk ihren Todesstoß durch das Eintreten der griechischen Begeisterung und wurde sodann in der siechen Verfassung, in der sie sich noch eine Zeitlang weiterquälte, vollständig überrannt durch die Jagd nach den historischen Stilen. Augenblicklich kann sie als vollständig erloschen betrachtet werden. Wer heute unsere Landstädte besucht, der findet in der Regel in der neuentstandenen »Bahnhofstraße« das, was an ihre Stelle getreten ist, jene unwahr empfundenen, von der höheren Baukunst reduzierten, mit den gesuchtesten Mitteln auf »Architektur« Anspruch erhebenden Kleinstadtbauten, die durch die leichtsinnig-parvenuhafte Gesinnung, die sich in ihnen ausprägt, nicht minder verletzen als durch den Überschwang an Unnötigem und Sinnlosem, mit dem sie beladen sind. Wie eine Erlösung berühren uns neben ihnen die älteren Bauten der inneren Städte. Hier treten uns noch die Äußerungen der alten, unverfälschten Zunfttradition entgegen, die, schlecht und recht wie sie dastehen, heute wie die Zeugen eines goldenen Zeitalters in die heruntergekommene Gegenwart hineinragen.

Denn diese Bahnhofstraßen der Landstädte, sie enthüllen uns mehr als irgend etwas den Standpunkt des Bankerottes, auf dem wir heute in der Bauausübung unserer Alltagsaufgaben angelangt sind. Die stucküberladene, den Fürstenpalast nachahmende großstädtische Mietskaserne konnte man noch für ein ungesundes Erzeugnis unserer ungesunden großstädtischen Verhältnisse erklären; aber das flache Land zeigt uns, daß unsere Alltagsbauausübung bis in die untersten Schichten hinein verseucht ist, und zwar durch das Bestreben unsachlicher Architekturmacherei, durch den Formalismus und Akademismus, den die künstlerischen Irrfahrten des neunzehnten Jahrhunderts über sie verhängt haben.

Jede Übernahme örtlich oder zeitlich fremder Entwicklungserscheinungen in der Architektur muß die Gefahr in sich bergen, auf formalistische Abwege zu führen. Es ist der Fluch jedes abgeleiteten Stils, daß er in dem Vorbild nur die

Form sieht und bewundert, während diese doch in jeder echten Kunst nur eine Äußerung des inneren Wesens, eine Folge der zeitlichen Entwicklungsvorgänge ist. Unsere im letzten Jahrhundert ungeahnt erweiterte historische Erkenntnis, die sich auch auf die historische Baukunst erstreckt, sollte uns höchstens veranlassen, uns vor der direkten Übertragung zu hüten. Denn diese Erkenntnis muß uns eröffnen, auf welch gänzlich verschiedenen Bedingungen die Existenz unserer alten Bauten beruhte, von welch gänzlich verschieden denkenden Menschen sie gebaut wurden, Menschen, von deren künstlerischem Empfinden wir uns heute meilenweit entfernt haben. Trennt uns doch schon eine Kluft von der Generation von vor zwanzig Jahren! Was wir heute an alten Bauten bewundern, sind zum nicht geringen Teil Werte, die wir aus irgendwelchen sentimentalen Gründen künstlich untergeschoben, zum Teil in sie hineinphantasiert haben. Man denke an das Malerische alter Bauwerke, das, heute bewundert, doch fast nie ursprünglich beabsichtigt war, sondern sich fast immer aus vorliegenden Bedingungen natürlich ergeben und zum Teil durch An- und Umbauten entwickelt hat. Solche Werte, sowohl wie die Sonderformen in denen uns alte Kulturerzeugnisse entgegentreten, lassen sich einem neuen Werk nur mit Einbuße seiner künstlerischen Echtheit aufpropfen. Denn die künstlerische Echtheit beruht in der vollen Übereinstimmung von Wesen und Form nicht darin, daß das Wesen der Sache einer hergeholten Form zum Opfer fällt. Von dem Klassizismus (in Reinkultur) gezüchtet und während dieses Zeitraumes unbedingten Ton angebend, griff der Formalismus des neunzehnten Jahrhunderts durchaus auch auf die romantische Baurichtung über, die doch eigentlich ein Protest gegen Fesseln sein sollte, die der Menschheit in der Form des Klassizismus angelegt worden waren. Unsere Gotiker verwickelten sich in derselben Weise in den Schlinggewächsen der äußeren Form und verfielen in derselben Weise in bloße Architekturmacherei, wie die Klassizisten. Wie äußerlich das ganze Treiben der Architektur des neunzehnten Jahrhunderts in dieser Hinsicht war, das zeigt schon deutlich die Bedeutung, die das Wort Stil in ihm annahm. Früher gab es keine Stile, sondern nur eine gerade herrschende Kunstrichtung, der sich mit völliger Selbstverständlichkeit alles unterordnete. Erst im neunzehnten Jahrhundert wurde die Menschheit aus diesem künstlerischen Paradies vertrieben, nachdem sie vom Baume der historischen Erkenntnis gepflückt hatte. Man spaltete sich jetzt in Parteien für die verschiedenen Stile, Klassizisten und Romantiker befehdeten sich durch Jahrzehnte, verschwendeten ihre beste Kraft in versuchten Beweisen der Überlegenheit des einen Stiles über den anderen. Für das Publikum verdichtet sich noch heute das geringe Interesse, das es der Architektur überhaupt entgegenbringt, in dem Begriff Stil. Die erste Frage, die bei einem neuen Architekturwerk aus dem Mund des Laien vernommen wird, ist die nach dem Stil. Man ist stolz, die Stile erkennen zu können, und in dem Unterscheidungsvermögen der verschiedenen Stile genügt sich selbst derjenige, der für einen Kenner in Architektursachen gehalten sein will. Die Welt liegt im Banne des Wahngebildes einer »Stilarchitektur«. Daß die eigentlichen Werte in der Baukunst von der Stilfrage gänzlich unabhängig sind, ja, daß eine echte

Betrachtungsweise bei einem Architekturwerk gar nicht von Stil reden wird, dies zu begreifen ist dem heutigen Menschen nicht möglich.
Ja, wie man im Laufe des letzten Jahrhunderts die Architektur überhaupt nur aus dem Stilgesichtswinkel betrachten gelernt hatte, so konnte auch die in ihm wiederholt gehörte Forderung, neben den historischen Stilen einen neuen Stil, den Stil der Gegenwart, zu erfinden, nur auf reine Äußerlichkeiten abzielen. Zu solchen Versuchen müssen auch diejenigen allerneuesten Leistungen gezählt werden, die das Wesen eines modernen Stils darin suchen, daß sie auf den alten Organismus moderne Pflanzenornamente und Bäumchenmotive leimen, den Säulenköpfen statt der jonischen Schnecken oder korinthischen Blätter naturalistische Pflanzenformen umlegen und den Fensterumrahmungen statt der früheren geraden Umrißlinien solche von geschwungener Form geben. Diese Art modernen Stils ist in den allermeisten Fällen nur eine verschlechterte Auflage der früheren äußerlich gebrauchten historischen Stile, die er ablösen sollte, und gehört durchaus noch in das Gebiet der im Formalismus befangenen Architekturmacherei, von der wir füglich genug haben sollten.
Denn nicht in solchen Äußerlichkeiten kann das Neue bestehen, das von der Architektur wie von jeder anderen Äußerung einer lebenskräftigen Gegenwart vorausgesetzt werden muß. Neue Gedanken sind es, die wir erwarten, und nicht in neue Worte gekleidete Gemeinplätze. Die Architektur hat, wie jedes andere Kunstwerk, ihre Wesenheit im Inhalt zu suchen, dem sich die äußere Erscheinung anzupassen hat, und man muß auch von ihr verlangen, daß diese äußere Form nur dazu diene, das innere Wesen widerzuspiegeln, wobei die Art der Detailformen, »der architektonische Stil«, zunächst eine verschwindend geringe Rolle spielt, wenn nicht ganz gleichgültig ist.
Von diesem Standpunkt aus wird ein großer Teil der heutigen Architekturleistungen völlig versagen, denn die Befangenheit ihrer Schöpfer in Stilbestrebungen ist ihnen fast als durchgehendes Merkmal aufgeprägt. Will man daher nach einem neuen Stil, dem Stil unserer Zeit, suchen, so wäre dessen Kennzeichen viel eher in solchen neuartigen Schöpfungen nachzuspüren, die ganz neu entstandenen Bedürfnissen dienend zu dem alten Formenkram der Architektur in gar keine Beziehung getreten sind, also etwa unseren Bahnhöfen, Ausstellungsbauten Riesen-Versammlungshäusern, noch mehr vielleicht in solchen Gebilden, die gar nicht in das Betätigungsfeld des Architekten gefallen, also sozusagen wild aufgeschossen sind, wie unsere Riesenbrücken, Dampfschiffe, Eisenbahnwagen, Fahrräder. In der Tat sehen wir gerade hier wirklich neuzeitliche Gedanken und neue Gestaltungsgrundsätze verkörpert, die uns zu denken geben müssen. Wir bemerken eine strenge, man möchte sagen, wissenschaftliche Sachlichkeit, eine Enthaltung von allen äußeren Schmuckformen, eine Gestaltung, die genau nach dem Zweck, dem das Werk dienen soll, getroffen ist. Und trotzdem, wer möchte den gefälligen Eindruck einer weit geschwungenen Eisenbrücke leugnen, wem gefällt nicht der heutige elegante Landauer, das schmucke Kriegsschiff, das zierliche Zweirad? Da sie aus unserer eigensten Zeit heraus so geboren sind, wie sie heute vor uns stehen, so muß doch offenbar in

ihnen ein moderner Empfindungsbestandteil niedergelegt sein. Sie müssen eine ausgesprochen moderne Gestaltung verkörpern, sie müssen das Empfinden unserer Zeit ebenso widerspiegeln, wie das mit Akanthuswerk überzogene Kanonenrohr das Empfinden des siebenzehnten Jahrhunderts oder die mit zierlicher Schnitzerei verzierte Sänfte das der Rokokozeit verkörperte. In solchen neuartigen Gebilden sind die Fingerzeige gegeben, die auf unsere ästhetische Vorwärtsbewegung hinweisen. Diese kann darnach nur in der Richtung des streng Sachlichen, der Beseitigung von lediglich angehefteten Schmuckformen und der Bildung nach den jedesmaligen Erfordernissen des Zweckes gesucht werden. Andere Anzeichen bestätigen dies, zum Beispiel unsere Kleidung. Die Männerkleidung, die als Kavalieranzug noch bis in die zweite Hälfte des achtzehnten Jahrhunderts in den reichsten Formen gehalten worden war, Verzierungen aus Stickerei trug und aus kostbaren, leicht verletzlichen Stoffen gefertigt wurde, hat im Verlauf des neunzehnten Jahrhunderts eine ständige Vereinfachung bis auf unseren heutigen schmucklosen Frack und Überrock hin erfahren. Die heutige Kleidung ist dazu dieselbe für jeden Stand unserer Gesellschaft, deren Eigentümlichkeit es ist, daß sie in allen ihren Teilen auf das bürgerliche Ideal abgestimmt ist, während noch im achtzehnten Jahrhundert eine besondere Sitte, Lebensart und Kleidung des obersten Standes vorlag. Selbst der König erscheint heute, wenn er seine Uniform auszieht, als schlichter Bürger, es ist einfach keine andere Kleidungsform für ihn vorhanden, er ist genötigt, dasselbe zu tragen wie sein Kanzlist. Selbst im Anzug der Frau, der doch stets künstlerischen Gesichtspunkten im höchsten Maße Rechnung trug, gehen bereits Umbildungen nach der Einfachheit und unbedingten Zweckmäßigkeit hin vor sich, die sich, als vorwiegend von England aus verbreitet, für uns heute im Begriff taylor made verdichten.[1]
Trotzdem wäre es gewagt anzunehmen, daß uns die Befriedigung des blanken Zweckes allein schon genügte. Der »Reformanzug«, in welcher Form er auch empfohlen wurde, hat noch stets für unser Empfinden die Karikatur gestreift. Unsere heutige einfache Kleidung besteht auch keineswegs bloß aus Nützlichkeitsdingen. Der heutige elegante Herrenanzug kennt noch den Zylinder, die Glanzlederschuhe und die seidenen Rockaufschläge — Bestandteile, die man fast mit gewissen polierten und vernickelten Sonderteilen einer Maschine vergleichen könnte. In beiden Fällen erscheint ein gewisses Sauberkeitsbedürfnis sie geschaffen zu haben, und zwar ein Bedürfnis, das nicht nur darauf ausgeht, unwillkommene Ablagerungen zu verhindern, sondern auch stets den Beweis liefern will, daß sie nicht vorhanden sind, daß alles Schmuck und in bester Ordnung ist. Diesem Bedürfnis verdankt wohl auch unsere gestärkte weiße Wäsche ihre Daseinsberechtigung.
Es berühren sich also hier gewisse ideal-sanitäre Anschauungen mit den ästhetischen. Und die Verknüpfung beider ist auch in der modernen Umgestaltung zu erkennen, wie sie jetzt beispielsweise das Innere unseres Wohnhauses durch-

---

[1] Man vergleiche hiermit die Wandlung in seiner Anschauung in den Bemerkungen zu dem gleichen Gegenstand auf S. 195.

zumachen beginnt. Hier gehen Umbildungen vor sich — am besten erkennen wir sie im heutigen englischen Hause —, welche auf vermehrten Eintritt von Luft und Licht, unbedingt zweckmäßige Gestaltung des Raumes, Vermeidung aller unnützen Anhängsel in der Dekoration, Ersatz des schweren, unbeweglichen Hausgerätes durch leichtes und auf durchaus helle, den Eindruck der Sauberkeit erweckende Gesamtstimmung hinzielen, Umbildungen, die sich in genau derselben Richtung abspielen, wie es bei unserer Kleidung, der engeren Wohnung, die uns umgibt, der Fall gewesen ist.

Faßt man dies alles zusammen, so läßt sich unsere heutige ästhetisch-tektonische Anschauung vielleicht dahin feststellen, daß wir statt nach Entfaltung von rein äußerlichem, mit dem Wesen der Sache nicht in unmittelbarem Zusammenhang stehendem Schmuck jetzt mit Entschiedenheit auf eine zweckmäßige Gestaltung hinstreben, jedoch nicht ohne gleichzeitig auch eine gewisse, mehr sinnbildlich als praktisch mitsprechende schmucke Eleganz, eine gewisse saubere Knappheit der Form darzulegen.

Auf dem Gebiet dessen, was wir gemeinhin mit dem Begriff Architektur bezeichnen, wird man freilich diesen scharf modernen Zug heute weder schon deutlich erkennbar ausgesprochen finden noch ihn auch durchweg erwarten dürfen. Einmal muß man, wenn von Architektur die Rede ist, zunächst den schon erwähnten Unterschied zwischen Werken der höheren Baukunst und Alltagsaufgaben (Monumentalbaukunst und bürgerlicher Baukunst) einhalten, wenn auch zugegeben werden muß, daß dieser Unterschied nur ganz allgemein genommen werden darf und sich scharfe Grenzen nicht ziehen lassen. Von der Monumentalbaukunst wird die gebundene Form nicht zu trennen sein; die Einteilung in ein festes, architektonisches Gerippe, das Vorwalten des strengen Rhythmus sind hier ebenso unerläßlich wie der regelrechte Bau eines Dramas oder die poetische Form in einem Gedicht; eine realistische, rein nach dem Bedürfnis zugeschnittene Gestaltung zu verlangen wäre hier ein Irrtum. Anders liegt die Sache aber natürlich bei den Tagesaufgaben, insbesondere beim Wohnhausbau, wo wir die Ansprüche, ein höheres Kunstwerk in gebundener Form hervorzubringen, füglich fallenlassen sollten, und wo solche Ziele ebenso am unrechten Platz sind wie etwa die Absicht des Tagesschriftstellers, einen Zeitungsaufsatz in die Form eines Epos zu bringen.

Sodann ist aber auch noch in Rechnung zu ziehen, daß eine im Grunde ihres Wesens konservative Kunst wie die Architektur die gewohnten Gleise nicht so schnell wird verlassen können wie etwa die Malerei oder das Kunstgewerbe. Denn der Gegenstand, um den es sich beim Bau handelt, ist immer von ziemlich großer wirtschaftlicher Bedeutung, seine praktische Durchführung erfordert eingehende Vorbereitung und hängt von einer Menge von äußeren Umständen ab, mit denen andere Künste nicht zu rechnen haben. Die Baukunst ist von allen Künsten die schwerfälligste.

Aber dennoch hat sich unsere bisherige Architektur, ganz besonders die der kleineren Tagesaufgaben, in einer Weise den sich sonst überall Geltung verschaffenden Gegenwartsbestrebungen verschlossen, daß sie heute von dem Anschein einer gewissen Verknöcherung und Entfremdung vom Leben nicht frei ist. Hierfür sind aber vorwiegend die äußerlich-stilistischen Bestrebungen verantwortlich zu machen, die während des ganzen letzten Entwicklungszeitraumes auf sie gedrückt haben. Eine Abstreifung einer solchen bloßen Architektur- und Stilmacherei, wie sie heute noch fast das ganze Feld beherrscht, wird zunächst not tun, einen Verjüngungsprozeß einzuleiten. Wenn es gelänge, den Begriff Stil zunächst einmal ganz zu verbannen, wenn sich der Baukünstler mit Absehung von allem Stil zunächst immer klar und in erster Linie an das hielte, was die besondere Art der Aufgabe von ihm verlangt, so wären wir von dem richtigen Weg zu einer Gegenwartskunst, zu dem wirklichen neuen Stil, nicht mehr weit entfernt. Bedächte er nur, daß man in einem Kaufhaus vor allem verkaufen, in einem Wohnhaus vor allem wohnen, in einem Museum ausstellen, in einer Schule lehren will, suchte er nur in der Grundanlage, im Aufbau, in der Gestaltung der Räume, in der Anordnung von Fenstern, Türen, und Wärme- und Beleuchtungsquellen zunächst lediglich den sich daraus ergebenden Forderungen gerecht zu werden, und zwar bis in alle Einzelheiten, so wären wir schon auf dem Wege zu jener strengen Sachlichkeit, die wir als den Grundzug modernen Empfindens kennengelernt haben. Daß allen diesen Forderungen, deren Berechtigung ja eigentlich auf der Hand liegt, heute schon in befriedigender Weise Rechnung getragen würde, wird niemand behaupten können. Der Durchschnittsarchitekt von heute baut noch immer in allererster Linie stilistisch, er baut entweder in einem von der Antike abgeleiteten oder in einem der mittelalterlichen Richtung angehörenden Stile, und zwar womöglich mit genauer Spezialisierung des Jahrzehnts und der Provinz des Originalstils. Baut er in einem antiken oder italienischen Stile, so zwängt er den Körper, den er architektonisch behandeln will, in die Fesseln strenger akademischer Achsen, unterdrückt jede durch die Verhältnisse gebotene Unregelmäßigkeit zugunsten seines formalistischen Schemas, legt die Fenster, die durchweg als gleichmäßig eingerahmte Mauerlöcher auftreten, lediglich dahin, wo es seine imaginären Achsen vorschreiben, statt dahin, wo es Bedürfnis und Himmelsrichtung erwünscht machen, unterdrückt das Dach, die Schornsteine und alles, was seinen stilistischen Anschauungen von einer korrekten italienischen Fassade zuwiderläuft. Baut er mittelalterlich oder in deutscher Renaissance, so ist das Losungswort »malerisch«; er pflegt sich dann in einer rein äußerlich bestimmten, vielfach willkürlichen Gruppierung zu ergehen, die wiederum mit dem Wesen der Sache durchaus nichts zu tun hat, er bringt Türmchen, Giebelchen, Erker da an, wo sie ihm für die malerische Gruppe erwünscht erscheinen, und legt die Treppe womöglich so, daß ihre aufsteigenden Fenster von der Straße aus ein gutes Bild machen. In beiden Fällen macht er eben in erster Linie Stilarchitektur, statt in erster Linie seine Aufgabe sachlich zu lösen. Er schafft ein Wahngebilde von abstrakter Schönheit, unter dem sich der Benutzer drehen und winden kann, wie er will; der Architekt glaubt dieses Opfer zugunsten seiner Stil- und Architekturbestrebungen von ihm verlangen zu können. Ja, er hält dieses Stil- und Architekturmachen für seinen eigentlichen Beruf, seinen Apparat an Säulen, Giebeln, Verdachungen, Turmlösungen für sein eigentliches Handwerkszeug, in dessen Handhabung er auf der Bauschule zunftgemäß ausgebildet worden und von dem er sich keineswegs zu trennen gesonnen ist. Er betätigt sich vor allen anderen Dingen als »Stilarchitekt«.

Mit dieser Stilbefangenheit sowohl als mit der natürlich bedingten Schwerfälligkeit der Architektur mag es zusammenhängen, daß eine grundsätzliche Schwenkung aus unseren bisherigen Kunstzuständen, die unter dem Begriff der neuen Bewegung seit einer Reihe von Jahren im Gange ist, zunächst nicht innerhalb der Architektur ihren Anfang nahm, sondern beim Kunstgewerbe, und daß bisher hier nicht Architekten die Führer waren, sondern Künstler aus einem ganz anderen Lager, vornehmlich dem der Maler. Nur in Wien, wo die Architektenschule Otto Wagners schon seit Jahren auf eine künstlerisch freiere, dem Zweckmäßigkeitsbedürfnis Rechnung tragende Architektur hingearbeitet hat, war die Baukunst von vornherein in der Lage und bereit, eine Verbindung mit dem neuaufstehenden Kunstgewerbe einzugehen. An anderen Orten, vornehmlich in Deutschland, verhielt sich bisher die Architektenschaft mehr oder weniger ablehnend. Aber wie das Kunstgewerbe im letzten Ende doch nur auf die Ausgestaltung des Innenraumes gerichtet sein kann, so arbeitet es der Architektur, selbst wenn man diese in dem heute üblichen engen Begriff des Gebäudeerrichtens faßt, doch unmittelbar in die Hand. Eine neue Richtung im Kunstgewerbe kann daher keineswegs ohne Einfluß auf die Architektur sein, ja, sie kann dazu führen, daß das Kunstgewerbe die Architektur jetzt ebenso nach sich zieht, wie es in der deutschen Renaissance-Bewegung in den siebziger Jahren der Fall war, die ebenfalls vom Kunstgewerbe ihren Ursprung nahm.

Noch läßt sich freilich über diese engere kunstgewerbliche Bewegung selber kein abschließendes Urteil fällen. Die Bewegung stellte sich in Deutschland bisher als ein brodelndes Kochen vielfach widerstreitender Elemente dar, das weit davon entfernt war, ein einheitliches Bild zu gewähren, und auch heute noch muß das unter allen Umständen Befriedigende mehr in ihrem Programm als im breiteren Durchschnitt ihrer Leistungen gesucht werden. Im letzten Ende eine Folgeerscheinung derjenigen Bewegung, die unter der Führerschaft von William Morris in den sechziger Jahren in England entstand, ist sie von dieser doch grundverschieden. Worin sie von ihr am meisten abweicht, ist in dem schwellenden Formenaufwand und in der Sucht nach sensationellen, noch nie dagewesenen Gestaltungen, die man bisher an ihr beobachten konnte. Die ganze Bewegung geht in Deutschland eigentlich von dem Bestreben aus, sogenannte neue Formen zu schaffen, Formen, die grundsätzlich mit den Überlieferten nichts mehr gemein haben sollten. Mochte nun zu diesem plötzlich ausbrechenden Verlangen das seit Jahren bei Abhaspelung der alten Stile aufgespeicherte Mißbehagen die unmittelbare Veranlassung abgeben, so ist doch nicht zu vergessen, daß sich in ihm eine Auffassung kundgibt, die auf den Grund der eigentlichen künstlerischen Zeitfragen nicht hinabreicht. Es sind eben wieder Formen, um die es sich handeln soll, im Grunde also wieder die alte Stil- und Ornamentmisere. Denn was kann es der Menschheit nützen, wenn sie nun jetzt statt der alten

Akanthusranke eine solche aus Linienschnörkeln vorgesetzt erhält? Glaubt man von einer solchen Änderung von Äußerlichkeiten, daß sie uns die künstlerische Erlösung bringen wird, nach der wir heute so sehr verlangen?
Indessen, wer näher zusieht, der wird doch in der jetzigen Bewegung tiefere Gründe entdecken, und vielleicht schließt er sich dann der Hoffnung an, daß dieser Formenstandpunkt, der auch in dieser sogenannten neuen Kunst heute noch vorwaltet, nur ein Durchgangsstadium darstellt, daß er nur die Kinderkrankheit ist, durch die sich eine heraufkommende, wirkliche, neue Kunstauffassung durchzuwinden im Begriffe steht. Denn zu der früheren Kunstausübung, die sich unter dem Banne der historischen Stile abspielte, steht die neue Bewegung, wenn man die besten Leistungen ihrer Führer betrachtet, doch unbedingt in einem erfreulichen Gegensatze. An Stelle der lediglich schulmäßigen Formgebung von früher tritt eine freie, durch keine Fesseln beengte Gestaltung, die den jedesmaligen Sonderumständen Rechnung trägt, die sich flüssig jedem Bedürfnis anpaßt, dem inneren Wesen der Aufgabe nachspürt, und dieses äußerlich auszudrücken sucht. An die Stelle des schulmäßigen, akademischen Bildens ist das individuelle getreten, und schon hierin liegt ein Sieg des Gegenwartsgeistes ausgedrückt, dem die Bewegung entsprungen ist. Mit großer Klarheit hat sie ihr Ziel von Anfang an im Innenraum gesehen und diesen zum erstenmal wieder seit den Tagen der älteren, geschlossenen Kunsttradition als einheitliches Ganzes aufgefaßt.
Und hier schuf sie etwas durchaus Neues, etwas, das sowohl in der Form als in der Gesinnung von den Leistungen der historischen Kunst grundverschieden war. Der historische Innenraum konnte, soweit er nicht rein bürgerlich, das heißt vollkommen schmucklos war, ohne einen starken Auftrag von architektonischen Formen und Phrasen nicht auskommen. Die ganze Renaissance mit allen ihren Abwandlungen, bis in die neueste Zeit hinein, übertrug das Rüstzeug der äußeren Architektur, Säulen, Pilaster, Gebälk, auf den Innenraum, arbeitete also mit einem Apparat von Formen, der dem Wesen der Sache eigentlich fremd war. Die neue Kunst entwickelt den Charakter des Innenraumes aus seinen eigenen Bedingungen. Vor allem ist dabei der Farbe das Übergewicht gewährt, denn man ist sich bewußt, daß diese eindrücklicher und auf kürzerem Wege wirkt und Stimmung schafft als die architektonische Form.
Der Innenraum der neuen deutschen Renaissance, das heißt der letzten dreißig Jahre, hatte Stimmung vermöge der historischen Associationen, die er hervorrief; er war die Leistung eines rückblickenden Geschlechts. Die Stimmung des modernen Innenraumes steht auf selbständigen Füßen. Form und Farbe sind einheitlich entwickelt und arbeiten sich, indem sie beide dieselben seelischen Stimmungsbestandteile zu verkörpern streben, in die Arme. Nicht als ob Farbe und Einheit in der alten Kunst eine geringere Rolle gespielt hätte, man denke nur an die italienischen Dekorationen und die Zimmer der französischen Ludwige. Aber das Gefühl für Farbe tritt heute verfeinert und verschärft auf, vor allem herrschen jetzt große, organisatorische Gesichtspunkte, die einen einheitlichen Farbenplan mit strengster Folgerichtigkeit durchführen, so folgerichtig,

daß selbst der orientalische Teppich darin zum Fremdling wird. Eine Grundfarbe oder ein Grundakkord bestimmt stets die Richtung, der sich dann alles andere unterzuordnen hat. Hier scheint der Lebensgedanke des in seiner Zeit sehr verkannten Whistler seine ersten, breiteren Konsequenzen zu finden. Sicherlich ist der Ursprung des neuen Farbencharakters des Innenraums in der neueren Entwicklung der Malerei zu suchen.

Nicht ganz so geklärt wie die Farbenabsicht ist in der modernen Bewegung die Form. Auch hier zwar arbeitet man auf Ausdrucksfähigkeit hin, vorzüglich, indem man eindringlicher, als es bisher geschah, gewisse statische Vorstellungen unter starker Zuziehung des menschlichen »Einfühlens« zu verdeutlichen versucht. Der Stuhl erhält etwas breitbeinig Hockendes, das Tischbein eine elastische Linie wie der tragende menschliche Fuß; die Konstruktionsteile umklammern einander, ein metallener Ansatz klaut sich in den Holzgrund und streckt sich armartig heraus, ein messingener Handgriff deutet die Bewegung, die mit ihm ausgeführt werden soll, schon durch seine Linie an. Oder man sucht die Gebrauchsfähigkeit des Möbels durch starke Anschmiegung an die Form oder die Hantierungsbewegung des Menschen zu heben. In beiden Bestrebungen gelangt man in der Regel auf die gebogene Linie statt der früheren geraden, so daß die Geschwungenheit der Linie geradezu zu einem Programmpunkt der kontinentalen modernen Bewegung geworden ist. Dabei sind freilich nach außen hin die Gründe für diese Geschwungenheit mehr oder weniger aus dem Bewußtsein entschwunden, vielleicht haben sie überhaupt nur auf dem Programm einiger Schaffenden gestanden und sind auch dahin erst durch eine gequälte Abstraktion aus dem unbewußten Gestaltungstrieb gekommen. Man greift wohl nicht fehl, wenn an annimmt, daß die Geschwungenheit im Grunde rein formalistischer Natur war, wofür auch schon der Umstand spricht, daß sie im Ornament in gleicher Weise herrschend geworden ist wie in der struktiven Linie. Wie dem auch sei, wir haben heute einen Stil der geschwungenen Formen, dem, obgleich er durch van de Velde entstand und mit ihm aus Belgien gekommen ist, ein großer Teil auch der deutschen Kunstgewerbetreibenden anhängt.

Aber was noch bedeutungsvoller ist, die Mode hat die geschwungene Linie als das Charakteristische desjenigen neuen Stiles aufgefaßt, auf den sie schon so lange gewartet zu haben schien. Und sobald dies der Fall wurde, machte sich die Industrie schleunigst daran, diesen neuen Stil zu bewirtschaften. Das Prinzip dieser geschwungenen Linie schien so leicht und einfach; endlich hatte man etwas Greifbares, das man verwenden, etwas, wonach man fabrizieren konnte. — Im Handumdrehen hatte die Welt den Jugendstil.

Es ist, als ob die Menge unfähig sei, die Kernfragen menschlicher Probleme zu begreifen. Irgendwo wird ein Gedanke geboren, der ein ganzes Programm für die Zukunft enthält, der imstande wäre, von weitem kulturbildenden Einfluß zu werden. Die Menge verlacht ihn, wenn sie ihn überhaupt beachtet. Da tritt eine Einzelgestaltung heraus, eine Formel, eine Äußerlichkeit. Sofort nimmt man diese für das Wesentliche, bauscht sie auf, schreit sie aus und glaubt durch sie im Besitz der Sache zu sein. Man treibt den Geist heraus und vergöttert den

Buchstaben. So ist es im großen in der Religion und in der Moral gewesen; und dasselbe hat sich im kleinen wiederereignet, als man die geschwungene Linie für die neue Kunst hielt und den Jugendstil darauf gründete. Und seiner Herrschaft freut sich jetzt die Modemenschheit, ärgert sich der Philister und seufzt der Kunstfreund. Die Welt hatte einen Augenblick offengestanden, die Erlösung zu empfangen, das Stilgetriebe der letzten 20 Jahre war zum Absurden geführt, das Räderwerk der Stilimitation stand still. Aber auch nur einen Augenblick. Sofort schnappte es wieder ein, als sich die geschwungene Linie und mit ihr das Blümchenornament zeigte, und arbeitete nun mit verdoppelter Kraft. Man hatte wieder einen Stil und dieses Mal einen unzweifelhaft allerneuesten.

Vielleicht ist es gut, daß der Formalismus dieser geschwungenen Linie — denn zu einem solchen war sie auch schon in der Hand der Erfinder ausgeartet — auf die Walze der industriellen Fabrikation gespannt wurde, um auf dem Modenmarkt eine Rolle zu übernehmen. Damit ist die Gewähr gegeben, daß er bald abgewirtschaftet haben wird. Jetzt sind zudem die tiefer Denkenden verpflichtet, sich von ihm fernzuhalten, und kommen dadurch vielleicht dem Kern der Zeitfrage um einige Zoll näher. Der Jugendstil ist gegen die letzten Stile, die die Fabrikation in den Klauen hatte, den deutschen Renaissance- und Rokokostil, keine Verbesserung, das liegt auf der Hand. Dort hatte man die Richtschnur des Formenschatzes der alten Kunst, einer Kunst, die sich im natürlichen Wachstum entwickelt hatte. Was man hervorbrachte, hatte noch einen gewissen Charakter, wenn auch einen rein archäologischen. Aber jetzt verfiel man in die uferloseste Willkür, denn man konnte nur von den Werken von ein paar Künstlerindividualitäten ableiten, und das tat man aus dieser persönlichen Kunst mit noch weniger Verständnis, als man aus den historischen Stilen abgeleitet hatte. Das neue Ornament aber, das man mit Hilfe des zur Lösung erhobenen Studiums der Pflanze entwickeln wollte, blieb in der Hand unzureichender Kräfte ebenso ärmlich, nüchtern und hilflos als die zur breiten Bettelsuppe verallgemeinerten Ableitungen aus der Kunst der Führer. So ist man mit dem sogenannten Jugendstil in ein noch schlimmeres Fahrwasser geraten als das war, in dem man zur Zeit der Nachahmung der Stile segelte.

Die Jugendstilmode zeigt, wozu eine Künstlerkunst werden kann, wenn sie in der Menge breitgetreten wird. Sie zeigt gleichzeitig, wie wenig der größeren Allgemeinheit auf dem Gebiete der angewandten Kunst durch eine stark persönliche Künstlerkunst gedient, wenigstens unmittelbar gedient ist. Es bedarf längerer Zeit, ehe die Eigenheiten der Künstlerindividualitäten zu einer Tradition verschmolzen werden können. Die Verschmelzung wird wahrscheinlich erst aus dem kommenden Geschlecht hervorgehen, denjenigen Leuten, die jetzt an der Schwelle ihres Lebenswerkes stehen. Von diesem Geschlecht erwarten wir zugleich eine Verallgemeinerung und eine Klärung der sich jetzt vielfach widerstreitenden persönlichen Richtungen; wir hoffen, daß es eine breitere Schicht mit einheitlicherem Wollen bilde und daß es den Jugendstil überwinde und aus der Welt schaffe, der nur ein Beweis war, daß die Früchte der neuen Bewegung von Unberufenen zu frühzeitig vom Baum gerissen wurden. Der Jugendstil wurde

von einem Geschlecht erfunden, das noch in der Gesinnung des Parvenütums steckte, das noch prätentiöse und stark dekorierte Schmuckkunst verlangte und dem das Verständnis der echten Modernität, die in sinnvoller Sachlichkeit statt in angehefteten Schmuck liegt, noch nicht aufgegangen war.
Freilich ist dieses Prinzip auch von den Führern und gerade von denen, die zu der Mode Veranlassung gegeben haben, noch nicht immer klar eingehalten worden. Ja, es ist nicht zuviel gesagt, wenn man behauptet, daß der Jugendstil durch den rein formalistischen Aufwand und die rein ornamentalen Entfaltungen, die im Anfang in ihren Leistungen überwogen, von ihnen geradezu heraufbeschworen worden ist. Wir steckten und stecken heute noch immer im Ornamentstadium der gewerblichen Künste. An die Stelle des zuletzt geübten Rokokoornamentes ist jetzt einfach das sogenannte neue Ornament getreten. Auch heute wiegt die Ornamentauffassung noch allenthalben vor. Man versteht unter Kunstgewerbe noch geradezu und vorwiegend Ornament, und wer sich kunstgewerblich ausbilden will, denkt dabei in erster Linie an Ornamentstudien. Wie sich heute der Begriff Kunst für das Publikum in der bemalten Leinwand erschöpft, bedeutet Kunstgewerbe für sie Ornament.
Es handelt sich aber darum, daß die Welt endlich einsieht, daß Ornament und Kunstgewerbe nicht dasselbe sind, daß es sich um Bildungen und nicht um Verzierungen handelt und daß eine Form darum nicht weniger zum Kunstgewerbe gehört, weil sie nicht geschmückt ist. Der verhängnisvolle Gedanke des Geschmückt-sein-Müssens hat das ganze künstlerische Elend der Gegenwart heraufbeschworen.
Man kann sich ornamentalen Schmuck von Künstlerhand gefallen lassen, wie man das Gedicht eines Dichters liebt. Aber man stelle sich vor, daß nun alle Welt poetisch sprechen wolle und unser Ohr gar nichts anderes mehr vernehmen soll als die abgeleiertste Reimerei. Wie fürchterlich! Und doch ist in diesem Stadium das heutige Kunstgewerbe von der Marke Jugendstil, und was wir uns, unserem Ohr zugemutet, schrecklich denken, das muß unser Auge täglich ertragen. Auch die neuen Erzeugnisse strotzen von Schmuckformen. Die Fabriken stanzen heute genauso diese Jugendornamente wie sie früher Rokokoornamente stanzten, und hundert Geschäfte, die mit dem nutzlosesten Krimskrams — wir nennen ihn Nippessachen — angefüllt sind, blühen und gedeihen durch die Verbreitung dieses Unfuges. Wenn man ihn wenigstens im Laden ließe, wo er ja schließlich nur ein Schaufenster belastet! Aber tausend Gelegenheiten, Geburtstage, Hochzeiten und Freundesgeschenke aller Art verschleppen ihn ins Haus, wo er sodann die Verwirrung nur noch vermehrt, die im deutschen Zimmer heute schon ohnedies obwaltet. Man hält das aber für Kunst. Und nach Kunst schreit ja heute die ganze Welt.
Angesichts der Verkennung, zu der nun schon seit Jahrzehnten ein mißgeleitetes Bedürfnis nach Kunst die Menschheit getrieben hat und jetzt, wo die Welle der künstlerischen Bewegung so hoch geht, gerade wieder mit Macht hintreibt, hat wohl schon mancher die stille Sehnsucht mitempfunden, aus diesem fatalen Kunstgetriebe doch endlich einmal ganz herauszukommen.

Und mancher teilt vielleicht das Empfinden, daß wir besser dastehen würden, wenn für das, was unsere häusliche Umgebung ausmacht, das Wort Kunst und mit ihm das Wort Kunstgewerbe zunächst einmal gar nicht mehr genannt würde. Das Heil und die Hoffnung der Zukunft liegt darin, in der Begriffsverbindung Kunstgewerbe die »Kunst« zu überwinden und auf anständige gewerbliche Leistungen zu kommen. Wir wenden uns fortwährend an die höhere Instanz der Kunst und haben uns noch nicht mit den ersten Unterlagen der rein gewerblichen Seite der Sache auseinandergesetzt. Es handelt sich zunächst in den sogenannten kunstgewerblichen Fragen gar nicht um Kunst, sondern um die Erfüllung der auf diesen sich aufbauenden einfachsten Anstandspflichten. Würde aller unnötige Aufbausch, aller Ungeschmack, alle Unsolidität, die heute das Feld beherrschen und in der Ausstellung der heutigen Wohnung geradezu den Ton angeben, aus der Welt geschafft, so wären wir vielleicht auf einem vollkommen glücklichen Standpunkt, ohne die Kunst heranholen zu brauchen. Statt dessen machen wir in sogenannter »Kunst« und häufen damit nur Übel auf Übel.

Unsere heutige deutsche Gesellschaft wird beherrscht vom Parvenü und der Prätention und verbringt ihr Leben in einer Scheinkultur. Nachdem sich der Bürgerstand auf sicherem Fuße einigermaßen behaglich fühlt, hat er das lebhafte Bestreben, sein Ansehen zu bessern, und er glaubt, das vor allem durch Anheften von aristokratischen Flicken der Vergangenheit tun zu können. Daher unsere neueren zweifelhaften Errungenschaften an sogenannten Höflichkeitsformen (man denke nur an die allgemein in Aufnahme kommende »Gnädige Frau«, den Handkuß usw.); daher das ängstliche Bestreben jedes Einzelnen, dem anderen eine gute Meinung von sich beizubringen, ein Bestreben, auf das viele Unsitten, die üppigen Gastereien, die ganze sogenannte Repräsentation so vieler armer Teufel, die ganze Unnatürlichkeit unserer heutigen sogenannten Geselligkeit zurückzuführen ist; daher das Heraushängen von Titeln und äußerlichen Rangabzeichen und das allgemeine Drängen in höhere »Kreise«; daher die Unkultur in der heutigen Wohnung. Was will man von einer Gesellschaft mit so wenig eigenem Persönlichkeitsgefühl mehr verlangen als jenes oberflächliche Gepränge, jenen unechten Flitter und jene vergoldeten Hohlformen der heutigen Wohnung? Sie sonnt sich eben auch hier nur im unechten Widerschein einer Welt, die ihr nicht angehört. Was hat der Bürger mit den höfischen vergoldeten Rokokostühlen, was mit den Prachtplafonds zu tun, was mit den doppelarmigen Marmorpalasttreppen, die in seine räumlich bescheidene Mietwohnung führen? Alle diese Dinge sind nicht bürgerlich, sie sind einer aristokratischen Kultur entlehnt. Allerdings sind sie, das muß man zugestehen, meistens für die veränderte Verwendung passend zurechtgemacht. Sie sind jetzt sowohl im Material als in der Herstellung unecht, d. h. aus Surrogaten zusammengesetzt, während sie früher echt waren. Und so repräsentieren sie, ein merkwürdiger Hohn des Schicksals, gerade in ihrer Unechtheit treffend die Gesinnung, aus der sie angewandt werden. Nur, daß der harmlose Anwender dies nicht merkt. Die Unechtheit zu erkennen, fehlt dem Bürger der Sinn für bescheidenen Anstand, der Geschmack und das Verständnis für Wirklichkeit und Gediegenheit. Diese Surrogate liefert heute die Fabrik in billigster Maschinenarbeit. Sie sehen äußerlich gerade so aus wie die echten Sachen, warum sich also nicht ihrer bedienen?

Daß es vorzugsweise die Maschine war, die mit dem Gewerbe auch den Sinn für werkliche Gediegenheit tötete, ist ein bekannter Lehrsatz. Man muß sich jedoch hüten, darin ein notwendiges Übel der Maschinenarbeit zu erblicken, um daraus, wie das die englischen Sozialkunstgewerbler taten, eine Verurteilung der Maschine überhaupt abzuleiten. Die Maschine hat allerdings dadurch, daß sie zu falschen Dingen verwendet wurde, daß sie gewissermaßen die Grenzen ihres Gebietes überschritt, zunächst Unheil angerichtet: sie hat auf allen Gebieten den billigen Schund auf den Markt geworfen. Künstlerisch hat sie bisher fast lediglich Falsifikate erzeugt und dadurch gerade ihrerseits dazu beigetragen, die Begriffe so heillos zu verwirren. Es war so bequem, das, was früher in Holz geschnitzt wurde, nun in Steinpappe zu pressen, das, was früher der Goldschmied hämmerte, jetzt mit dem Stahlstempel zu stanzen. Und es geschah massenhaft. Das ganze Bürgertum wurde mit diesen billigen Surrogaten gesättigt. Unsere heutigen Wohnungen strotzen geradezu von ihnen. Ja, selbst Kreise, deren Tradition einen solchen Irrtum ausschließen sollte, leiden heute an der Trübung des Blicks; man sehe sich den billigen Maschinenplunder an Besatz und Spitze auf der Toilette selbst der aristokratischen Dame an! Überall ist der Sinn für Aufwand, Ornament und Entfaltung der so bequem entgegengebrachten Darbietung von billigen Surrogaten zum Opfer gefallen.

Wodurch unterscheidet sich das Maschinensurrogat von der Handarbeit? Dadurch, daß es eine Wiederholung ist, der der Geist fehlt. Ein Ornament, das von Menschenhand gefertigt ist, trägt die Spuren der Herstellung an sich, des künstlerischen Antriebes des Schaffenden, Freud und Leid seines Vollbringens, die Lust an der Arbeit. Die Maschinenarbeit gibt von diesem Leben nur die Totenmaske. Und nicht allein dies, sondern sie macht die frühere Einzelkunstleistung durch ihre Massenproduktion vulgär, indem sie gewissermaßen die Poesie auf die Drehorgel schraubt. Der heute vielfach sich zeigende Widerwille gegen Ornamente überhaupt schreibt sich vielleicht mit von dieser Überfütterung mit Maschinenornament her.

Offenbar ist die Maschine nicht dazu da, Kunst hervorzubringen. Diese ist ein Privileg der Menschenhand; nur mit unserer Hand vermögen wir Werke zu schaffen, die den intimeren Anteil der Mitmenschen fesseln. Die menschliche Hand kann sich dazu der Werkzeuge bedienen. In ihrem Gebrauch beruht die menschliche Geschicklichkeit, und die Existenz der Werkzeuge ist geradezu eine Vorbedingung für unsere Kultur. Die Maschine ist aber nur ein verbessertes Werkzeug. Sie als solches aus unserer menschlichen Produktion auszuschließen, wäre Wahnwitz. Aber ebensogroß ist der Irrtum, sie automatenmäßig Dinge herstellen lassen zu wollen, an denen wir eine persönliche seelische Freude haben wollen, wie wir sie bisher am Kunstwerk hatten.

Die Maschine ist aber nicht allein dazu mißbraucht worden, falsche Kunstwerke zu liefern. Sie führt eine Herstellungsweise ein, die auf Massenbetrieb loszielte und beschwor damit eine Reihe von weiteren Übeln, vor allem eine gegenseitige Unterbietung des Preises herauf. War dieses Prinzip einmal da, so wandelte es sich bald zu einem Kampf auf Leben und Tod um. Eine mächtige Betriebsanlage frißt in jedem Augenblick Zinsen, in dem sie nicht im Gange ist. Es muß also fabriziert werden, mag die Welt die Waren brauchen oder nicht. Der Käufer, der keinen eigentlichen Bedarf für sie hat, wird zum Kauf verlockt durch ihre beispiellose Billigkeit. Die Vorbedingung dazu ist nur zu oft schlechteste Qualität, und diese ist erfolgt durch den Druck auf den Arbeiter, immer rascher und rascher zu arbeiten. Der Käufer kauft in Unkenntnis des geringen Wertes, über den er durch eine gefällige Aufmachung hinweggetäuscht wird, ja, er glaubt, durch den billigen Preis noch einen wirtschaftlichen Vorteil erlangt zu haben. Die geringe Haltbarkeit macht diesen Wahn aber nicht nur bald zuschanden, sondern die rasch hervortretenden Mängel geben auch dann zu ständiger Unzufriedenheit Veranlassung, wenn das Ding noch nicht aus den Fugen gegangen ist. Es wird bald weggeworfen oder findet seinen natürlichen Untergang, und ein neues muß gekauft werden.

Was ist also die Folge dieser billigen Fabrikversorgung? Der Fabrikarbeiter wird im Preis gedrückt, damit die Fabrik die Konkurrenz mitmachen kann. Er verliert das Interesse an seiner Arbeit und wird innerlich geschädigt, weil er schlechte Arbeit liefern muß; ein ganzer Stand wird also dadurch demoralisiert, daß ihm das natürliche menschliche Bestreben, sich seiner tüchtigen Leistung zu erfreuen, unterbunden wird. Der Käufer aber wird zur Unwirtschaftlichkeit veranlaßt, indem er in kurzen Zeiträumen eine Folge von undauerhaften Sachen anschaffen muß, und auch ihn hält, wie den Arbeiter, die ärgerliche Qualität der Ware in fortgesetzter Unzufriedenheit. Das Nationalvermögen aber wird dadurch aufs tiefste geschädigt, daß fortlaufend Rohmaterial, das zum Teil aus dem Ausland bezogen werden muß, ungenügend ausgenutzt, also verschwendet wird.

Es ist also ersichtlich, welch tiefer Schaden heute an unserem Gewerbe frißt. Die neuen Bedingungen werden noch nicht verstanden, geschweige denn beherrscht. Die Maschine müßte wie jedes verbesserte Werkzeug ein Segen, statt ein Fluch für die Menschheit sein. Sie braucht weder notwendigerweise unkünstlerisch noch unsolide zu produzieren. Der menschliche Geist denke nur die Formen aus, die sie leisten kann, und diese werden, sobald sie logisch aus den Bedingungen der Maschine entwickelt sind, auch das sein, was wir getrost künstlerisch nennen können. Sie werden vollauf befriedigen, sobald sie eben nicht Falsifikate von Handarbeit, sondern typische Maschinenformen sind. Das Zweirad, die Arbeitsmaschine, die Eisenbrücke geben hier Fingerzeige. Das Ergebnis der Maschine kann nur die ungeschmückte Sachform sein in der besonderen Gestaltung, wie sie die Maschine am besten leistet. Der Mensch setzt diese Formen dann zur menschlichen Leistung zusammen. Er denkt dadurch in größerem Maßstab und schiebt sein Wirkungsgebiet in die Weite. An der Eisenbrücke interessieren nicht mehr die Winkeleisen und Nietknöpfe, wie es früher die Hammerschläge der Schmiedearbeit taten, sondern ihre kühne Spannung, die gleichsam eine Vorstellung von der erhöhten Kühnheit und Macht des menschlichen Geistes gibt.

Daß die Maschine aber, wie sie es bisher zum Teil tat, nicht notwendigerweise ungediegen arbeiten müsse, liegt eigentlich auf der Hand. Man mute ihr nur das zu, was sie leisten kann, man lasse sie nicht Arbeiten verrichten, die der menschlichen Hand vorbehalten bleiben müssen, man richte sie nicht zum Auswerfen von billigem Massenschund ab. Sie sei ein Werkzeug, nicht eine Erzeugerin.

Freilich wird es der Einsicht und sodann eines wachsamen Auges eines Publikums bedürfen, um den immer wieder auftretenden Neigungen der Fabrikanten, die Welt mit der Maschinenschundware zu beglücken, nicht Vorschub zu leisten. Früher hielten die Innungen das Niveau der Arbeiten hoch. Bei den heutigen veränderten Bedingungen muß das Publikum gegen den Fabrikanten auf seiner Hut sein. Dazu bedarf es einer gründlichen Volkserziehung im Sinne des Verständnisses für solide Arbeit, die heute noch nicht einmal begonnen hat. Die Forderung der Gediegenheit kommt im Gewerbe vor der Forderung der Kunst. Ja, wäre nur all das Hausgerät, das unsere Wohnungen füllt, lediglich gediegen und handwerklich gut gearbeitet, wären alle Falsifikate daran sorgfältig vermieden, so brauchten wir von Kunst gar nicht mehr zu reden, um auf erträgliche Zustände zu kommen; ein gewisser natürlicher Geschmack würde dafür hinreichen. Und bei Beschränkung auf einfache bürgerliche Motive bei Ausschaltung aller unechten Prätention würden selbst geschmacklich die primitivsten Anforderungen genügen. Weshalb sehen Bauernstuben alten Gepräges immer so anheimelnd aus? Weil sich in ihnen schlecht und recht eine unverfälschte Kultur verkörpert.

Die neue kunstgewerbliche Bewegung kann für die Welt nichts bedeuten, wenn sich nicht eine aufrichtigere echtere Gesinnung des Publikums mit ihr vereinigt. Wozu sie anderenfalls führt, das hat der Jugendstil gezeigt. Jeder verlange, ehe er künstlerischen Hausrat wünscht, zunächst anständigen und gediegenen Hausrat. Dadurch würde unser Gewerbe viel mehr gehoben als durch die so oft geforderten künstlerischen Beeinflussungen. Die Preise würden sich etwas erhöhen, aber die vermehrte Haltbarkeit würde dafür vollauf entschädigen, dazu die Freude bei der Benutzung wachsen. In der produzierenden Schicht würde wieder der Ehrgeiz und die Liebe zur Sache angespornt und dadurch ein ganzer Stand vor dem moralischen Untergang bewahrt werden. Gleichzeitig würden sich die Löhne verbessern lassen, denn Qualitätsware erreicht höheren Ertrag als Schundware. Dadurch endlich, daß das Rohmaterial in der rationellsten Weise ausgenützt würde, würden in unserer Volkswirtschaft Löcher verstopft werden, aus denen jährlich nutzlos Millionen herausfließen. Die Forderung der Zeit erheischt zunächst, daß das Volk wieder Verständnis für die Qualität erlangt. Hier müßte zunächst der Staat als Erzieher eintreten, indem er an alle Lieferungen, die an ihn gehen, die Forderung der äußersten Gediegenheit stellt. Ganz besonders wären die Staats- und öffentlichen Gebäude geeignet, an ihnen die denkbar größte Gediegenheit bei geschmacklich musterhafter Haltung zur Geltung zu bringen. Das Höchstmaß von Gediegenheit wäre grundsätzlich und ganz unabhängig vom Preis durchzuführen, denn der Staat hat hier vor allem die

Pflicht, vorbildlich zu wirken; auch würde er durch die Steigerung des Qualitätsbedürfnisses besser für die Hebung des Nationalwohlstandes sorgen als durch die versuchte Ersparnis von ein paar Tausend Mark. Dies um so mehr, als auf dem Gebiet der Qualitätsforderungen gerade Deutschland außerordentlich rückständig ist, sogar rückständiger, als sein heutiger Nationalwohlstand es erlaubt. In England weiß jeder Arbeiter, daß er besser dran tut, einen Stuhl für fünf Mark statt für drei Mark zu kaufen, und die wohlhabenderen Leute stehen auf dem Standpunkt, daß das Beste für sie gerade gut genug sei. Daher die Qualitätsleistungen des englischen Handwerks auf allen Gebieten. Und daher — eine Seite der Sache, auf die noch hingewiesen werden muß — der gute Ruf der englischen Waren über die ganze Welt. Auf den deutschen Waren dagegen lastet draußen der Makel des Minderwertigen, und es wird lange dauern, ehe wir dieses Vorurteil selbst mit steter Lieferung guter Waren beseitigen. Nach unseren Waren werden wir aber mehr oder weniger selbst eingeschätzt. Und so hat der Mangel an Qualitätsbestrebungen auch die nachteiligsten nationalen Folgen. Ist Gediegenheit und Anstand nun schon für unser Alltagsgerät zu fordern, so ist für das kunstgewerbliche Erzeugnis eine gewisse Echtheit des Wesens in Form, Gedanken, Material und Herstellung geradezu diejenige Vorbedingung, die unter allen Umständen erfüllt sein muß, ehe die weitere den Gegenstand ins künstlerische Gebiet hebende Forderung überhaupt genannt wird. Diese Forderung des Künstlerischen hat aber weder mit der Art der Ornamentierung noch mit dem Maß der Entfaltung, die an einem Ding geübt wird, etwas zu tun, sondern hier muß wieder ein Gesichtspunkt Platz greifen, der in den Leistungen des 19. Jahrhunderts nur allzusehr vernachlässigt, teilweise sogar ganz vergessen worden ist: die organische Zugehörigkeit des Einzelgegenstandes zu einem künstlerischen Ganzen; das Ganze kann im kunstgewerblichen Sinn aber nur der als Einheit gedachte Innenraum sein. Deshalb ist der eigentliche Kunstgewerbler der Innenkünstler. Eine Tapete mit einem noch so schönen Muster, ein noch so kunstvoller Schrank haben ein verschwindendes Geltungsbereich, wenn sie sich nicht dem Innenraum als von diesem bedingte Teile organisch eingliedern. Diese neue Auffassung ist eine Errungenschaft der neuen Kunstbewegung. Sie löst die hierin vorher übliche Auffassung ab, nach welcher das Zimmer nebst Inhalt ein Sammelsurium von allen möglich mehr oder weniger interessanten Einzelbestandteilen war, wie wir dies etwa noch in den Sälen der Kunstgewerbemuseen sehen. Das Zimmer der siebziger und achtziger Jahre war selbst ein kleines Kunstgewerbemuseum, nur angefüllt mit Falsifikaten statt mit echten Sachen. Und das trifft im allgemeinen auch noch von dem heutigen Durchschnittszimmer zu, auf das sich die neue Kunstbewegung noch nicht erstreckt hat.
Bedenkt man, daß wir nun schon beinah 10 Jahre eine neue Bewegung haben, so ist der geringe Einfluß, den diese bis jetzt auf das deutsche Zimmer und das deutsche Haus gehabt hat, in der Tat erstaunlich. Alle Welt schreit heute nach künstlerischer Kultur, die man sogar den Kindern zutragen will und lebt zu Hause in babylonischer Verwirrung. Das trifft selbst von vielen Wortführern zu, die ästhetische Vorträge halten und Bücher über Kunst schreiben und zu Hause

von künstlerischer Unkultur umgeben sind, ja, selbst von Architekten, die doch eigentlich die berufenen Vertreter des guten Geschmackes sein sollten. Es ist für den deutschen Kopf bezeichnend, daß er auch hier die Trennung zwischen Theorie und Praxis einführt. Man trennt Kunst vom Leben. Jene predigt man oder betreibt sie im Büro, dieses lebt man, wie es gerade kommt. Zur Entschuldigung werden gewöhnlich die wirtschaftlichen Verhältnisse angeführt. Aber wollte man sich nur entschließen, aus jener kostspieligen Scheinkultur, in der wir heute leben, einen Schritt herauszutreten, wollte man nur, anstatt für andere, für sich selbst leben und wohnen, so würde ohne Schwierigkeit sich die Möglichkeit ergeben, jene Trennung zwischen Kunst und Leben zu vermeiden, zumal Geschmack, wenn mit einiger Intelligenz geübt, kein Geld kostet. Bemerkt man solche Zustände noch am grünen Holz, was soll am dürren werden? Wie will man unter solchen Umständen eine Besserung im großen Publikum herbeiführen können?

Auf der anderen Seite sehen wir der neuen Bewegung von Kreisen ein Interesse entgegengebracht, das wiederum nur bedenklich erscheinen muß. Es sind die Kreise, die nach Sensationellem irgendwelcher Art und um jeden Preis ringen, vorwiegend, um sich im Glanze ihres Reichtums vor einem Heer von Bewunderern zu sonnen. Sie tragen dann vor allem dazu bei, daß die neue Kunst jenes haut goût und jene Entfaltungsfülle annimmt, die bisher oft so unangenehm an ihr auffielen. Nicht um solche Kundschaft kann es der neuen Kunst zu tun sein. Sie hat sich, wenn sie die Welt verbessern will, an breitere Kreise zu wenden. Ihr eigentliches Ziel kann nur die bürgerliche Schicht unserer Bevölkerung sein. Der Wind, der heute über unserer Kultur weht, ist bürgerlich. Wie wir heute alle arbeiten, wie sich — wie erwähnt — unsere Kleidung auf der ganzen Linie verbürgerlicht hat, wie sich unsere neueren tektonischen Bildungen, soweit sie nicht von Architekten gestaltet wurden, im Gleise völliger Einfachheit und Sachlichkeit bewegen, so wollen wir auch in bürgerlichen Zimmern leben, deren Wesen und Ziel die Einfachheit und Sachlichkeit ist. Dem guten Geschmack sind auch innerhalb dieser Sachlichkeitsformen keine Grenzen gesetzt, ja, er kann sich hier echter betätigen, als innerhalb der protzig schäbigen Anfüllung unserer heutigen Wohnung.

Man sagt freilich, daß die weiche flüssige Linie, in der sich bisher die kontinentale neue Kunst vorzugsweise betätigt hat, allein imstande sei, den feineren Abstufungen des modernen, stark differenzierten Gefühlslebens gerecht zu werden, die flüchtigen Stimmungen, die der moderne Mensch im Kunstwerk verkörpert sehen will, festzuhalten. Eine Gefühlskunst kann es aber unter den günstigsten Umständen nur dahin bringen, das Gefühlsleben des Augenblickes zu decken, und sie muß sich bewußt bleiben, daß sie sich damit auf dem schwankenden Boden sich stetig ändernder Werte bewegt. Die innerhalb der Pendelschwingungen der Gefühlswerte liegende Gravitationsachse, das in dem Wechsel allein Dauernde, mathematisch zu Fassende, ist für die tektonischen Künste in den eisernen Forderungen gegeben, welche Material, Zweckmäßigkeit und Konstruktion diktieren. Je vollkommener sie erfüllt werden, um so dauernder werden die gewonnenen Werte sein. Die erwähnte gefühlvolle Geschwungenheit aller Linien jedoch nimmt auf kein Material Rücksicht. Sie zwingt das Buchornament, den Messingleuchter und das Möbel in genau dieselben Krümmungen. Gerade in der Möbelkunst aber fordert sie damit unverantwortliche Opfer an Konstruktions- und Materialrücksichten. Die ausgeprägteste Eigenschaft des Holzes ist die Faserung in einer bestimmten Richtung. Ist nun auch unsere heutige Technik in der Lage, jede sich daraus ergebende Konstruktionsschwierigkeit zu überwinden, und versorgen uns auch überseeische Länder mit Holzarten, bei denen die Spaltbarkeit die denkbar geringste ist, so bewegt sich doch diese ganze Tischlerei in stark gekünstelten Verhältnissen. Dadurch wird sie aber, von allem anderen abgesehen, äußerst kostspielig, und zwar aus einem unsachlichen Grund kostspielig. Auch im allgemeinen genommen, scheint es mit dem Geist einer im ganzen sachlich und vernünftigen Zeit wie der unseren wenig vereinbar, ein Material im entgegengesetzten Sinne davon zu behandeln, wie es seine Natur erfordert. Die neue Bewegung würde an Überzeugungsfähigkeit und Volkstümlichkeit ungemein gewinnen, wenn in ihr mehr Natürlichkeit und gesunder Menschenverstand zur Geltung kämen. Ein kräftiger Schuß Realismus täte hier ungemein gut. Zugleich würde sich dann der wirtschaftliche Rahmen ihrer Erzeugnisse der größeren Verbreitung im Volke anpassen, wodurch man dem Ziel der Verallgemeinerung derselben sofort einen großen Schritt nähergerückt wäre. Was wir brauchen, sind nicht Gefühlsmöbel und eine Luxuskunst für die Reichen, sondern ein anständiges Hausgerät für den gemeinen Mann.

In dieser Beziehung verbleibt aber noch beinah alles zu tun. Das Erstrebenswerte ist zwar in Ausstellungen, durch Wettbewerbe und Zeitschriften unendlich oft gezeigt worden, allein in der deutschen Wohnung stehen unechte Entfaltungen, Afterkunst noch in voller Blüte, als ob noch nichts geschehen wäre. Das Hausgerät steht auf einer Stufe, die dem Ungeschmack der Zimmerausschmückung würdig ist. In dieser ist dem vergoldeten Rokokoausbau mit den schreckenerregenden Öfen jetzt der nicht minder vergoldete, ins Wahnwitzige gesteigerte Jugendstilausbau gefolgt. Das Publikum, selbst das sogenannte gebildete, ja, selbst die sogenannten Spitzen der Gesellschaft taumeln in solchen Schwindel hinein und hängen für ihr Leben darin fest. Ja, sie fühlen sich in dieser Umgebung, die sie für Kunst halten, wohl. Ein Teil der Schuld ist auf unsere Wohnungsverhältnisse zu schieben. Zum Unterschied von England, wo die um so viel ältere Kunstbewegung fast von Anfang an Gelegenheit hatte, im Haus ihren natürlichen Stützpunkt zu sehen und durch alle Schichten noch das Verlangen wach ist, im eigenen Hause zu wohnen, dauernd ansässig zu machen, hat der Deutsche kein eigentliches Haus. Er sucht in einer Unstetigkeit, die noch etwas vom Nomadenleben behalten zu haben scheint, im fabrikmäßig hergestellten Miethaus seine Unterkunft. Das geringe Interesse, das ihn so an die Räume fesselt, in die ihn der Zufall getrieben hat und die er wie ein Hotelzimmer leichten Herzens wechselt, ist ein tieffressender Krebsschaden unserer deutschen Kunstverhältnisse. Eine Änderung der Zustände kann nur in einem im wesentlichen noch zu schaffenden deutschen Haus ihren Anfang nehmen.

Stehen nun auch der Möglichkeit, im Einzelhaus zu wohnen für die allermeisten noch unüberwindliche wirtschaftliche Schwierigkeiten entgegen, die gerade in Deutschland um so größer sind, als man hier der Bodenspekulation unumschränkten Raum gewährt und dadurch ein Übel am Lebensmark des Volkes großgezogen hat, so ist doch andererseits für eine große Anzahl von Begüterten nicht zu begreifen, weshalb sie nicht ihr eigenes Haus bewohnen, sondern sich weiter in städtischen Etagen herumschieben lassen. Daß sie es nicht tun, zeigt einfach ihr mangelndes Heim- und Wohngefühl. Von dessen Vorhandensein aber allein kann die Zukunft einer künstlerischen Kultur abhängen. Auch die Kunst beginnt wie so vieles andere im Haus. Nur wer in seinen vier Wänden künstlerischen Interessen obliegt, wer hier in einem natürlichen Drang seine persönliche Umgebung selbst gestaltet, wird seinen Geschmack bilden und jenes Gefühl für Kunst aus seinen Räumen auf die Straße und in die weitere Umwelt mitnehmen, das unerläßlich ist, wenn die heutige Welt wieder zu einem breiteren Kunstverständnis gelangen soll.

Vor allem kann auch die jetzt ganz und gar unvolkstümliche Architektur nicht zur Volkstümlichkeit gelangen, es sei denn durch das Mittel der häuslichen Baukunst. Diese wird es zunächst gelten, neuzugestalten. Und auch hier wird die Umbildung nur vom Kleinen ins Große, vor allem von innen nach außen vor sich gehen können. Jeder Einzelne hat es in der Hand, das Zimmer, in dem er lebt, vernünftig und geschmackvoll zu gestalten. Ist der Sinn dafür in breiteren Schichten geweckt, so muß notwendigerweise ein echteres Volksempfinden in bezug auf die Erscheinung des Hauses eintreten; und ist dieses vorhanden, so hat der Einzelne wieder den Schlüssel für das Verständnis von Architekturfragen überhaupt in der Hand. Die Baukunst wird ihm vielleicht dann nicht mehr jene nichtssagende, ja abweisende Fachkunst sein, die sie bis jetzt für das große Publikum war, sie wird wieder in den Bereich seines Verständnisses und seines Interesses kommen.

Dieses Bild eines möglichen Ganges der Ereignisse läßt sich bereits durch ein Beispiel belegen: in England hat die Entwicklung diesen Weg eingeschlagen und bis jetzt wenigstens zu einer glänzend entfalteten Hausbaukunst geführt. Auch hier fing die kunstgewerbliche Bewegung unter William Morris zunächst im Inneren des Hauses ihr Umbildungswerk an. Es dauerte nicht lange, so folgte eine gänzliche Revolution in der häuslichen Baukunst. Auch hier lag die letztere in den Fesseln des abstrakten Formalismus; Gotiker und Klassizisten überboten sich gegenseitig in der unsachlichsten Architekturmacherei. Die einen führten in den zahlreichen Hausbauaufträgen, die ihnen vorlagen, ihre aus unechten Kirchenformen aufgebauten Kastellchen auf, die anderen setzten jene geputzten und ölfarbegestrichenen dachlosen Kästen in die Welt, die letzte Abwandlung des Palazzo-Strozzi-Ideals, von der wir auch in Deutschland Beispiele genug haben. Hier setzte nun die neue Architekturbewegung ein, deren Vater der Architekt Norman Shaw ist und die man gemeinhin mit dem Namen Queen-Anne-Richtung bezeichnet. Was diese Richtung wollte, und was man damals tat, hatte mit der Königin Anna sehr wenig zu tun. Es war nichts anderes als eine Beseitigung des architektonischen Formalismus zugunsten einer einfach natürlichen, vernünftigen Bauweise. Eine solche brauchte man gar nicht neu zu erfinden. Sie war vorhanden und jahrhundertelang geübt worden in der heimischen kleinbürgerlichen und ländlichen Architektur, in jenen Regionen der Bauausübung, in die der italienisch gebildete Architekt nicht hinabgereicht hatte, die in früheren Jahrhunderten, den örtlichen Traditionen folgend, der Landmaurermeister ausgeübt hatte. Hier fand man alles, was man wünschte und wonach man sich inmitten des Architekturaufwandes, den die Architekten veranstalteten, so sehr sehnte: Anpassung an die Bedürfnisse und die örtlichen Verhältnisse, Schlichtheit der Empfindung, äußerste Traulichkeit und Behaglichkeit der Raumbildung, Farbe, eine ungemein anziehende und malerische, dabei aber vernünftige Gesamtgestaltung, Sparsamkeit der Bauausführung. Die auf diesem Boden entwickelte neuenglische Hausbaukunst hat es heute zu kostbaren Leistungen gebracht. Aber sie hat noch mehr getan: sie hat das Interesse und das Verständnis für Hausarchitektur im ganzen Volke verbreitet, sie hat den einzig sicheren Untergrund für eine neue künstlerische Kultur überhaupt geschaffen: ein nationales Haus. Sie hat es unter anderem auch mit sich gebracht, daß die neue kunstgewerbliche Richtung in England ganz genau weiß, für wen sie arbeitet: für das englische Haus. Während unsere kontinentale neue Bewegung sich solange in Zeitschriften und auf Ausstellungen herumziehen lassen muß, bis wir Deutschen erst ein Haus haben werden.

Es liegt kein Grund vor, weshalb wir nicht dasselbe in unserem Sinne tun sollten, was man damals in England tat; in unserer bürgerlichen Baukunst zur Einfachheit und Natürlichkeit zurückkehren, wie sie in unseren alten ländlichen Bauten eingehalten worden ist, auf jedes Architekturgeklingel an und in unserem Haus verzichten, Gemütlichkeit der Raumbildung, Farbe, natürlichen Aufbau, sinngemäße Gesamtgestaltung einführen, statt uns weiter in die Fesseln formalistischer und akademischer Architekturmacherei zu begeben. Der Weg, den man in England zu diesem Ziel beschritt, nämlich die Wiederaufnahme örtlich bürgerlicher und ländlicher Baumotive, verspricht uns gerade in Deutschland die reichste Ernte, wo die ländliche Bauweise der Vergangenheit mit einer Poesie und einem Stimmungsreichtum umkleidet ist wie kaum einer der altenglischen Bauten. Halten wir uns aber an das Bodenwüchsige und folgt nun jeder von uns unbeeinflußt seinen persönlichen künstlerischen Neigungen, so haben wir bald nicht nur eine vernünftige, sondern auch eine nationale bürgerliche Baukunst. Die Nationalität in der Kunst braucht nicht künstlich gezüchtet zu werden. Man erziehe echte Menschen, und wir haben eine echte Kunst, die bei aufrichtiger Gesinnung jedes Einzelnen gar nicht anders als national sein kann. Denn jeder echte Mensch ist ein Bestandteil einer echten Nationalität.

Eine echte Kunst kann nur auf echter Empfindung beruhen. Und Kunst ist überhaupt nicht allein Sache des Könnens und der Betätigung ästhetischer Gefühle, sondern vor allem auch Sache des Charakters und der Gesinnung. Ganz besonders muß dies aber von der Architektur als der Kunst des täglichen Lebens behauptet werden, in der sich jedes Fallenlassen der sachlichen Ziele, jedes Unterschieben von hergeholten Gesichtspunkten aufs bitterste rächen muß, so bitter, wie wir es in der zur »Stilarchitektur« gewordenen Baukunst des letzten Jahrhunderts gesehen haben.

Es steht heute außer aller Frage, daß keiner der wiederaufgenommenen alten Architekturstile als Gegenwartsstil sich bewährt, daß sich keiner von ihnen als lebenskräftig erwiesen hat. Auch die gewaltsamen Versuche, mit äußerlichen Mitteln einen neuen Stil zu erfinden, haben zu nichts geführt, weil sie eben äußerlich blieben. Der ungeheure Aufwand an Ästhetik und Archäologie, den das Jahrhundert in die Schranken gefordert hat, die krampfhaften Anstrengungen ganzer Philosophenschulen, dem Kunstschaffen mit Gesetzen unter die Arme zu greifen, sie sind an dem immer mehr in Erkrankung geratenen Körper der Architektur abgeprallt, nicht ohne dessen Lebenskräfte wie falsche Medikamente nur noch mehr zu erschüttern.

Unterdessen wirkte aber das nie rastende Leben weiter und schuf sich, während sich die Mutter Architektur auf Abwegen befand, selbst Formen für das, was es an neuem hervorbrachte, die anspruchlosen Formen der reinen Sachlichkeit. Es schuf unsere Maschinen, Wagen, Geräte, eisernen Brücken und Glashallen, in dem es dabei ganz nüchtern vor sich ging, in dem es praktisch, man möchte sagen, rein wissenschaftlich verfuhr, verkörperte es nicht nur den herrschenden Geist der Zeit, sondern paßte sich auch den unter dem Einfluß desselben sich umbildenden ästhetisch-tektonischen Anschauungen an, die immer entschiedener statt der früheren schmückenden Kunst eine sinngemäße sachliche Kunst verlangten.

In einem Zusammenfassen aller dieser schwankenden Bewegungen der Gegenwart mit klarer Erkenntnis ihres gemeinschaftlichen Gravitationspunktes wird heute das Ziel unseres Kunststrebens gesucht werden müssen. Denn es gibt keine Spezialkünste, sondern nur eine große Allgemeinkunst. Aber es gehört zu deren Lebensmark, daß sie von einer einheitlichen Überzeugung getragen wird. Die Architektur wird als schwerfälligste der Künste naturgemäß erst zuletzt in die Lage kommen, die vollen Konsequenzen des neuen Geistes zu ziehen. Aber die neue Bewegung im Kunstgewerbe hat ihr nach Kräften vorgearbeitet. Trotz aller Irrungen und gelegentlicher Entgleisungen läßt sich von ihr doch sagen, daß sie in ihrem guten Kern sich den künstlerischen Zeitfragen sehr weit genähert hat, so daß sie bei weiterer Klärung ihrer Ziele vielleicht den Übergang zu einer zeitgemäßen Umgestaltung unseres tektonischen Schaffens bilden wird. Schon hat sich eine Gemeinde von Anhängern um die neuen Gedanken geschart. Die Führer der Bewegung haben bisher bereits eine Pionierarbeit verrichtet, die ihnen die Geschichte vielleicht als Großtat anrechnen wird. Der Weg zur Weiterentwicklung ist geebnet. Als Träger der neuen Ideen ist eine Geistesaristokratie im Entstehen begriffen, die diesmal aus den besten bürgerlichen, nicht aus geburtsaristokratischen Elementen besteht und schon dadurch das neue und erweiterte Ziel der Bewegung deutlich kennzeichnet: die Schaffung einer zeitgemäßen bürgerlichen Kunst. Eine starke, vor zehn Jahren nicht für möglich gehaltene künstlerische Strömung durchflutet die deutschen Herzen, und eine tiefe

Sehnsucht nach reineren Kunstzuständen bewegt ganz Deutschland. Jetzt gilt es für die Überzeugten, sicher und fest zu stehen und sich von den Launen der Mode nicht beirren zu lassen. Das Ziel bleibe Aufrichtigkeit, Sachlichkeit und eine Lauterkeit der künstlerischen Gesinnung, die alle Nebenrücksichten und Äußerlichkeiten fallen läßt, um sich ganz dem großen Zeitproblem zu widmen. Die Architektur wird sich entschließen müssen, in diesen Geist einzutreten, wenn sie sich die ihr gebührende Stellung im Konzert der Künste wieder erobern will. Sollten wir aus dem Irrgarten der Kunst der letzten hundert Jahre wieder zu Kunstzuständen gelangen, die auch nur eine entfernte Ähnlichkeit mit den großen Epochen der Kunstgeschichte aufweisen, so wird die Architektur wieder die Führerrolle in der Gemeinschaft der Künste übernehmen müssen. Von ihr aus werden die Strahlen eines neuen künstlerischen Lebens ausgehen müssen. Sie wird es sein, die den anderen Künsten das Rückgrat gibt und ihnen wieder die Größe und Straffheit einhaucht, die sie unter ihrer Führung in früheren Glanzzeiten hatten.

Dies führte der künstlerische Apostel Englands, Ruskin, an, indem er schon Ende der vierziger Jahre die Worte niederschrieb: »Ich bin der Überzeugung, daß die Architektur der Anfang aller Kunst sein muß und daß die anderen Künste ihr folgen müssen nach Zeit und Ordnung. Und ich glaube, daß das Gedeihen unserer Maler- und Bildhauerschulen in erster Linie von dem Gedeihen unserer Architektur abhängig ist. Alle Künste müssen solange im Schwächezustand verharren, bis diese bereit sein wird, die Führung wieder zu übernehmen.«

Wann wird unsere Architektur hierzu bereit sein?

Nicht eher jedenfalls, als bis sie sich aus den Fesseln des Stilgesichtspunktes, in denen sie während eines Jahrhunderts festgebannt lag, zu neuer goldener Freiheit emporgerungen hat, nicht eher, als bis sie aus einer schemenhaften Stilarchitektur wieder zu einer lebendigen Baukunst geworden ist.

Die Bedeutung des Kunstgewerbes*

Dieser Vortrag von Hermann Muthesius gab Anlaß zu dem Protest des Berufsverbandes gegen Muthesius und dadurch zur Gründung des Deutschen Werkbundes im Oktober des gleichen Jahres.

Worin liegt die Bedeutung des modernen Kunstgewerbes? Wie ist es möglich geworden, daß ein so kleines Spezialgebiet, von dem das größere Publikum bis vor kurzer Zeit noch nichts wußte, heute bereits zu einem akademischen Lehrgebiet werden kann? Die Wichtigkeit und Tragweite des Gegenstandes auseinanderzusetzen, soll das Ziel meiner Vorlesungen in diesem Semester sein. An der Hand der Entstehung und der inneren Entwicklung des kunstgewerblichen Gedankens wird sich die Bedeutung, die dem Kunstgewerbe heute schon zukommt und die ihm in der Zukunft wahrscheinlich in vermehrtem Maße zugesprochen werden wird, logisch entwickeln lassen. Indessen ist es doch vielleicht von Wichtigkeit, in dieser meiner einleitenden Vorlesung das Gebiet, wie es heute vor uns liegt, gleichsam mit dem Scheinwerfer anzuleuchten, um die markantesten Punkte von vornherein zu erkennen und in ihrer Bedeutung zu verstehen. Die Einzeldeduktion wird dann um so sicherere Zielpunkte haben und das Schlußergebnis sich mit größerer Klarheit aufbauen.

Die Bedeutung des modernen Kunstgewerbes ist gleichzeitig eine künstlerische, eine kulturelle und eine wirtschaftliche. Ich nenne die künstlerische zuerst, weil sie gewissermaßen selbstverständlich ist und weil sich die ganze kunstgewerbliche Bewegung fast bis in die neueste Zeit herein in ihr erschöpfte. Die kulturelle Bedeutung des Kunstgewerbes ist noch nicht so deutlich sichtbar. Die hier tätigen Kräfte fangen eben erst an zu wirken. Und was die wirtschaftliche Bedeutung anbelangt, so liegt diese fast ausschließlich in der Zukunft. Es lassen sich aber vielleicht Hoffnungen aussprechen, die auf Parallelen in der Geschichte fußen.

Die künstlerische Bedeutung des Kunstgewerbes ist in Deutschland aller Welt klargeworden durch eine Dokumentation ersten Ranges, die sich in diesem Sommer abgespielt hat. Soeben haben sich die Pforten der III. Deutschen Kunstgewerbe-Ausstellung in Dresden geschlossen, die aller Welt bekanntgemacht hat, auf welchem Standpunkt das deutsche Kunstgewerbe heute steht. Es ist daher vielleicht angezeigt, diesen Standpunkt in ein paar kurzen Worten zu skizzieren.

---

* Eröffnungsrede von Hermann Muthesius zu den Vorlesungen über modernes Kunstgewerbe an der Handelshochschule in Berlin, Frühjahr 1907. Der Text ist vollständig bis auf die ersten beiden Absätze.

Das, was jedem Betrachter in Dresden zuerst auffallen mußte, war, daß alles, was ausgestellt wurde, von der kleinen Kunststickerei bis zum ausgestatteten Zimmer, eine eigene künstlerische Sprache redete. Diese Sprache hat mit der des alten Kunstgewerbes, wie wir es in den achtziger und neunziger Jahren blühen sahen, nichts mehr gemein. Eine grundsätzliche Änderung des Zieles ist eingetreten. Die Verwendung der Äußerlichkeiten der alten Kunststile ist von der Tagesordnung abgesetzt, man bestrebt sich, eine neue, eigene, selbständige, künstlerische Sprache zu reden. Das ist das Auffallendste an den Erzeugnissen des modernen Kunstgewerbes. Und in diesem Schritt, die ausgetretenen Geleise der letzten Jahrzehnte zu verlassen, die sich in Filtration und Wiederfiltration der historischen Kunst ergingen, ist gewiß eine Großtat des modernen Kunstgewerbes zu erblicken. Nur eine jugendlich bewegte, enthusiastische Zeit konnte diesen Schritt tun. Tatsache ist, daß ein derartiger Neuausgang auf stilistischem Gebiet seit Jahrhunderten nicht genommen worden ist. Als die Renaissance mit den Prinzipien der Gotik brach, herrschte zwar ein ähnliches enthusiastisches Streben nach Neuem, wie wir es heute in der modernen kunstgewerblichen Bewegung beobachten, allein damals hatte man lediglich das Ziel, sich die Formen der eben neuentdeckten Antike anzueignen. Man blickte damals nicht vorwärts, sondern rückwärts. Nun ist zwar auf der Grundlage der antiken Formen, im Zeitalter der Renaissance beginnend, viel Neues entwickelt worden. Verschiedene sich abwechselnde Richtungen haben auf Seitenwegen oder durch Einschlag von anderen Elementen, wie arabischen (Ornamentik der deutschen Renaissance), chinesischen (Rokokokunst) usw. eine zeitlich so festumgrenzte Formensprache erzeugt, daß wir sie heute fast auf bestimmte Jahrzehnte der Kunstgeschichte datieren können. Aber immerhin handelte es sich nur um Modifikationen eines ein für allemal durch die Antike gegebenen Themas. Die selbständigste dieser Modifikationen war die Rokokokunst, ein plötzliches Aufflackern eigenwilliger Gestaltungsziele, das sich noch am ersten mit den revolutionären, alles Bisherige verlassenden Tendenzen des modernen Kunstgewerbes vergleichen läßt. Im modernen Kunstgewerbe jedoch handelt es sich nicht um Einschläge von Motiven vergangener oder anderswo gewachsener Kunstrichtungen, vielmehr ist die grundsätzlich selbständige Gestaltung das Leitmotiv.

Welche Ansicht man nun auch über das Endergebnis dieses Strebens der Vermeidung aller historischen Anklänge haben mag, so steht doch heute schon eins fest: es ist gelungen, auf der Grundlage einer absolut selbständigen Gestaltung Werke von überzeugender künstlerischer Wirkung zu schaffen. Freund und Feind muß dies anerkennen. Und auch von den Feinden der Bewegung hat niemand zu leugnen gewagt, daß hier eine nationale Großtat von nicht zu unterschätzender Bedeutung vorliege.

So sehr aber auch diese Außenseite der Sache in die Augen fällt, so liegen doch die eigentlichen Triebkräfte der modernen kunstgewerblichen Bewegung nicht ausschließlich oder auch nur vorwiegend in der Gestaltung in neuen, von der historischen Kunst nicht gekannten Formen. Sie sind vielmehr in einer völligen Sinnesänderung zu erblicken, die gegenüber dem kunstgewerblichen Bilden der achtziger und neunziger Jahre eingetreten ist. Damals gestaltete man in Verliebtheit in die alte Kunst. Diese Verliebtheit war gerade so weit entwickelt, um den innigen Wunsch hervorzurufen, ebensolche Werke, wie die alte Kunst sie darbot, zu schaffen. Dieses »ebensolche« bezog sich aber auf die äußere Erscheinungsform der alten Kunstwerke. Und man vergaß dabei, daß diese Erscheinungsform nur ein Ausdruck der in jenen Zeiten tätig gewesenen inneren Einflüsse sein konnte. Man vergaß, daß diese alten Gegenstände eben gerade deshalb so vollendet waren, weil sie eine markante Form der damaligen Bedingungen in geistiger, materieller und sozialer Beziehung war. Man kam nicht auf den Gedanken, daß die geistigen, materiellen und sozialen Bedingungen unserer Zeit total andere geworden waren und daß man daher, indem man die äußere Erscheinungsform alter Handwerkserzeugnisse imitierte, eigentlich Falsifikate in die Welt setzte. In der Tat beweist der rasche Wechsel der Stilmoden der zweiten Hälfte des 19. Jahrhunderts, in welcher geringen Beziehung die äußere Form der neugeschaffenen Erzeugnisse zu dem Zeitgeist stand. Man könnte das Kleid dieser Stilerzeugnisse mit Maskeradenkostümen vergleichen, die man nur einen Abend trägt und nach Belieben wechselt.

Das Bestreben, von diesen Maskeradenscherzen loszukommen und sich rein auf die Bedingungen unserer Zeit zu stellen, ist die wichtigste Triebkraft der neuen Bewegung im Kunstgewerbe. Die Bedingungen der Zeit sind zunächst am deutlichsten vorgezeichnet in der notwendig zu verlangenden Gebrauchsfähigkeit. Die Gebrauchsanforderung an alte Möbel und Geräte war vielfach abweichend von den modernen Gebrauchsanforderungen. Die Gestalt der Sitzmöbel hängt mit den häuslichen und gesellschaftlichen Gebräuchen sowie mit der Kleidermode zusammen. Die Sitte des Essens hat sich gegen frühere Jahrhunderte ungemein verändert; unser Reinlichkeitsbedürfnis ist enorm gesteigert und hat neue Vorrichtungen geschaffen; unser sanitäres Empfinden ist, man kann kaum sagen gesteigert, sondern geradezu neu entstanden. Die Form des Wohnens ist dadurch eine andere geworden. Zu dem früheren Bestand an Geräten ist eine ganze Anzahl neuer hinzugekommen, andere sind in neuer Grundform in weitem Umfang verändert worden, eine gute Anzahl alter Geräte sind dafür außer Gebrauch gekommen. Die Umbildung unserer Lebensgewohnheiten ist noch in fortwährendem Wechsel begriffen.

Will man also den Bedingungen der Zeit gerecht werden, so ist es zunächst nötig, den Einzelbedingungen jedes Gegenstandes gerecht zu werden. Und so bildete es von vornherein den Hauptinhalt des modernen Kunstgewerbes, sich den Zweck eines jeden Gegenstandes zunächst einmal recht deutlich klarzumachen und die Form logisch aus dem Zweck zu entwickeln. Sobald aber der Sinn nur einmal von der äußerlichen Nachahmung der alten Kunst abgelenkt war, sobald die Realität erfaßt war, gesellten sich sogleich noch andere notwendige Forderungen hinzu. Jedes Material stellt für die Bearbeitung seine besonderen Bedingungen. Stein erfordert andere Dimensionen und andere Formen als Holz, Holz wieder andere als Metall und von den Metallen Schmiedeeisen andere als Silber. Zu der Gestaltung nach dem Zweck kam also die Gestaltung nach dem Charakter

des Materials, und mit der Rücksicht auf das Material war gleichzeitig die Rücksicht auf die dem Material entsprechende Konstruktion gegeben. Zweck, Material und Fügung geben dem modernen Kunstgewerbler die einzigen Direktiven, die er befolgt.
Das Ergebnis ist freilich nicht immer ein solches, daß die Form des neu zu bildenden Gegenstandes durch die Rücksicht auf diese drei Gestaltungsgrundsätze restlos bestimmt wäre. Denn es tritt zwischen den Verstand und die Hand des Bildners das menschliche Gefühl. Und es tritt ganz besonders dazwischen bei Werken, die gefällig wirken sollen. Vielleicht kann der Ingenieur das Gefühl ausschalten, obgleich auch hieran zu zweifeln ist. Jedenfalls wäre es völlig absurd, von einem künstlerischen Gestalter zu verlangen, daß er das Gefühl und in seinem Gefolge die Phantasie unterdrückte, um in mathematisch-logischer Folge Formen zu entwickeln. Der Gefühlseinschlag ist auch beim modernen Kunstgewerbe vorhanden, und zwar in hohem Maße, vielleicht sogar in höherem Maße, als es beim alten Kunstgewerbe der Fall war. Aber es ist doch ein Unterschied, ob der Gefühlseinschlag sich von dem Bestreben leiten läßt, das äußere Aussehen alter Kunstwerke zu erreichen, oder ob er unabhängig von historischen Reminiszenzen auftritt. Jedenfalls ist in der Befolgung der eisernen Grundsätze der Gestaltung nach dem Zweck, dem Material und der Konstruktion ein Bollwerk gegeben, das davor behütet, in historische Sentimentalität und damit in Unsachlichkeit zu verfallen. Die Bildung nach historischen Reminiszenzen brachte beinahe mit Notwendigkeit eine Verletzung dieser drei Grundsätze mit sich. Das beweist das Kunstgewerbe des Zeitalters der Stilimitationen, das heißt also hauptsächlich der zweiten Hälfte des 19. Jahrhunderts. Diese Zeit ist mit ihren rasch wechselnden Stilmoden gleichzeitig die Zeit der schlimmsten Verirrungen in sinnwidrigem Aufputz und in Materialvortäuschungen aller Art. Surrogate und Imitationen feierten ihre Triumphe. Holz wurde in gepreßter Steinpappe imitiert, Stein in Stuck, wenn nicht in Zinkblechen, Bronze in Zinnguß. Man hatte alles Gefühl für die einfachsten Regeln des Anstandes in dieser Beziehung verloren. Und weshalb? Vorwiegend deshalb, weil man in die äußere Form vernarrt war und sie infolge jener historischen Sentimentalität über alles liebte. Über die Auffassung jener Jahrzehnte sind heute zwar die Anhänger des modernen Kunstgewerbes hinweg, nicht aber die Allgemeinheit. Publikum und niederes Gewerbe sind noch durchaus in ihr befangen. Das beweist z. B. deutlich der deutsche Stubenmaler, der es als höchsten Gipfel seiner Kunst betrachtet, Pappe oder Mauerputz wie Nußbaumholz anzustreichen oder eine Zinkbadewanne mit Malerei zu überziehen, die täuschend Marmor imitiert.
Die Perhorreszierung dieser Imitationen und Surrogate wurde das Leitmotiv des neuen Kunstgewerbes. Keine Imitation irgendwelcher Art, jeder Gegenstand wirke als das, was er ist, jedes Material trete in seinem eigenen Charakter in die Erscheinung. So arbeitete sich einer der bedeutungsvollsten Grundsätze der gewerblichen Gestaltung heraus: der der inneren Wahrhaftigkeit. Und in seinem Gefolge marschierte sogleich der von ihm abhängige Grundsatz der werklichen Gediegenheit. Denn die Gediegenheit ist nichts anderes als die äußere Kund-

gebung der inneren Wahrhaftigkeit. An der Hand der einfachen Logik ist auf diese Weise ein Prinzip wieder zur Geltung gebracht worden, das im Getriebe der industriellen Produktion des 19. Jahrhunderts fast verlorengegangen war. Allerdings sprachen bei diesem Verlorengehen noch andere, nämlich wirtschaftliche und soziale Umstände mit. Immerhin aber gebührt der mächtig sich entfaltenden kunstgewerblichen Bewegung das Verdienst, die Gediegenheit der gewerblichen Erzeugnisse als allererste Anforderung in den Vordergrund gerückt zu haben. Und auf diesem Gebiete liegt vielleicht ihr fruchtbarster Beruf und ist vielleicht ihre weitreichendste Bedeutung zu erwarten.

Aber hier ist auch der Kampf mit den bestehenden Zuständen der härteste. Denn sobald man irgendwo, sei es auch nur auf gewerblichem Gebiete, die Grundsätze der Wahrhaftigkeit und Gediegenheit aufstellt, wird die ganze Lebensauffassung der Generation berührt. Nur der stellt Gediegenheitsansprüche, dessen Charaktereigenschaften dahin entwickelt sind. Die gewerbliche Produktion des 19. Jahrhunderts ist gerade deshalb von der Gediegenheit abgetrieben worden, weil die konsumierenden Kreise ihrerseits nichts auf Gediegenheit gaben. Im Kampf der Gesellschaftsklassen um die Vorherrschaft entstand die gesellschaftliche Prätension. Der zur Bedeutung gelangende Bürgerstand empfand ein Prunkbedürfnis, das er nur mit äußerlichen, wenig kostspieligen Mitteln befriedigen konnte, das er aber für nötig hielt, um mit den von früher her bevorzugten Ständen zu konkurrieren, wenn nicht sie zu überbieten. Das war für den Bürger ein ganz neuer Zustand. Die Prätension, die Sucht mehr zu scheinen, als man ist, ist in den bürgerlichen Kreisen des 19. Jahrhunderts geradezu zur Gewohnheit geworden; wir leben so in ihr, daß wir gar nicht mehr empfinden, wie sehr sie vorhanden ist. Aber wir können sie uns deutlich vergegenwärtigen, wenn wir das Zimmer eines heutigen besser situierten Bürgers mit dem eines solchen des 18. Jahrhunderts vergleichen, etwa das Zimmer eines modernen Berliners mit dem eines solchen zur Zeit Chodowieckis, oder die Inneneinrichtung einer in der »Woche« abgebildeten Bühnengröße mit den Zimmern im Goethehaus in Weimar. Es ist nicht nötig, die Details auszumalen, jeder kann sie sich selbst ins Gedächtnis rufen. Hier Protzerei, dort äußerste Anspruchslosigkeit und Bescheidenheit, hier ein unechtem Prunk, mit Surrogaten vollgepfropftes Zimmer, dort äußerste anständigste Zurückhaltung, hier eine imitierte, eine Talmi-Aristokratenkunst, dort die unverschleierte bürgerliche Gesinnung.

Leider beherrscht diese auf gesellschaftlicher Prätension beruhende Ausstattung der Wohnräume des Hauses unsere ganze deutsche Gegenwart, und eine mit Imitationen und Surrogaten arbeitende Kunstindustrie liefert das Material dazu. Und hier ist der Punkt, gegen den das moderne Kunstgewerbe ankämpft und ankämpft bis aufs Messer. Hier sind noch Berge zu stürmen und Festungsmauern einzureißen. Wird das Ziel erreicht werden? Diese Frage zu beantworten ist heute schwer. Aber eins ist klar: das Kunstgewerbe hat hier eine erzieherische Aufgabe von eminenter Bedeutung vor sich. Und es überschreitet hier bereits die Grenzen, die ihm nach populärer Auffassung zugeschrieben werden, es wird mehr als Kunstgewerbe, es wird ein kulturelles Erziehungsmittel. Das Kunstgewerbe hat das Ziel, die heutigen Gesellschaftsklassen zur Gediegenheit, Wahrhaftigkeit und bürgerlichen Einfachheit zurückzuziehen. Gelingt ihm das, so wird es aufs tiefste in unser Kulturleben eingreifen und die weitesten Folgen ziehen. Es wird nicht nur die deutsche Wohnung und das deutsche Haus verändern, sondern es wird direkt auf den Charakter der Generation einwirken, denn auch die Erziehung zur anständigen Gestaltung der Räume, in denen wir wohnen, kann im Grunde nur eine Charaktererziehung sein, die die prätentiösen und parvenühaften Neigungen, die zu der heutigen Zimmerausstattung geführt haben, unterdrückt.

So führt die Verfolgung der eigentlichen Grundsätze, auf denen die neue kunstgewerbliche Bewegung aufgebaut ist, von selbst zu einer Erweiterung, zur kulturellen Bedeutung des Kunstgewerbes. Aber auch auf dem eigentlich künstlerischen Gebiete sehen wir bereits, wie die anfänglich schmal gesteckten Grenzen des Kunstgewerbes an sich überschritten werden. Von der eigentlichen kunstgewerblichen Idee, der geschmackvollen Gestaltung der Handwerkserzeugnisse ausgehend, ist das Kunstgewerbe bereits zur Umgestalterin unserer Wohnung geworden. Es ist im Begriff, eine neue Wohnungskultur heraufzuführen. In dieser Richtung liegt heute das eigentliche Ziel seines Wirkens. Von der Gestaltung des Innenraums aus bis zur Gestaltung des Wohnhauses, in welchem der Innenraum auftritt, ist aber nur ein Schritt. Und tatsächlich läßt sich heute schon beobachten, wie der Hausbau, zunächst der Bau des kleineres Landhauses, von dem vom Kunstgewerbe ausgehenden Gedanken beeinflußt wird. Die eben angetretene neue Bewegung im Hausbau kann im ganzen dahin definiert werden, daß an die Stelle der aufgeputzten, mit allerhand historischem Formenkram überladenen Villa ein einfaches Haus tritt, das sich an die ländlichen Baumotive anschließt und nach logisch sachlichen Grundsätzen aufgebaut ist. Dieser Wechsel in der baulichen Gesinnung ist aber derselbe Wechsel, der aus dem alten, mit historischen Formen arbeitenden Kunstgewerbe zum neuen auf sachliche Grundlage gestellten Kunstgewerbe geführt hat. Die wenn auch unbewußte Beeinflussung vom Kunstgewerbe aus ist augenscheinlich. Und die einfachen Gedankengänge des Kunstgewerbes sind im Begriff, sich noch weiter in die Architektur hinein zu erstrecken. Die veränderte Strömung im Landhausbau ist nur der Anfang gewisser vereinfachender Tendenzen in der Architektur überhaupt. Bei der enormen Wichtigkeit, die der Architektur im Kulturbilde einer Zeit zukommt, kann man sagen, daß erst dann, wenn die Grundsätze des Kunstgewerbes auf das ganze große Gebiet der privaten und öffentlichen Baukunst ausgedehnt sind, die wahre Mission des Kunstgewerbes erfüllt sein wird.

Daß die mit so großer Energie einsetzende kunstgewerbliche Bewegung auch auf den Gebieten der Malerei und Skulptur Parallelen findet, sei hier nur angedeutet. In der Malerei ist das neuerdings wieder auftauchende Bestreben zu nennen, im Sinne des alten strengen Wandgemäldes zu komponieren. Wir treffen hier auf einen stark ausgesprochenen Zug unserer Zeit, der in gleicher Weise in der Plakatkunst, in den graphischen Künsten, in der Illustration wie in einem Teile der Malerei zu bemerken ist. Und in der Skulptur läßt sich erfreulicherweise in neuerer Zeit ebenfalls ein Zug zum straffen Stilisieren, zum Lapidaren beobachten, der die bisherige Genrerichtung und Theaterpose verläßt. Das erfreulichste Zeugnis dafür ist vielleicht das neue Bismarckdenkmal in Hamburg.

Zieht so die neue Bewegung, die sich zuerst als rein kunstgewerbliche Bewegung zu erkennen gab, bereits in allen Künsten ihre Kreise, so daß man heute schon sagen kann, daß sie zu einer allgemeinen Kunstbewegung geworden ist, so ist auf der anderen Seite doch nicht zu verkennen, daß die Bewegung bisher eine fast ausschließlich intellektuelle war und daß sie sich im besonderen im Wirtschaftsleben unserer Zeit noch nicht wesentlich bemerkbar macht. Die Bewegung ist von intellektuellen Kreisen ausgegangen und bisher von ihnen getragen worden, und ihre Fortpflanzung hat von Intellekt zu Intellekt stattgefunden. Auf einem Gebiet, das nicht nur künstlerisch, sondern auch gewerblich ist, wird es aber vor allem darauf ankommen, daß die neue Bewegung auch die gehörigen wirtschaftlichen Geleise findet. Hier beginnen die Schwierigkeiten. Sie haben sich scheinbar gerade neuerdings vermehrt, wo die materiellen Vertreter des Kunstgewerbes, d. h. die Fabrikanten und Händler, laute Protestkundgebungen gegen die neue Bewegung und ihre Träger, gegen die Dresdener Kunstgewerbeausstellung und gegen die Kunstgewerbeschulen von sich gegeben haben. Bekanntlich ist eine Demonstration mit Hunderten von Unterschriften an die verbündeten Regierungen eingereicht worden. Man könnte nun annehmen, daß hierin eine ernstliche Bedrohung des kunstgewerblichen Gedankens zu erblicken sei, daß gewissermaßen ein Gegner entstanden sei, der mit seiner wirtschaftlichen Macht die künstlerischen Anläufe im Gewerbe zerstören und vernichten könnte. Solche Befürchtungen müssen indessen wesentlich zusammenschrumpfen, wenn man bedenkt, daß die kunstgewerbliche Bewegung eine aus dem Geistesleben der Zeit entstandene, aus einer inneren Notwendigkeit hervorgegangene Bewegung ist, während die Proteste der Gegner aus rein pekuniären Beweggründen entstanden sind. In diesen Protesten ist nichts weiter zu erblicken als die Äußerung des Unbehagens darüber, daß neue Ideen, die von Jahr zu Jahr mehr Macht im Geistesleben des Volkes gewonnen haben, den bisherigen Geschäftsbetrieb der kunstgewerblichen Produktion aufgerüttelt, man könnte sagen angerempelt haben. Die Antwort darauf sind die Proteste. Im Grunde sind sie nur ein erfreuliches Zeichen, daß die Bewegung, die sich bisher auf einen kleinen Kreis von Intellektuellen beschränkte, jetzt immer mächtiger an die Pforten der kunstindustriellen Fabrikation schlägt und ihren Unterbau da, wo er morsch ist, gefährdet. Die Protestler sind jene Elemente, die sich in dem alten Betrieb wohl fühlen, nach welchem der Fabrikant angeblich sich nach dem Geschmack des großen Publikums richtete und das große Publikum die albernen Stilmoden willig hinnahm, mit denen der Fabrikant seine Abnehmer unterhielt. Plötzlich fängt dies Abnehmerpublikum an, selbständig zu denken; es ist angeregt und aufgerüttelt durch die Erzeugnisse der Künstler, es hat Ausstellungen gesehen und wundervolle, harmonische Innenräume erblickt, die von Künstlern herrühren. Und es zweifelt nun an dem Rat, den ihm bisher der Fabrikant und Händler

gab. Es ist nur natürlich und menschlich verständlich, daß der Fabrikant und der Händler zunächst diese Unbequemlichkeit bekämpfen werden. Aber, daß solche Proteste und Angriffe einer großen geistigen Zeitströmung gegenüber verhallen müssen, ist ebenso klar.
Und im übrigen kann man heute schon darauf hinweisen, daß es keineswegs geschäftlich aussichtslos ist, sich in den Dienst der modernen Bewegung zu stellen. Eine Anzahl von kunstgewerblichen Produzenten, die logisch und konsequent diesen Weg verfolgt haben, ist zu glänzender wirtschaftlicher Entwicklung gelangt. Es sei hier nur an die »Dresdner Werkstätten für Handwerkskunst« erinnert, die aus kleinsten Anfängen sich im Verlauf von acht Jahren zu einem Betrieb entwickelt haben, der Hunderte von Tischlern beschäftigt und Millionen umsetzt. Allerdings gehört eins dazu: daß der Produzent nicht nur mit seiner Berechnung, sondern auch mit seinem Herzen bei der neuen Bewegung ist. Dann wird aber der Erfolg nicht ausbleiben. Ja man kann sagen, daß den Fabrikanten, die nicht Proteste gegen die neue Bewegung unterschreiben, sondern sich ihr als Anhänger anschließen, die Zukunft gehören wird. Denn sie gehen mit der geistigen Bewegung der Zeit, während die anderen den fruchtlosen Versuch machen, sich gegen sie anzustemmen.
Jedenfalls ist die Lösung der wirtschaftlichen Seite des neuen Kunstgewerbes die dringendste Frage der Zeit. Sie ist nicht einfach damit erledigt, daß die kunstgewerbliche und kunstindustrielle Produktion nun statt der Sachen in historischen Stilen solche im sogenannten neuen Stil macht. Diesen Versuch hat sie bereits unternommen, indem sie als neuesten ihrer Stile den Jugend- und Sezessionsstil ausgab. Und sie hat diesen Stil bereits wieder gegen Empire- und Biedermeierstil umgewechselt. Die im neuen Kunstgewerbe liegenden Gedanken sind aber zu ernst, um sich in dieses leichtfertige Spiel mit Stilmoden einreihen zu lassen. Es kommt in der kunstgewerblichen Bewegung gar nicht auf den sogenannten modernen Stil an. Einen solchen zu proklamieren, war überhaupt eine leichtfertige Übereilung. Ein Stil entsteht nicht von heute auf morgen und kann nicht erfunden werden, sondern er ist das Ergebnis einer ernst strebenden Zeitepoche, die sichtbare Äußerung der inneren geistigen Triebkräfte der Zeit. Sind diese Triebkräfte echt, so wird ein echter, d. h. ein originaler, nachhaltiger Stil entstehen, sind sie leichtfertig und oberflächlich, so wird etwas Ähnliches entstehen wie die wechselnden Stilimitationen der letzten fünfzig Jahre. Welcher Stil aus den jetzigen ernsten Bestrebungen des modernen Kunstgewerbes herauskommen wird, ist heute nicht abzusehen. Er kann nur vorausgeahnt werden. Es ist nicht unsere Aufgabe, den Stil gewaltsam aus unserer Zeit herauszupressen, sondern es liegt uns lediglich daran, mit voller Hingabe und Aufrichtigkeit so zu gestalten, wie wir es vor unserem besten Wissen und Gewissen verantworten können. Der Stil ist nicht etwas, was man vorwegnehmen kann, sondern er ist die große Zusammenfassung des aufrichtigen Strebens einer Zeitepoche. Es wird die Aufgabe der Nachwelt sein, herauszufinden, welchen Stil unsere Zeit hatte, d. h., welche gemeinsamen Merkmale in den vollwichtigsten und ernstesten Bestrebungen der Besten unserer Zeit zu entdecken sind.

Von diesem Streben sind unsere heutigen Führer in der kunstgewerblichen Bewegung beseelt, und es ist daher zu erwarten, daß sie, ohne daß sie es wollen, den Stil unserer Zeit entwickeln, einfach, indem sie ernst vorwärtsstreben und ihrem inneren Drange folgen. Das Beste, was die materielle Produktion unserer Zeit tun kann, ist, sich diesem ernsten Streben anzuschließen. Das bedeutet freilich eine Sinnesänderung von prinzipieller Bedeutung. Denn der kunstindustrielle Produzent lehnte es bisher grundsätzlich ab, ethische oder moralische Ziele mit seinem Geschäft zu verquicken, das er nach seiner eigenen Angabe lediglich auf die angeblichen Anforderungen des Publikums zuschnitt. Das Resultat waren Dinge, die nach viel aussahen und nichts kosteten. Denn auf diese Dinge biß das Publikum in großem Umfange und in allen Schichten an. Durch diese Praxis der Industrie und das Daraufeingehen des Publikums ist eine gegenseitige Demoralisierung sowohl der Produzenten als der Abnehmer eingetreten. Denn welchem Fabrikanten kann es Freude machen, sein Leben in der Produktion von Schund hinzubringen, und welcher Abnehmer kann sich auf die Dauer über Sachen freuen, die nichts taugen? Hier muß ein völliger Wandel eintreten, und dieser Wandel muß beim Fabrikanten beginnen. Dieser braucht nur die anständigen Grundsätze, die er als Privatmann hat, auf sein Geschäft zu übertragen; so wie er als Privatmann nicht unanständig handelt, so darf er als Geschäftsmann nicht unanständig produzieren, d. h., nicht Sachen herstellen, die Imitationen und Surrogate sind, Sachen also, die nach mehr aussehen, als sie sind. Wie derartige Grundsätze sehr wohl Allgemeingut eines Volkes werden können, das weiß jeder, der englisches Leben und englische Anschauungen kennt. Der englische Fabrikant steht fast durchweg auf dem Standpunkt, seiner besten Überzeugung zu folgen und nur gediegene Sachen zu produzieren. So sehr auch die deutsche gewerbliche Produktion durch ihre vielgerühmte Anpassungsfähigkeit in den letzten Jahrzehnten in die Höhe gekommen ist, so ist doch diese Anpassungsfähigkeit auf Gebieten, die sich mit dem Kunstgewerbe und der Kunstindustrie berühren, sehr vielfach direkt zum Unheil geworden.
Glücklicherweise ist in neuerer Zeit in breiteren Schichten auch des deutschen Volkes jener Zug nach der Gediegenheit allgemeiner geworden, der in England zu den Selbstverständlichkeiten gehört, ein Umstand, der allerdings mit dem vermehrten Wohlstand des Volkes nicht unwesentlich zusammenhängt. Hier berührt sich nun wieder der Zug der Zeit mit den Grundprinzipien der kunstgewerblichen Bewegung. Keine Imitation irgendwelcher Art, und jeder Gegenstand gebe sich als das, was er ist! Würde sich hierin die produzierende Industrie der kunstgewerblichen Bewegung anschließen, so wäre ein ungeheurer Schritt vorwärts getan. Denn es liegt auf der Hand, daß durch die Produktion von nicht genügend gediegenen Gegenständen bei aller darauf verwendeten Arbeit der Rohstoff nicht so ausgenützt wird, wie er ausgenützt werden könnte, also einmal ein kolossales Nationalvermögen im Rohstoff verschwendet und zweitens unnütze Arbeit angesetzt wird. Billige Sachen sind im letzten Ende in jeder Beziehung kostspieliger als teure.
Eine solche industrielle Produktion würde freilich aufhören müssen, mit den

schlechten Instinkten des Publikums zu rechnen; sie müßte mit den guten rechnen: Aber sie würde selbst bei anfänglichem Mißerfolg eine Tat von ungeheurer Tragweite tun. Denn sie würde durch Hebung der Qualität der deutschen Arbeit zugleich das Ansehen der deutschen Produktion auf dem Weltmarkt heben. Die Qualität der deutschen Arbeit hat sich ja in den letzten Jahrzehnten ständig gehoben. Sie ist auf einzelnen Gebieten der nationalen Produktion musterhaft, ja einzig in der Welt. Es sei nur an das Gebiet der optischen und wissenschaftlichen Instrumente erinnert. Auf dem kunstindustriellen Gebiet jedoch ist gerade die deutsche Produktion noch tief im Rückstand. Denn hier fehlte es an den wichtigsten zwei Qualitäten, die für die kunstindustrielle Produktion in Frage kommen, an selbständigem Geschmack und an überlegener nationaler Kultur. Hier hat die deutsche Produktion fast nichts getan, als den Richtungen anderer Länder nachzulaufen; sie hat ihre pekuniären Erfolge damit eingeheimst, daß sie die Originalleistungen anderer Völker nachahmte und billiger herstellte. So lohnend dieser Betrieb vom rein pekuniären Standpunkt aus auch ausgefallen sein mag, ehrenvoll ist er für Deutschland nicht gewesen.
Zunächst blieb freilich kaum etwas anderes übrig, um überhaupt auf dem Weltmarkt als Produzent aufzutreten. Aber die starke geistige Bewegung, die wir in den letzten zehn Jahren im Kunstgewerbe erlebt haben, kann das Mittel an die Hand geben, diesen Zustand zu ändern. Denn hier ist zum ersten Male eine selbständige deutsche Leistung aufgetreten, die sich sehen lassen kann, hier ist etwas erzeugt, was selbständigen Geschmack und eine vom Ausland unabhängige nationale künstlerische Kultur verrät. Freilich kann nicht gehofft werden, daß die Folgen auf dem Weltmarkt schon von heute auf morgen sichtbar werden. Gerade der Kaufmann weiß, wie sehr das Renommee im Absatz von Waren mitspricht. Das erste, was zu tun ist, ist, das allgemeine deutsche künstlerische Renommee zu heben. Und das wird keine leichte Aufgabe sein. Denn in künstlerischen Dingen traut uns das Ausland bis heute noch fast nichts zu. So schrecklich und unnational es für den Deutschen klingen mag, jeder Mensch, der eine ausreichende Kenntnis des Auslandes hat, weiß, daß wir heute weder in der Malerei, noch in der Bildhauerei mitzählen. Unsere Maler, die wir in Deutschland für Heroen halten, sind im Ausland nicht einmal dem Namen nach bekannt, während die französischen Impressionisten auf der ganzen Welt gesucht werden. Und selbst der kunstliebende Ausländer würde auf Befragen keinen einzigen deutschen Bildhauer nennen können, während die Namen Meunier und Rodin auf der ganzen Welt ihren Klang haben. In der Architektur gelten wir als die zurückgebliebenste aller Nationen, wie denn überhaupt nach dem Urteil des Auslandes der deutsche Geschmack auf der denkbar tiefsten Stufe steht. Der deutsche Ruf ist hier so tief gesunken, daß deutsch und geschmacklos fast identische Begriffe sind. Es hat keinen Zweck, dies zu verschleiern. Es ist nötig, der nackten Tatsache ins Gesicht zu sehen. Und wir können das heute um so mehr, als wir jetzt durch unsern kunstgewerblichen Aufschwung in die Lage kommen, Märtyrer unseres schlechten Rufes zu werden. Denn unstreitig ist gerade in den Leistungen des neuen deutschen Kunstgewerbes etwas erstanden, was das Urteil

des Auslandes über uns im Sturm umzubilden berufen ist. Die deutsche kunstgewerbliche Ausstellung in St. Louis wirkte auf alle Welt wie eine Offenbarung, und man kann sagen, es spricht sich jetzt bereits auf der ganzen Welt herum, daß in Deutschland plötzlich eine wundervolle Blüte im Kunstgewerbe ersteht. Allein auf der Grundlage eines solchen Renommees kann sich eine Hebung der kunstgewerblichen Ausfuhr anbahnen. Nur wenn man nach uns fragt, und nach dem fragt, was wir Eigenes leisten, werden wir eine Stellung in der Kunstindustrie einnehmen, die sich auf dem Weltmarkt in einer respektvollen Achtung äußert.

Denn die Rolle, die wir mit Imitationen französischer Möbel spielen, wird immer nur eine solche zweiten Ranges sein. Bestimmend für eine erste Rolle ist nur der der Leistung innewohnende ideale Eigenwert, der Kulturwert. Aus der Kulturtat heraus, die das französische Kunstgewerbe in der Zeit von Ludwig XIV. bis Ludwig XVI. geleistet hat, erklärt sich die maßgebende, ja dirigierende Rolle, die Frankreich auf dem kunstgewerblichen Markt bis heute einnimmt. Und daß England am Ende des 18. Jahrhunderts, als es seine bahnbrechende, für die bürgerliche Kultur ausschlaggebende Möbelkunst entwickelte, bis zu einem gewissen Grade auf dem Weltmarkt mitsprechen konnte, verdankt es ebenfalls lediglich seiner selbständigen nationalen Leistung. Auch der neuere kunstgewerbliche Einfluß Englands auf dem Weltmarkt ist belehrend genug. Nur dadurch, daß England Eigenes gab, wurden seine Stoffe, seine Teppiche, seine Möbel in den letzten zwanzig Jahren zu etwas, was auf dem Weltmarkt eine eigene Note darstellte. Der kommerzielle Erfolg marschiert im Gefolge solcher beherrschenden inneren Werte. Es wird auf der Welt niemandem etwas geschenkt. Kleine Vorteile lassen sich auf Seitenwegen erreichen, große nur durch große Qualitäten. Sind diese aber zur Genüge vorhanden, so folgt nicht nur Lohn, sondern auch Macht und Freiheit. Bei großen künstlerischen Qualitäten wird es einem Land leicht, im Kunstgewerbe als Führer aufzutreten, in Freiheit sein Bestes zu entwickeln und es der Welt gleichsam aufzuzwingen. Die Produktion braucht dann nicht mehr ängstlich den Modelaunen nachzuspüren, sie kann den Geschmack diktieren. Das tut Frankreich bis heute auf vielen Gebieten. Ob der Weg, den das neuere deutsche Kunstgewerbe eingeschlagen hat, jemals zu einer ähnlichen weitreichenden Bedeutung führen wird, wie das alte französische Kunstgewerbe, vermag heute niemand vorauszusagen. Es liegt aber im deutschen Interesse, dies zu erhoffen und alle Kraft auf die Weiterentwicklung der glücklich gemachten Anfänge zu verwenden. Das neue Kunstgewerbe, das bereits seine engeren Grenzen überschritten hat und zu einer allgemeinen deutschen Kunstbewegung geworden ist, ja, das im Begriff ist, zu einer allgemeinen Kulturbewegung zu werden, muß, wenn es weiter wächst, auch seine wirtschaftlichen Folgen ziehen. Und von diesem Standpunkt aus wird es hauptsächlich meine Aufgabe sein, in meinen folgenden Vorlesungen seinen bisherigen Entwicklungsgang zu schildern.

Wo stehen wir?*

Dieser Aufsatz und ebenso der folgende: »Das Formproblem im Ingenieurbau« aus dem Jahre 1913, ist ein Ausdruck von Muthesius' Wendung zur Architektur als einer Kunst der Form. Zuweilen meint man Geoffrey Scott zu lesen; aber Scotts Buch erschien erst drei Jahre später.

... Wir beobachten, daß vom 18. Jahrhundert an die Aufmerksamkeit der Menschheit nach der Richtung des verstandesmäßigen Erkennens gefesselt wird...
Der Rückgang des Kunstempfindens war eine der sichtbaren Folgen. Er war auf keinem Gebiet deutlicher zu erkennen als in der Architektur, die einem raschen Niedergang anheimfiel. Und nichts ist in dieser Beziehung vielleicht bezeichnender für den Geist der Zeit, als daß im selben Jahrhundert, in welchem die Konstruktion die höchsten Triumphe feierte und der gestaltenden Tätigkeit durch die sich drängenden Aufgaben der Technik die höchsten und glänzendsten Aufgaben gesetzt waren, das Gefühl für das künstlerische Gestalten mehr und mehr sank und allmählich so gut wie ganz verlorenging. Was hier in Frage steht, ist die Form. Die Form, die nicht bestimmt wird durch rechnerische Ergebnisse, die nicht erfüllt ist mit der Zweckmäßigkeit, die nichts zu tun hat mit verständigem Denken. Es ist jene höhere Architektonik, die zu erzeugen ein Geheimnis des menschlichen Geistes ist, wie dessen poetische und religiöse Vorstellungen. Es ist die Form, die uns an einzelnen Glanzleistungen der menschlichen Kunst, dem griechischen Tempel, dem römischen Thermensaal, dem gotischen Dom, dem Fürstenzimmer des 18. Jahrhunderts in Entzücken versetzt, die Form, die uns gleich eindrücklich berührt wie die Poesie und die Musik. Es ist die Form, die wir in der letzten Vergangenheit noch an den Leistungen Schinkels bewundern, jenen Leistungen, die uns gegenüber allem, was dann folgte, als etwas Höheres, Erhabenes erscheinen, als etwas, das wir eben von da an verloren haben.
Noch das 18. Jahrhundert folgte in seinen Umgangsformen, in seinen Festen, in der Einrichtung des Hauses, des Gartens, festumgrenzten Regeln, alle diese Dinge gingen aus einem Gefühl der wohltuenden Schicklichkeit hervor, ein Sinn für Rhythmus beherrschte das ganze Leben. Damals konnte denn auch eine Architektur als Überzeugung eines Zeitalters lebendig sein, denn in gewissem Sinne war die ganze Lebensführung architektonisch. Diese rhythmisch-architektonische Lebensbetätigung war im übrigen nur das Ende eines Zustandes, der bis dahin die Menschheit aller Kulturen überhaupt beherrscht hatte. Sehen wir doch schon bei den Urvölkern in jeder Tätigkeit, sei es im Tanz, in der Sprache, selbst bei Verrichtung ihrer primitiven Arbeiten, das Walten eines unbewußten rhythmischen Instinkts. Die Musik dient dem Tanz und der Geste als Taktmesser. Die Baukunst ersteht aus ihren primitivsten Äußerungen zu unzweifelhaft rhythmischen Gebilden, bei denen die reguläre Grundform, die Symmetrie und die

---
* Auszug aus dem Vortrag von Hermann Muthesius auf der Jahresversammlung des Deutschen Werkbundes in Dresden, 1911.

rhythmische Reihung der Glieder von Anfang an vorhanden sind. Die Sprache aller jungen Völker ist gebunden. Die Form tritt bei ihr stärker hervor als die Präzision des Gedankenausdruckes. Das Drama, das sich aus dem Tanz der Urvölker entwickelt, ist von strenger Architektonik beherrscht. Die Kleidung, bei der von Anbeginn die Schönheit über der Nützlichkeit steht, folgt künstlerisch-architektonischen Grundsätzen und fügt sich dem Wohllaut des menschlichen Äußerungskreises harmonisch ein. So hat die Form stets uneingeschränkt geherrscht, und es wäre undenkbar gewesen, daß andere Gesichtspunkte, wie solche nützlicher oder sentimentaler Art, ihren wohltätigen Zwang beseitigt hätten.

Und doch trat dieser Zeitpunkt ein, und zwar im 18. Jahrhundert. Den ersten Ansturm gegen die Form beobachten wir in der Verdrängung des rhythmisch gestalteten Gartens durch den sogenannten Naturgarten. Hier fiel der erste Stein aus dem Gefüge der alten architektonischen Kultur heraus. Es waren sentimentale Gedankengänge, die zersetzend wirkten, Gedankengänge, die, letzten Endes auf der Lehre Rousseaus fußend, mit dem veränderten Geist der Zeit zusammenhingen. Zum ersten Male kamen die Menschen auf den Gedanken, daß es nicht ihre Aufgabe sei, dem Instinkt des rhythmischen Bildens, den der Schöpfer in ihr Gehirn gesetzt hat, Raum zu geben, sondern gewissermaßen aus ihrem eigenen Selbst herauszutreten und etwas Äußeres nachzuahmen. Dieser erste Schritt der Zerstörung der Form ist von großer Bedeutung für den ganzen folgenden Verlauf der Architektur. Von ihr bröckelten von da an fortgesetzt Teile ab. Das menschliche Gehirn konnte die kosmischen Bildungsgesetze, die ihm vom Schöpfer eingepflanzt waren, nicht mehr zusammenhalten. Die Sentimentalität, die Nützlichkeit und andere Motive drangen ein und gewannen überhand über das Formgefühl. Der Romantizismus, der sich schon um die Mitte des 18. Jahrhunderts in den Schwärmereien bekundete, die die pseudoossianischen Oden auslösten, lenkte mitten in einer Zeit, in der noch die fest und sicher gefügte Architektur der nachklassischen Zeit eine schöne Herrschaft ausübte, die Aufmerksamkeit auf die vergessene mittelalterliche Bauweise. Zugleich entdeckte der kunstgeschichtliche Forschungseifer die sogenannten wahren Formen der griechischen Kunst. Beides wurde auf die ausübende Baukunst übertragen. Die kunstgeschichtliche Erkenntnisarbeit verscheuchte die lebendige Architektur. Diese geriet durch die Zweifel an sich selbst ins Wanken, zumal jetzt die geistigen Kräfte der Zeit, in Deutschland wenigstens, von der aufsteigenden Welle literarischer Interessen absorbiert wurden. Und hier bereits liegt der Beginn für jenes in der Geschichte einzig dastehende Schauspiel, das uns die Jahrzehnte des 19. Jahrhunderts bieten, in denen die Architekten überhaupt keine Überzeugung mehr hatten, sondern sich zur Niederschrift archäologischer Diktate mißbrauchen ließen. Sie gaben vor, sämtliche von der Kunstgeschichte festgestellten Stile reproduzieren zu können. So drang die Zersetzung in die Architektur ein, und ihr Niedergang war um so natürlicher, als, wie schon berührt, auch die allgemeinen Zeitverhältnisse sich gegen die Werte wandten, auf die die formbildenden Künste gerichtet sind. Der hastige Erwerbsdrang der Menschen des 19. Jahrhunderts, die gänzliche Beschlagnahme des Intellektes durch wissenschaftliches und technisches Denken

schwächten das Gefühl für die Form so ab, daß es nicht mehr reagierte. Die Entwicklung der Zeit brachte es so mit sich, daß wir in Jahrzehnte eines völligen Versagens des geschmacklichen Urteils der Menschen gelangten, wie es in der Geschichte noch nicht beobachtet worden war. Das empfand Gottfried Semper, als er das Ergebnis der Weltausstellung in London 1851 dahin zusammenfaßte, daß in der Kunst die barbarischen und halbbarbarischen Völker die gebildeten Nationen besiegt hätten.
Trotz der kunstgewerblichen Reformen, die schon um die Jahrhundertmitte einsetzten und in denen sich der dunkle Drang äußerte, verlorene Güter zurückzuerlangen, blieb in Deutschland die Situation bis gegen das Jahrhundertende dieselbe. Erst vom Beginn der neunziger Jahre an erhob sich wieder eine lebhaftere Geisteswelle, die getragen wurde von dem klaren Bewußtsein, daß der Form wieder ihr Recht werden müsse...
Wir erinnern uns jener Jahre des Gärens und Aufwallens, die zwischen 1890 und 1895 liegen, jener Jahre, die den Geburtswehen einer neuen Zeit glichen und in denen auf allen Gebieten der Kunst sich mächtige Revolutionen ankündigten. Wir erinnern uns sodann der Jahre um 1895, in denen zunächst auf einem Spezialgebiet, dem des sogenannten Kunstgewerbes, die Revolution zum Ausbruch kam. Wir wissen, daß damals mit dem Schlagwort der modernen Kunst alle Himmel gestürmt werden sollten, daß jede Wiederholung früher gebrauchter Formen verpönt war, daß man eine neue formale Ausdrucksweise der Architektur aus dem Boden zu stampfen versuchte... Die anfänglich rein kunstgewerbliche Bewegung wurde zu einer großen allgemeinen Bewegung, die die Reform unserer gesamten Ausdruckskultur zum Ziel hatte. Der künstlerische Geist, einmal angefacht, griff in die Nachbargebiete ein, suchte die Bühne, den Tanz, das Kostüm zu reformieren. Und er machte selbst nicht vor den großen Nachbarkünsten, der Malerei und Bildhauerei, halt, die wenigstens zu einem Teil dem Drang der Zeit folgten und eine strengere architektonische Richtung annahmen. Allerorten regt sich heute neues Leben, ein frischer architektonischer Geist beginnt zu treiben. Und es zeugt von seiner Kraft, daß er sich sogleich auch ein erweitertes Wirkungsfeld sucht und Gebiete mit Beschlag belegt, die zeitweise der Architektur entzogen waren, wie den Ingenieur- und Industriebau und die Anlage ganzer Siedlungen und Städte. »Vom Sofakissen zum Städtebau«, so ließe sich der Weg, den die kunstgewerblich-architektonische Bewegung der letzten 15 Jahre zurückgelegt hat, kennzeichnen...
Die Freude am Erfolg wird uns niemand nehmen. Aber außerordentlich verfehlt würde es sein, den Sieg angesichts der heutigen Ergebnisse für errungen, die zu leistende Arbeit bereits für erledigt zu halten. Denn die Ergebnisse erscheinen uns nur, aus dem Mittelpunkt unseres engeren Interessenkreises heraus betrachtet, so groß. Wir brauchen nur hinaus ins praktische Leben zu treten, um sie bedenklich zusammenschrumpfen zu sehen... Sentimentalität, Nützlichkeitsverbohrtheit, Gewöhnung an Schlechtes stehen hindernd im Wege...
Und so müssen wir vielleicht auch heute noch sagen, daß zwar ein Sieg der neuen deutschen Kunst zu konstatieren ist, daß es sich jedoch nur um einen

theoretischen Sieg handelt. Es sind Resultate da, aber man macht noch keinen Gebrauch von ihnen...
Der Form wieder zu ihrem Recht zu verhelfen, muß die fundamentale Aufgabe unserer Zeit, muß der Inhalt namentlich jeder künstlerischen Reformarbeit sein, um die es sich heute handeln kann. Der glückliche Verlauf der kunstgewerblichen Bewegung, die die innere Ausstattung unserer Räume neu gebildet, die den Spezialgewerben neues Leben eingehaucht und der Architektur fruchtreiche Anregung gegeben hat, kann nur als kleines Vorspiel dessen betrachtet werden, was noch kommen muß... Gibt es ein treffenderes Zeugnis für den Stand des Geschmackes eines Volkes als die Architekturgebilde, mit denen es seine Straßen und Ortschaften besetzt?...
Und wenn bisher bei der Werkbundarbeit der Qualitätsgedanke im Vordergrund stand, wir aber heute schon feststellen können, daß das Qualitätsempfinden in Deutschland, was Technik und Material betrifft, in raschem Aufstieg begriffen ist, so ist auch mit diesem Erfolg die Aufgabe des Deutschen Werkbundes noch nicht erfüllt. Weit wichtiger als das Materielle ist das Geistige, höher als Zweck, Material und Technik steht die Form. Diese drei könnten tadellos erledigt sein, und wir würden, wenn die Form nicht wäre, doch noch in einer Welt der Roheit leben. So stellt sich uns als unser Ziel immer deutlicher die weit größere und weit wichtigere Aufgabe vor die Augen: die Wiedererweckung des Verständnisses für die Form und die Neubelebung des architektonischen Empfindens...
Und doch ist es in letzter Zeit gelungen, dem Publikum wenigstens ein halbes Ohr für architektonische Dinge zu öffnen, und zwar auf einem Umwege. Das Zauberwort, das die Apathie gelöst hat, heißt Heimatschutz. Die Gedankengänge des Heimatschutzes sind, das müssen wir heute freudig zugestehen, fast Allgemeingut des Volkes geworden, und es ist unsere Pflicht, anzuerkennen, daß die Verbände, die diese Ideen verbreitet haben, ein gutes Werk getan haben. Denn in der allgemeinen Anerkennung des Heimatschutzgedankens liegt wenigstens das eine wichtige Zugeständnis, daß die Bauten, mit denen in den fünf letzten Jahrzehnten unser Land besetzt worden ist, öffentlich als ungehörig erkannt sind...
Wenn auch manche Anhänger des Heimatschutzes vorläufig in der Täuschung befangen sind, daß man mit dem Rezept »Heilserum 1830« den kranken Körper der Architektur kurieren könne, wenn auch den Bauberatungsstellen vielfach der Irrtum zugrunde liegt, daß es möglich sei, einen schlechten Bauentwurf gut zu revidieren, wenn auch die Diktatorarbeit eines landrätlichen Bauberaters Besorgnis erwecken kann, so müssen wir uns doch hüten, das rege Interesse, das sich im größeren Publikum für diese Dinge eingefunden hat, durch Hervorhebung der Unzulänglichkeiten zurückzudrängen. Mag man zugeben, daß die Heimatkunst nur ein neues Surrogat für wirkliches Kunstempfinden sei, so befinden wir uns eben in der Notlage, in der auch Ersatzmaßregeln akzeptiert werden müssen. Nichts wäre gefährlicher, als etwa vom Standpunkt der höchsten künstlerischen Anforderungen alle diese Heilversuche zu durchkreuzen...

Aber bei aller Anerkennung der Verdienste der populären Kunstpropaganda müssen wir uns über eins völlig klar sein: ... Alle Popularisierungsbestrebungen schweben in der Luft, solange nicht ein genügender Bestand an schöpferischen Kräften vorhanden ist, die mit ihrem Herzblut und unbekümmert um die populären Richtungen ihr Bestes geben.
Hieraus folgt die Unantastbarkeit, es folgt aber auch gleichzeitig die hohe Verantwortlichkeit des schöpferischen Künstlers ...

Das Formproblem im Ingenieurbau*

Die jüngst vergangene Epoche des technischen Bildens unterschied sich dadurch von allen früheren Zeiten, daß eine Zweiheit der Behandlung und der Beurteilung eingetreten war, je nachdem es sich um sogenanntes nützliches oder sogenanntes schönes Bilden handelte. Das nützliche Bilden fiel dem Ingenieur, das schöne dem Architekten zu. Vom nützlichen Bilden erwartete man keine Schönheit, im Gegenteil, es war ein feststehender Satz, daß die Konstruktionen des Ingenieurs ihrer Natur nach häßlich seien. In Fällen, wo man diese Häßlichkeit beseitigen zu müssen glaubte, wurde der Architekt herangeholt, um eine Art Maskierung vorzunehmen. Die sogenannte »ästhetische Ausbildung der Ingenieurbauten« hat lange auf dem Programm der Zeit gestanden, wobei der Gedankengang fast immer der war, durch Anklebung »architektonischer« oder »ornamentaler« Art den Ingenieurbau in das Bereich der Kunst zu heben.
Es traf sich, daß der Anruf des Ingenieurs dem Architekten zu einer Zeit zuging, als dieser selbst in einer Art Maskierungstätigkeit geschäftig arbeitete. Es war die Zeit der »Stile«, jenes halbe Jahrhundert, in dem vor allem davon die Rede war, ob ein Bauwerk in antiken, in gotischen, in Renaissance- oder in romanischen Formen gehalten sei. Der Architekt war selbst zum Bekleidungskünstler geworden, und war also auch vollständig darauf eingerichtet, seine Betätigung auf die Werke des Ingenieurs zu übertragen. Er setzte vor eiserne Brücken mittelalterliche Burgentore, vor Ausstellungshallen die Wände romanischer Kaiserpfalzen, vor Bahnhofsdächer italienische Palastfassaden.
Für die große Mehrzahl der Ingenieurbauten aber nahm man die Hilfe des verzierenden Architekten noch gar nicht einmal in Anspruch. Man war der Meinung, daß sie ja bloße Nutzbauten seien und als solche die Entschuldigung ihrer Häßlichkeit für sich hätten. Auch handelte es sich angeblich um die Kosten, und für »Verzierungen« waren bei Anlagen, bei denen scharf gerechnet wurde, die Mittel nicht vorhanden. So wurden Werkstätten und Speicher als Notbauten in irgendeiner aus der billigsten Konstruktion sich ergebenden Zufallsform errichtet. Fabriken erhielten den üblichen Zuschnitt aus der Sheddach-Konstruktion, Was-

---
* Aufsatz von Hermann Muthesius im Jahrbuch des Deutschen Werkbundes, 1913.

sertürme, Windmotoren, Pfeiler ragten in grotesken Umrissen an die keinerlei geschmackliche Kritik gelegt worden war, in die Luft, eiserne Brücken überspannten die Flüsse in harten Linien. Das war der Zustand der lediglich aus der Hand des Ingenieurs entstandenen Nutzbauten, wie er durch Jahrzehnte als natürlich angesehen wurde.

Der anfängliche Entwicklungsverlauf der Ingenieurkonstruktionen war ein anderer gewesen. Die Zeit der ersten Ingenieurkonstruktionen fällt zusammen mit dem ersten organisierten technischen Unterricht, und in diesem wurden alle Schüler sowohl in der Architektur als auch in den Zweigen der Technik unterwiesen. Die technische Beschäftigung wurde noch als eine Einheit aufgefaßt, wie es übrigens in allen früheren Zeiten überhaupt geschehen war. (Die alten Baumeister bauten zugleich Paläste und Fortifikationen, Rathäuser und Wasserleitungen, Leonardo da Vinci war im selben Umfang Künstler wie konstruierender Ingenieur.) In jener ersten Zeit der sich neu entwickelnden Technik — es war die vorletzte Jahrhundertwende — wurde auch an den Ingenieurkonstruktionen eine Art architektonischer Ausbildung versucht. An den Maschinen wurden stützende Glieder in die Form dorischer Säulen gebracht (die allerdings häufig stark in die Länge gezogen wurden), die Schwungräder erhielten gotisches Maßwerk, und der Dom auf der Dampfmaschine wurde als Lilliput-Renaissancekuppel ausgebildet. Es ist sehr interessant, diese ersten lallenden Versuche zu beobachten, einer ganz neuen Technik formal Herr zu werden. Daß man nicht sofort zum Ziel gelangte, darf nicht wundernehmen. Die Geschichte der menschlichen Technik zeigt auf Schritt und Tritt, daß zwar die Erfindung neuer Vorrichtungen verhältnismäßig rasch und, wie es scheint, ohne Mühe vor sich geht, daß es aber den Menschen stets sehr schwergefallen ist, für die neuen Schöpfungen die endgültige Form zu finden. Regelmäßig entsteht hier Verlegenheit. Und regelmäßig greift man zunächst auf die geläufigen Formen ähnlicher früherer Dinge. Die ersten Eisenbahnwagen waren auf Schienen gestellte Postkutschen, die ersten Dampfer waren Segelschiffe mit einer eingebauten Dampfmaschine, die ersten Lichtauslässe der Gaskronen imitierten die Wachskerze. Man bedenke, welcher Unterschied zwischen der ersten, nachgemachten Postkutsche und dem heutigen D-Zugwagen liegt, und zu welcher markanten Form sich der heutige Ozeandampfer, verglichen mit dem alten Segelschiff, entwickelt hat. In beiden Fällen hat es aber der Arbeit von Generationen bedurft, um zu derjenigen Form zu gelangen, die wir heute als selbstverständlich und dem inneren Wesen des Dinges entsprechend empfinden.

Auch die gotischen Schwungräder und die dorischen Balanciers der ersten Maschinen waren nur eine Aushilfs- und Verlegenheitsform. Auch hier wurde bald das Unzutreffende dieser Formgebung erkannt; man fing an, die Anleihe bei der alten Kunst zu tilgen und sich aus den Dingen selbst ergebende Formen zu entwickeln. Dies geschah, indem man allen Zierat beseitigte und lediglich auf die sogenannte reine Zweckform zurückging. Vielleicht ahnte man damals noch nicht, daß die Erfüllung des reinen Zweckes an und für sich noch keine das Auge befriedigende Form schafft, vielmehr hierzu noch andere Kräfte, sei es auch unbewußt, mitwirken müssen. Jedenfalls entwickelte sich von allen Werken des Ingenieurs am ehesten d i e M a s c h i n e zu einem reinen Stil, der am Beginn des laufenden Jahrhunderts so gut durchgebildet dastand, daß es üblich wurde, die sogenannte Schönheit der Maschine zu bewundern und in ihr gewissermaßen die ausgeprägteste Erscheinung einer modernen Stilbildung zu erblicken. In modernen Kunstbetrachtungen spielt seit etwa zehn Jahren diese Schönheit der Maschine, an die sich gewöhnlich Betrachtungen über die sogenannte reine Zweckform knüpfen, eine gewichtige Rolle.

Anders als im Maschinenbau verlief die Entwicklung im Stabeisenbau. Wenn hier anfänglich eine dekorative Ausschmückung versucht worden war, so wurde sie zwar ebenfalls bald verlassen, ohne daß man aber zu so geklärten Verhältnissen, wie im Maschinenbau, gelangt wäre. Der Ingenieur gab es hier so gut wie ganz auf, die Alltagsaufgaben unter dem Gesichtspunkt der geschmacklich geläuterten Form zu behandeln. Es entwickelte sich zwar eine außerordentlich rege Bautätigkeit, die Eisenbahnbrücken, die Talüberspannungen, die Bahnhofshallen, die die neue Zeit brauchte, wurden fast durchweg in eisernem Stabwerk errichtet. Allein nur in Ausnahmefällen hielt man es für nötig, etwas für das Aussehen zu tun, und in diesen Fällen wurde meistens die schon berührte Maskierung mit Fassadenmotiven der alten Architektur vorgenommen. Die ästhetische Theorie trug zur Verstärkung des hier waltenden Irrtums bei, indem sie das Schicksal der Gitterstabbauten als künstlerisch hoffnungslos erklärte. Gottfried Semper sprach sich über Eisenkonstruktionen dahin aus, daß, wer sich ihrer annehmen wolle, »einen mageren Boden für die Kunst antreffe«. Es könne nicht die Rede sein von einem monumentalen Stab- und Gußmetallstil, denn das Ideal eines solchen sei die unsichtbare Architektur: je dünner das Metallgespinst, desto vollkommener sei es in seiner Art. Das, was Semper in dieser vernichtenden Form ausgesprochen hat, ist seitdem von vielen Theoretikern in Variationen wiederholt worden. Fast stets kam man darauf hinaus, daß das Eisen zu dünn sei, um ästhetische Wirkungen herbeizuführen, ein Urteil, das unter der Voraussetzung gefällt wird, daß zur ästhetischen Wirkung unbedingt die Massigkeit gehöre. Offenbar aber liegt hier ein Trugschluß vor, indem ein Gewohnheitsideal für ein absolutes Ideal gehalten wird. Das Gewohnheitsideal ist dadurch entstanden, daß die bisherigen Generationen mit Materialien bauten, die massiv wirkten, nämlich in Stein und Holz; hätten ihnen dünngliedrige Metallstäbe zur Verfügung gestanden, so würde heute wahrscheinlich die Dünngliedrigkeit als das Normale und Ideale angesehen, die Massigkeit aber als unästhetisch verurteilt werden. Es ist nicht zu vergessen, daß in unseren ästhetischen Wertungen die Gewohnheit eine ungemein große Bedeutung hat. Wie widersinnig erschien uns im Anfang das Zweirad mit den Drahtspeichen und dem Luftwulst. Niemand empfindet beides heute mehr als abnorm, und gerade die Dünngliedrigkeit der Drahtspeichen macht uns den Eindruck des Feinen und Eleganten. Es trifft überhaupt nicht zu, daß bisher nur die Massigkeit ästhetisch gute Wirkungen hervorgebracht habe. Auch bisher schon ist in den technischen Gestaltungen das Verhältnis von Stärke zu Länge dem Material entsprechend gewählt worden. In der Antike finden wir neben dem kompakten, aus Steinblöcken gebildeten Tempel auch sogleich jene feingliedrigen Metallkonstruktionen, wie sie uns in den allerzierlichsten Bronzekandelabern und Metallmöbeln der pompejanischen Funde entgegentreten. Wollte man aber etwa sagen, die eigentliche Architektur habe es mit der Umschließung von Innenräumen zu tun, und da zu dieser Umschließung eine massige Wand gehöre, könne ein eisernes Hallendach mit Glasdeckung keineswegs als ein ästhetisch befriedigendes Werk angesehen werden, so wäre auch hier ein geschichtlicher Irrtum begangen. Denn es war zum Beispiel das Ideal der Hochgotik, die Wandfläche fast vollkommen aufzulösen und den Stützen eine unerhörte Feingliedrigkeit zu geben. Die großen, mächtigen Felder zwischen den dünnen Konstruktionsgliedern aber wurden mit Glas ausgefüllt, wie beim heutigen Hallendach, allerdings wußte jene an künstlerischem Vermögen so reiche Zeit sogleich aus der Glaswand ein ästhetisch wirksames Motiv, das farbige Glasfenster, abzuleiten. Nichts mit Raumumschließung hat aber auf alle Fälle d a s G e r ä t zu tun, dessen Gestaltung doch auch unter dem Gesichtspunkt der Form, d. h. der Wirkung für das Auge, betrachtet werden muß. Hier liegt überdies vorzugsweise das Betätigungsgebiet des Ingenieurs, der arbeitserleichternde Werkzeuge und Maschinen bildet, Brücken, Eisenbahnen, Fahrzeuge für den Verkehr, Waffen für den Krieg gestaltet. Für das Gerät und Werkzeug die feingliedrige Gestalt als künstlerisch unwirksam zu bezeichnen, müßte aber geradezu sinnlos erscheinen.

Im Gegenteil, wir bewundern eher ein feines, chirurgisches Instrument wegen seiner Eleganz, ein Fahrzeug wegen seiner gefälligen Leichtigkeit, eine sich über den Fluß schwingende Stahlbrücke wegen ihrer kühnen Materialausnutzung. Und mit vollem Recht, denn wir konstatieren in der Sehnigkeit der schlanken Teile einen Sieg der Technik, die sich hier zu einer bis an die letzte Grenze gehenden Meisterung des Stoffes emporgeschwungen hat. Also: die Dünngliedrigkeit des Eisens kann der ästhetischen Wirkung der Erzeugnisse des Ingenieurs nicht im Wege stehen. Hier irren die Gedankengänge der ästhetischen Spekulation.

Im übrigen ist es gar nicht die Aufgabe der Ästhetik, Voraussagen zu machen. Fast immer, wenn sie es getan hat, ist sie fehlgegangen. Die Ästhetik hat nur zu registrieren, einzuordnen, nicht Schlüsse a priori, sondern a posteriori zu ziehen. Mit Gesetzen für die zukünftige Entwicklung ist sie niemals imstande, dem rastlosen Weiterschreiten Fesseln anzulegen. Die Entwicklung geht gewissermaßen ins Unbestimmte hinein, und es bleibt der Ästhetik lediglich vorbehalten, den Weg, den sie genommen hat, rückschauend zu verfolgen.

Alle Voraussetzungen einer künstlerischen Wirkung der Werke des Ingenieurs geschehen jedoch — und jetzt erst treten wir in das eigentliche Wesen der Sache ein — unter dem Vorbehalt, daß in ihnen künstlerisches Gefühl niedergelegt sei. So selbstverständlich dieser Satz klingt, so sehr muß er betont werden. Die Vorstellung, es genüge für den Ingenieur völlig, daß ein Bauwerk, ein Gerät, eine Maschine, die er schafft, einen Zweck erfülle, ist irrig, noch irriger ist allerdings der neuerdings oft gehörte Satz, daß, wenn sie einen Zweck erfüllen, sie zugleich auch schön seien. Nützlichkeit hat an und für sich nichts mit Schönheit zu tun. Bei der Schönheit handelt es sich um ein Problem der Form und um nichts anderes, bei der Nützlichkeit um die nackte Erfüllung irgendeines Dienstes. Ein schöner Gegenstand kann allerdings auch zugleich nützlich, ein nützlicher zugleich schön sein. Festzuhalten, als für unseren Gegenstand ausschlaggebend, ist hier allein der Satz, daß die Schönheit der Nützlichkeit nicht im Wege zu stehen braucht. Das Schöne mit dem Nützlichen zu verschmelzen, und zwar bis zu einer möglichst restlosen Erfüllung beider Forderungen, ist, wie bekannt, die eigentliche Aufgabe der Architektur. Aber es wäre ganz verfehlt anzunehmen, daß diese Aufgabe außerhalb der Architektur nicht bestehe. Im Gegenteil, man muß völlig verallgemeinern und sagen, daß die gesamte werkzeugbildende, bauende und konstruierende Tätigkeit des Menschen, ja, alles, was er überhaupt sichtbar tut und treibt, denselben Grundsatz im allgemeinen Sinne verfolgt wie die Architektur im Besonderen, nämlich den, das Nützliche mit dem Schönen zu vereinigen.

Bei allem sichtbaren Gestalten dirigiert uns Menschen die Rücksicht auf die Erscheinung in einem Maße, daß wir diese Rücksicht gar nicht hinwegzudenken vermögen. Unser Auge ist der ständige Kontrolleur dessen, was wir sichtbar tun, wobei wir die Form nach einem unserem Gehirn eingepflanzten Gesetz bilden, beurteilen und handhaben. Dieses Gesetz wirkt selbsttätig, wir können uns ihm nicht entziehen, selbst wenn wir es wollten. Auch bei den Dingen, die ausgesprochenermaßen ein Bedürfnis erfüllen, leitet das Schönheitsempfinden die Hand. Die Anproben bei unserem Schneider haben sicherlich nicht den Zweck, den Anzug so warmhaltend wie möglich zu machen, sondern sie wollen ihm die denkbar beste Form geben. Ist das schon beim Männeranzug der Fall, so tritt beim Frauenanzug offensichtlich der Nutzzweck vor dem Schönheitszweck fast vollständig zurück.[1] Dieselben Grundsätze befolgen wir fast automatisch bei unserer Wohnung, bei der ein Ausschalten der Geschmacksrücksichten gar nicht denkbar wäre. Niemand wird hier auf die Idee verfallen, daß die Nützlichkeit allein die gestaltende Tendenz sei. Aber auch in anscheinend ganz fernliegenden Dingen spielt die Form noch eine Rolle. Man frage nur einen Zigarrenfabrikanten, welch große Bedeutung die äußere Gestalt der Zigarre, die sich doch mit dem Zweck des Dinges und der »Qualität« gar nicht berührt, für den Verkauf hat. Offenbar spricht die Form mit bei den Geräten, Möbeln und Werkzeugen. Sicherlich werden sie gebaut, um einem Zweck zu dienen, eine Arbeit zu verrichten; ihre Form ergibt sich aber durchaus nicht allein aus diesem Gesichtspunkt. Selbst den Fall angenommen, daß lediglich der Gebrauchszweck vorgeschwebt hätte, so läßt sich doch behaupten, daß den Verfertiger, sei es auch nur aus einem von ihm selbst nicht gefühlten, ästhetischen »Unterbewußtsein« heraus, auch die Rücksichten auf die Form mit beeinflußt haben. Denn das, was wir beim Betrachten des Werkzeuges als ästhetisch gut empfinden, ist eben

---

[1] Man vergleiche hiermit die sehr andere Äußerung über den gleichen Gegenstand auf S. 157.

nur das Resultat jenes in der Stille beim Verfertiger wirksam gewesenen Instinktes für die Form. Auf solche Weise haben Generationen an unseren Geräten, Instrumenten, Werkzeugen, Innenräumen und Häusern stilbildend und formfördernd gewirkt, auch wenn nicht eine bestimmte Absicht hierfür vorgelegen hat. Die heutige vollendete Form der Violine, die suggestiven Linien des Segelbootes, die trauliche Schönheit des Bauernzimmers, die harmonische Gruppierung des ländlichen Wirtschaftshofes: sie sind aus solcher Arbeit von Zeitaltern entstanden und durch Jahrhunderte zu der heutigen Vollkommenheit der Form entwickelt. Und alle diese Bildungen sind außerhalb dessen, was wir »Kunst« nennen, vor sich gegangen, eben der beste Beweis dafür, daß es einer bewußten künstlerischen Absicht beim Menschen gar nicht bedarf, um im Endresultat doch ästhetisch gut wirkende Erzeugnisse hervorzubringen, daß wir Menschen uns eben der Tendenz, gefällig und geschmackvoll, das heißt ästhetisch wirksam zu gestalten, gar nicht entziehen können. Doch muß hier allerdings sofort zugegeben werden, daß diese Tendenz sich bei verschiedenen Menschen in sehr verschiedenem Grade äußert, mit anderen Worten, daß die Begabungen der Menschen nach der geschmacklichen Seite sehr verschieden sind. Neben solchen, die bei allem, was sie tun und treiben, von einem ausgeprägten Formgefühl geleitet werden, die sich geschmackvoll kleiden, in wohlausgestatteten Räumen leben, nur ästhetisch schöne Dinge kaufen und verschenken, gibt es Menschen, die unsicher, ja unfähig sind, einen guten Geschmack zu betätigen. Jeder wirkt nach seinem Vermögen. Dennoch steht es fest, daß ein Gefühl für Schönheit jedem von uns mitgegeben ist und daß dieses Gefühl für Schönheit gar nicht vom menschlichen Fühlen, Handeln und Denken getrennt werden kann.
Von diesem Standpunkt aus erfährt die Frage, ob Ingenieurbauten ästhetisch schön wirken könnten, sollten oder müßten, eine ganz andere Beleuchtung. Die Forderung der ästhetisch guten Wirkung wird zur blanken Selbstverständlichkeit. Ja, man muß sich erstaunt fragen, wie es denn eine Zeit habe geben können, bei der man bewußt die gute Form als entbehrlich zu bezeichnen wagte. Der Ingenieur, der dies täte, würde eines der Grundgesetze des menschlichen Handelns verneinen, er würde unmenschlich, widernatürlich handeln. Als Anteil der menschlichen Gesamtschöpfung unterliegen die Bauten des Ingenieurs denselben Gesetzen, die wir bei anderen, zum Teil weit minder wichtigen Dingen erfüllt finden. Ihre große Bedeutung im heutigen Bauwesen, ihre meist wichtige Stellung im Städte- und Landschaftsbild, die enormen wirtschaftlichen Werte, die in ihnen niedergelegt werden, verlangen sogar gebieterisch, daß auch bei ihrer Gestaltung dem Gesichtspunkt der guten Erscheinungsform Rechnung getragen wird.
Die bisherige Entwicklung der Ingenieurbauten, wie sie aus sich selbst heraus, das heißt ohne die falsche Maskierungsarbeit des Architekten, erfolgt ist, beweist uns übrigens auch, daß eine Klärung nach der guten Form hin bereits stattgefunden hat. Eine große Anzahl von Ingenieurwerken, Brücken, Bahnhofshallen, Leuchttürmen, Silobauten wirken ästhetisch gut, gleichgültig, ob hier

das Schönheitsgefühl der Erbauer unbewußt mitgesprochen und sich über den Rechenstab hinaus Geltung verschafft, oder ob der eine oder der andere Ingenieur bewußt um die gute Form gerungen und sie erreicht hat. Was bisher vielleicht hier und da unbewußt getan worden ist, muß in Zukunft unbedingt bewußt und konsequent geschehen. Es gibt nur e i n menschliches Gestalten. Genau dieselben Gestaltungstendenzen kehren wieder beim Kunsthandwerker, beim Architekten, beim Ingenieur, beim Werkzeugverfertiger, beim Schneider, bei der Putzmacherin, beim simplen Handwerker, bei der Mutter, die ihrer Kleinen ein Kleid zurechtschneidert. Es handelt sich immer um die gleichen Dinge: gute Proportionierung, Abstimmung der Farben, wirkungsvollen Aufbau, Rhythmus, ausdrucksvolle Form. Die Tendenzen, die bei allen diesen Gestaltern wirken, sind allgemeiner, sozusagen kosmischer Art, sie sind unserer Gehirntätigkeit immanent.

Hieraus wird es zur vollen Selbstverständlichkeit, daß ein Schaffender, der so große Aufgaben zu bewältigen hat wie der Ingenieur, der Bauwerke erzeugt, die uns auf Schritt und Tritt begegnen und an absoluter Größe alles überbieten, was bisher geleistet ist, unbedingt diese Gesetze nicht nur unbewußt wirken lassen, sondern sie bewußt befolgen muß. Einen Unterschied zu machen zwischen Werken der Architektur und des Ingenieurbaues ist sinnlos. Die Ingenieurwerke entstehen gerade so wie die Werke des Architekten aus dem Wunsch, ein Bedürfnis zu decken. Auch bei ihnen ist, wie bei den Werken des Architekten, in allererster Linie ein Nützlichkeitsprogramm zu erfüllen, und die Erfüllung dieses Programms bildet den Ausgangspunkt der Gestaltung. Aber die Durchbildung selbst findet dann sofort unter dem ständigen, kontrollierenden Einfluß des Schönheitsempfindens statt, das dahin strebt, das Unharmonische harmonisch zu machen, das Störende zu beseitigen, das Fehlende zu ergänzen, und das so einen höheren Ordnungssinn darstellt, der unsere Leistungen erst zur menschlichen Arbeit im höheren Sinne erhebt. Nützlichkeits- und Schönheitsgesichtspunkte arbeiten hier wie dort von Anfang an ineinander. Sie müssen bei der ersten Konzeption beide zur Stelle sein und sich in Gleichgewicht zu setzen suchen, wenn ein vollgültiges menschliches Werk erzeugt werden soll.

Der Ingenieur alten Schlages pflegte einzuwenden, daß für ihn die Statik allein maßgebend sei und er sich als wissenschaftlich und ökonomisch denkender Mensch keineswegs durch irgendwelche anderen Rücksichten von der mathematisch gegebenen Konstruktion, die zugleich beim sparsamsten Materialverbrauch den größten Nutzeffekt darstelle, abbringen lassen könne. Dieser Einwand ist hinfällig, so einleuchtend er von dem stets überzeugungsfähigen, kraß utilitaristischen Standpunkt aus erscheinen mag. Denn die Verhältnisse liegen meist so, daß es gleichzeitig mehrere mathematisch richtige Lösungen gibt, unter denen er wählen kann. Auch für den Ingenieur führen viele Wege nach Rom; die Richtungen, in denen er, auch rein mathematisch, eine Aufgabe verfolgt, können von Anfang an ganz verschiedene und sehr mannigfaltige sein. Es liegt nahe, diejenige zu wählen, die außer der Statik auch dem Auge gerecht wird. Und sodann steht, wie schon erwähnt, die Schönheit der Nützlichkeit nie grundsätzlich im Wege. Auch bei der schönen Form kann der höchste Effekt mit den geringsten Mitteln erreicht werden. Nicht anders ist es bei allen technischen Aufgaben, vor allem auch bei denen, die dem Architekten gestellt werden. Der Unterschied ist nur der, daß die Schönheitsanforderungen der Architektur aus Zeiten auf uns gekommen sind, denen der Sinn für das Rhythmische und Harmonische beim Menschen noch selbstverständlich war, so selbstverständlich, daß eine besondere Forderung daraus zu erheben ein Unding gewesen wäre.

Die ästhetische Bewegung der letzten fünfzehn Jahre hat infolge der ihr innewohnenden lebendigen Kraft weit über die Grenzen des ursprünglich kunstgewerblichen Gebietes hinausgegriffen. Sie fängt wieder an, unser ganzes Leben zu beherrschen. Große Ödländer, die durch jahrzehntelange Vernachlässigung fast unfruchtbar geworden waren — man denke nur an den Städtebau — sind neu aufgerodet und mit frischem Leben durchtränkt worden. Heute kann die Erkenntnis als so weit vorgeschritten gelten, daß wir den Satz aufstellen können: Sondergebiete des menschlichen Schaffens, bei denen die Form vernachlässigt werden könne, gibt es nicht. So wollen wir hoffen, daß die bewußte, aus den Bedingungen des Baues selbst entwickelte gute Form auch auf dem weiten Gebiet des Ingenieurbaues als Selbstverständlichkeit angesehen und als unerläßliches Attribut einer veredelten, der Höhe unserer Zeit entsprechenden Gestaltungsarbeit betrachtet werden wird.

Die Tagung des Deutschen Werkbundes in Köln, 3./4. Juli 1914

Aus der Rede von Hermann Muthesius:

»Die Werkbundarbeit der Zukunft«

Es stände schlimm für den Deutschen Werkbund, wenn er hier verkünden würde, daß er mit seiner ersten Ausstellung durchaus zufrieden sei. Sie zeigt die Schwächen einer Erstlingsarbeit... Die aus dem etwas gesättigten Zustand des Deutschen Werkbundes sich in der Ausstellung ergebende Gesamtstimmung ist die einer gewissen Ruhe und Unentschiedenheit, um nicht zu sagen Flauheit...
Und doch gibt uns die Ausstellung in ihrer gegenwärtigen Verfassung zu nicht ganz unfruchtbaren Betrachtungen Anlaß. Jede ins Große gehende Entwicklung, wie die durch den Werkbund repräsentierte moderne architektonisch-kunstgewerbliche Bewegung, hat zwei Tendenzen, eine in die Breite auslaufende und eine in die Höhe steigende. Die steigende Tendenz ist in der Werkbundbewegung die rein künstlerische, die in die Breite gehende Tendenz eine mehr volkswirtschaftliche. Über die rein künstlerische Tendenz zu reden, gibt vielleicht die gegenwärtige Ausstellung weniger Veranlassung, hier dürften auch Fallstricke die Menge liegen. Ein naher Beobachter hat einmal den Deutschen Werkbund als eine Vereinigung der intimsten Feinde bezeichnet und bemerkt, daß von seinen Künstlern jeder alle anderen grundsätzlich ablehne. Wenn dies der Fall sein sollte, so läge darin, daß wir trotzdem vereint arbeiten, vereint in schönster Harmonie unsere Tagungen abhalten, der beste Beweis für die Größe der Idee, die uns über alle persönlichen Meinungsverschiedenheiten hinweg bewegt.
Wenn wir also die Höhentendenz der Bewegung zunächst aus unseren Betrachtungen ausschalten, so gibt uns die gegenwärtige Ausstellung doch ein Bild von der großen Ausdehnung in die Breite, die die Bewegung genommen hat. Sie beweist, daß der Einfluß der Bewegung immer weiter und tiefer gegangen ist, daß sie bereits in die entferntesten Winkel und Ecken der deutschen Produktion eingedrungen ist. Es gibt fast kein Gebiet mehr, auf dem sich nicht neues Leben ankündigte. Die Produzenten selbst drängen sich heran und suchen Anschluß. Das war noch vor fünf Jahren ganz anders, damals opponierten sie, und es bedurfte noch besonderer Überredungskünste, um den Bestrebungen des Deutschen Werkbundes Boden zu gewinnen...
In dieser Beziehung haben die Verhandlungen mit den Händlerverbänden, die in Gemeinschaft vom Dürerbund und dem Deutschen Werkbund geführt worden

sind und die Herausgabe des Deutschen Warenbuches beabsichtigen, die Erfahrung gebracht, daß die Zeiten vorüber sind, wo uns die Geschäftsleute als lächerliche Theoretiker und unklare Schwärmer hinstellten, mit denen man sich nicht weiter zu befassen brauche. Sie haben bewiesen, daß heute der gesamte Kaufmannsstand und der allergrößte Teil der industriellen Produzenten mit uns zu arbeiten sucht. Es ist von der größten Wichtigkeit, dieses hier festzustellen. Und diese Feststellung wiegt vielleicht bis zu einem gewissen Grad den an sich berechtigten Vorwurf auf, daß eigentlich neue Leistungen nur in geringer Zahl zu bemerken seien. Es fragt sich eben, was der Deutsche Werkbund will.
Als eine Vereinigung von Künstlern, Gewerbetreibenden, Produzenten und Kaufleuten muß das Ziel seines Strebens in erster Linie die Verallgemeinerung und praktische Verbreitung derjenigen Bestrebungen sein, die wir uns in den letzten fünfzehn Jahren gewöhnt haben, künstlerische zu nennen. Handelte es sich allein um Kunst, so hätten wir damals einen Künstlerbund gründen und die Fabrikanten draußen lassen sollen. Hier handelte es sich aber darum, die Kunst anzuwenden, die künstlerischen Ziele mit den industriellen und kaufmännischen in Einklang zu bringen, ein Zusammenarbeiten der Kräfte Kunst, Industrie und Vertrieb herbeizuführen. Und dann ist das Wort Kunst für viele Teile unserer Arbeit überhaupt etwas zu prätentiös gewählt, es kommt oft lediglich Geschmack, gute und schickliche Form, Anstand in Frage. Das Gebaren der letzten zehn Jahre mit den Stichworten »Kunst im Hause«, »Kunst auf der Straße«, »Kunst des Schaufensters«, »Kunst der Studentenbude«, »Kunst im Männeranzug« (es gibt fast kein Wort mehr, mit dem das Wort »Kunst« nicht zusammengeleimt worden ist), entbehrt nachgerade nicht einer gelinden Komik. In früheren Zeiten, als alle Lebensbetätigungen noch den Stempel einer geschmackvollen Einheit trugen, wäre es niemand eingefallen, mit dem Wort »Kunst« in allen Ecken des kleinbürgerlichen und geschäftlichen Lebens herumzuspringen. Man lese Schriftsteller des 18. Jahrhunderts, und man wird im Zusammenhang von Wohnungsschilderungen, gewerblichen Darstellungen, Anzug und Kleingerät kaum jemals das Wort »Kunst« angewendet finden. Daß in diesen Dingen die gute Form waltete, daß der Handwerker, der Käufer, der Händler guten Geschmack hatten, war völlig selbstverständlich, so daß man darüber kein besonderes Wesen zu machen brauchte. Daß von der zweiten Hälfte des 19. Jahrhunderts an das Wort »Kunst« so viel genannt wurde, ist nur ein Zeichen dafür, daß plötzlich eine Unsicherheit und das Gefühl geistiger Leere in allen Dingen des guten Geschmacks über die Menschen gekommen war. In allen den Bestrebungen, die seit Gottfried Semper unter dem Stichwort »Kunstgewerbe« vor sich gehen und die nun auch der Deutsche Werkbund aufgenommen hat, kann es sich eigentlich nur um die Ausgleichung eines Mangels handeln. Der abhanden gekommene gute Geschmack soll wiedererlangt, und der an und für sich ganz natürliche Zustand soll wieder heraufgeführt werden, der früheren Zeiten von selbst eigen war.
Wenn somit das Ziel des Werkbundes vielleicht in der Vorstellung des einen oder des anderen seines hohen Kothurnes entkleidet wird, so ist die allgemeine

Bedeutung der Werkbundarbeit dadurch keineswegs gemindert. Die selbstverständliche Betätigung des guten Geschmacks im Leben des Einzelnen mag Privatangelegenheit sein. In der Gesamtheit eines Volkes wird aus dieser Privatangelegenheit ein charakteristisches Anzeichen, das nicht nur das Kulturbild der Nation färbt, sondern auch weitreichende wirtschaftliche Konsequenzen hat. Beim Anblick von Ausstellungen, wie die von Dresden 1906, München 1908 und 1912 sowie der gegenwärtigen Werkbundausstellung, könnte man nun den Eindruck gewinnen, daß ein Allgemeinzustand des guten Geschmacks bereits wieder erreicht sei. Wenn sich etwa der Ausstellungsbesucher einer solchen Täuschung hingeben kann, so gewinnt das Bild doch ein ganz anderes Ansehen für denjenigen, der das Innere der deutschen Normalwohnung kennt. Die Aufräumungsarbeit gegen all den Ungeschmack, den prätentiösen Schund, den hier Jahrzehnte einer verblendeten Vorliebe aufgehäuft haben, ist noch kaum begonnen. Nur kleinste Kreise haben eingelenkt. Ein gelegentlicher Besuch beim Arzt, ein Durchblättern der »Woche«, die das Heim berühmter Persönlichkeiten vorführt, wirken hier geradezu niederschmetternd. Der Architekt, der Häuser baut, weiß ebenfalls ein Lied zu singen. Gerade die Reichgewordenen, diejenigen also, bei denen die Mittel flüssig sind, hängen an Romantik und Prätention. Und da sie oft gleichzeitig ihr Bildungsbedürfnis zu dokumentieren streben, so muß eine Sache, die sie anschaffen, noch einen für höher gehaltenen Nebenwert haben, einen ausländischen oder einen historischen. Der historische wird von einer hilfsbereiten Fälscherindustrie, die noch immer bessere Geschäfte macht als die moderne Bewegung, prompt geliefert. Der ausländische ist durch Einkauf in Paris, London oder Rom leicht zu erlangen. In beiden Fällen aber werden enorme Kapitalien auf volkswirtschaftlich unfruchtbare Wege gelenkt, vor allem wird die lebendige Entwicklung gehemmt und der deutschen anständigen Produktion das Leben schwer gemacht.
Bei diesem Stand der Verhältnisse ist es um so mehr anzuerkennen, daß heute die Industrie auf der fortschrittlichen Seite ist. Denn im allgemeinen ist es als ein feststehendes volkswirtschaftliches Gesetz zu betrachten, daß zwischen Konsum und Produzent auch in Geschmacksfragen eine innige Reziprozität vorliegt, insofern als immer genauso viele Geschäfte von schlechtem Geschmack als Abnehmer von schlechtem Geschmack vorhanden sind. Es hieße mit dem Kopf gegen die Wand rennen, wenn man die schlechten Versorger beseitigen wollte, so lange es noch schlechte Abnehmer gibt. Ein zu hohes Plus an guten Geschäften über den Prozentsatz an guten Abnehmern würde zum Ruin der Geschäfte führen. Andererseits aber zwingt die bessere Einsicht der Abnehmer den Geschäftsmann augenblicklich, seine Versorgung zu ändern. Das Erziehungswerk vom schlechten zum guten Geschmack muß sich deshalb nach zwei Fronten richten. Und nur ganz allmählich werden sich auf beiden Seiten die Berge abtragen lassen, die noch aufgetürmt vor uns stehen...

Nun kann es keinem Zweifel unterliegen, daß dieser einheitliche Stilausdruck, trotz aller individualistischen Verschiedenheiten der Einzelwerte, heute im modernen Kunstgewerbe bereits erreicht ist. Das ist von uns Näherstehenden vielleicht nicht so klar zu erkennen, als von solchen Beobachtern, die aus anderer Umgebung kommen. Ausländern erschienen bereits die deutschen Ausstellungen in St. Louis und in Brüssel durchaus als ausgeprägte Einheiten innerhalb der ganz anders gearteten Ausstellungen der übrigen Völker. Auf diesem Wege einer heilsamen Vereinheitlichung ist die Bewegung seitdem noch vorwärtsgeschritten, und gerade dieser Umstand muß von uns mit Befriedigung festgestellt werden. Denn diese Vereinheitlichung bedeutet Kraft. Die Überführung aus dem Individualistischen ins Typische ist der organische Entwicklungsgang, der nicht nur zu einer Ausbreitung und Verallgemeinerung, sondern vor allem auch zu einer Verinnerlichung und Verfeinerung führt. In allen großen Kulturperioden, vor allem in den Blütezeiten der Baukunst, sehen wir diesen gleichmäßigen Strom völlig einheitlicher Leistungen dahinfließen. Es haben gewissermaßen ganze Generationen an ein und derselben Aufgabe gearbeitet, jeder einzelne Künstler hat seinen Teil zur Hebung des Gesamtresultates beigetragen, ähnlich wie es heute in Fabrik- und Konstruktionsbetrieben der Fall ist, in denen alles darauf hinausläuft, den fabrizierten Gegenstand (fotografischen Apparat, Fernrohr, Dampfschiff, Turbine) ständig zu vervollkommnen und zu verbessern. Und mit dieser Entwicklung nach dem Typischen dürfte überhaupt ein charakteristisches Merkmal gerade der architektonischen Künste gegeben sein. Zwischen den sogenannten freien Künsten, als da sind Poesie, Musik, Malerei, Plastik, einerseits und der Architektur andererseits findet der grundlegende Unterschied statt, daß diese freien Künste in sich selbst ihren Zweck erfüllen, die Architektur jedoch dem praktischen Leben dient. Die freien Künste sind gewissermaßen Ausnahmen des täglichen Lebens, wir wenden uns zu ihnen, wenn wir Befreiung von dem Täglichen suchen. Die Architektur dagegen als die rhythmische Fassung unserer täglichen Lebensbedürfnisse bildet den ruhigen Hintergrund, auf dem sich dann das Außerordentliche des Lebens erst aufbauen mag. Es ist daher eine bekannte Beobachtung, daß sich Exzentritäten in der Architektur mehr rächen, als in irgendeiner anderen Kunst. Gerade die jeweilig als »modern« ausgegebenen Werke sind nach fünf Jahren meistens nicht mehr anzusehen. Kunstgewerbe-Museen, die in Paris 1900, der Zeit des Individualismus, moderne Innenkunst kauften, haben diese inzwischen in einen stillen Winkel des Untergeschosses gestellt. Wir sind also auf dem Gebiet des Tektonischen besonders empfindlich gegen alles Unnormale, aus dem ruhigen Bett der Entwicklung Heraustretende. Es ist das Eigentümliche der Architektur, daß sie zum Typischen drängt. Die Typisierung aber verschmäht das Außerordentliche und sucht das Ordentliche. Die Schwierigkeit liegt darin, daß das etwa erstrebenswerte Besondere, Persönliche, Aparte innerhalb des Typischen verbleibt. Jede Ausschreitung über gewisse Grenzen führt ins Parvenühafte und Unkultivierte.

Die Zurückführung der Bewegung auf das Typische ist vor allem auch nötig, um eine Einheitlichkeit des allgemeinen Geschmacks herbeizuführen. Für das Publikum ist eine gewisse Übereinstimmung des Vorhandenen, eine sichtbare

Gleichmäßigkeit die Vorbedingung dafür, sich ein Bild zu formen und sich an eine Ausdrucksform zu gewöhnen. Individualistische Sonderheiten verwirren, Konzentrationen schaffen Sicherheit und Beruhigung. Wenn ich den Übergang ins Typische hier als vorhanden hingestellt und seine Vorteile hervorgehoben habe, so möchte ich von vornherein das Mißverständnis ausgeschlossen wissen, als läge hierin eine Aufforderung an den schaffenden Künstler, sich möglichster Einförmigkeit zu befleißigen. So verfehlt eine solche Mahnung an und für sich wäre, so wenig könnte sie einschlagen. Denn der Künstler folgt, wenn er ein solcher ist, stets nur seinem inneren Drang. Der Künstler genießt volle Freiheit, denn nur aus dieser Freiheit heraus kann er wirken. Die Architektur ist, wie allgemein anerkannt, diejenige der Künste, welche von der Tradition am wenigsten losgelöst werden kann. Und es liegt auch, an und für sich betrachtet, keine Veranlassung vor, sie loszulösen. Es ist nun allerdings ein Unterschied, ob alte Schemata in einer rein zusammenstellenden Tätigkeit verarbeitet werden oder ob eine Generation mit demjenigen Rüstzeug, das die Verhältnisse der ewig wechselnden Zeiten liefern, in Weiterbildung der Tradition selbständige Werke schafft. Das Zusammenstellen war zu jener Zeit üblich, als der Architekt und Kunstgewerbezeichner »in allen Stilen bewandert« zu sein vorgaben. Wenn nun auch inzwischen eine neue, wirklich lebendige Architekturströmung eingesetzt hat, die wir als eine der besten Errungenschaften der Gegenwart verzeichnen müssen, so haben wir daneben doch auch heute noch eine Biedermeiermode, die sich der Verliebtheit des Publikums, das nun einmal seinen Stilgötzen anbeten muß, willig anpaßt. Ja, es läuft neben frischesten, schöpferischsten Leistungen in der Architektur, die sich besonders im Industriebau, im Geschäftshausbau und in Verkehrsbauten äußern, heute eine offensichtliche Reaktion her, deren Vertreter alles, was in der modernen Bewegung in den letzten fünfzehn Jahren geleistet ist, als bedauernswert und falsch erklären. Selbst mancher, der an dem erfrischenden, aber anstrengenden Ausflug der neuen Bewegung teilgenommen hat, ist wieder reumütig in die warme Stube der Stile zurückgekehrt und behauptet, daß es doch das einzig Wahre sei, daheim zu bleiben, Ausflüge ins Freie seien ein Irrtum ... Gearbeitet worden ist an der Architektur derjenigen Gebiete, auf denen neue Bedürfnisse aufgetreten sind, den Verkehrs-, Handels-, Geschäfts-, Fabrikgebäuden und der bürgerlichen Wohnung.

Es läßt sich bereits feststellen, daß sich eine neue Ausdrucksform bildet, die den allgemeinen Zeitcharakter der Gegenwart treu widerspiegelt. Denn es ist unbedingt an dem Satz festzuhalten, daß eine Zeit wie die unsere, in der alle Lebensverhältnisse gegenüber früheren Zeiten so total verändert sind, in der der internationale Austausch in geistiger wie in materieller Beziehung an die Stelle örtlicher Beschränkung getreten ist, in der die Technik die Grenzen von Zeit und Raum fast überwunden hat, in der unerhörte Erfindungen unsere äußeren Lebensbedingungen total umgewandelt haben, daß eine solche Zeit auch in der Kunst ihre eigene Ausdrucksform haben muß. Denn mit der Internationalität unseres Lebens wird sich auch eine gewisse Gleichmäßigkeit der architektonischen Formen über den ganzen Erdball einfinden. Ist doch diese Gleichmäßig-

keit schon in unserem Anzug, dem nächsten tektonischen Gebilde, das uns umgibt, klar ausgesprochen. Dasselbe Jackett und dieselbe Bluse wird heute vom Nordpol zum Südpol getragen.
Die Technik ist das Arbeitsgebiet des Deutschen Werkbundes, aber von einem speziellen Gesichtspunkt aus, nämlich dem der Veredlung der Form und Steigerung der Qualität. Die Tätigkeit richtet sich im Grunde ihres Wesens auf durchaus ideelle Ziele, wie der Deutsche Werkbund selbst ein Erzeugnis des deutschen Idealismus genannt werden muß. Es liegt daher in seiner Natur, fortgesetzt das Beste und Höchste zu erstreben, niemals auf Lorbeeren auszuruhen, stets mit sich selbst unzufrieden zu sein und stets Auslug nach neuen Quellen der Bereicherung seines Wirkens zu halten...

Bemerkung zur Werkbund-Tagung 1914

Den Teilnehmern der Versammlung waren bereits vor dem Vortrag Leitsätze übergeben worden. Sie fassen nicht nur den Vortrag zusammen, sondern sind in verschiedenen Punkten anders als der Vortrag, besonders — dies wurde bereits erwähnt — sieht es in ihnen so aus, als könne man eine Typenbildung rasch und durch bewußte Arbeit in dieser Richtung fördern, während im Vortrag der Typus als das Ergebnis der Arbeit von Generationen gezeigt wird. Natürlich meinte Muthesius beides: er war sich bewußt, daß Typen das Ergebnis langer Arbeit sind, und er war sich ebenso bewußt, daß man in unserer Welt a l l e r d i n g s bewußt typische Gegenstände schaffen könne und solle. Dieser Gedanke war damals sehr neu, und Muthesius hat ihn nicht genügend erklärt, so daß jener Gegensatz zwischen dem Vortrag und den Leitsätzen zu bestehen scheint. Die Leitsätze für sich, ohne den Vortrag, mußten mißverstanden werden und wurden, man darf getrost sagen böswillig, mißverstanden. Van de Velde und seine Gruppe erschienen offenbar bereits in Kampfstimmung in der Versammlung, sie wollten eine Auseinandersetzung. Van de Velde hat in seinen Lebenserinnerungen erzählt, wie noch in der Nacht vor der ersten Sitzung Gegenleitsätze ausgearbeitet und schleunigst zum Drucker befördert wurden, so daß van de Velde mit ihnen unmittelbar nach Muthesius' Vortrag auftreten konnte. So kam es am folgenden Tage der Versammlung zu jener hochinteressanten Diskussion, welche doch bei allem Interesse dadurch gekennzeichnet ist, daß man aneinander vorbeigeredet hat — wie auch einige der Redner in der Diskussion feststellten. Mehr noch: sie ist dadurch gekennzeichnet, daß auch die Vertreter der Typisierung nicht genau wußten, was sie nun wirklich meinten: den Typus als Ergebnis einer geschichtlichen Entwicklung oder den Typus als bewußte Arbeit des »Designers«; den gab es eben damals noch nicht. Wir bringen im Folgenden die Leitsätze, die Gegenleitsätze sowie Ausschnitte aus den Diskussionsreden und schließlich einige Absätze aus dem Vortrag von Friedrich Naumann, welcher am Nachmittag des gleichen Tages gehalten wurde.

Hermann Muthesius
Leitsätze

1. Die Architektur und mit ihr das ganze Werkbundschaffensgebiet drängt nach Typisierung und kann nur durch sie diejenige allgemeine Bedeutung wiedererlangen, die ihr in Zeiten harmonischer Kultur eigen war.
2. Nur mit der Typisierung, die als das Ergebnis einer heilsamen Konzentration aufzufassen ist, kann wieder ein allgemein geltender, sicherer Geschmack Eingang finden.
3. Solange eine geschmackvolle Allgemeinhöhe nicht erreicht ist, kann auf eine wirksame Ausstrahlung des deutschen Kunstgewerbes auf das Ausland nicht gerechnet werden.
4. Die Welt wird erst dann nach unseren Erzeugnissen fragen, wenn aus ihnen ein überzeugender Stilausdruck spricht. Für diesen hat die bisherige deutsche Bewegung die Grundlagen geschaffen.
5. Der schöpferische Weiterausbau des Errungenen ist die dringendste Aufgabe der Zeit. Von ihr wird der endgültige Erfolg der Bewegung abhängen. Jedes Zurück- und Abfallen in die Nachahmung würde heute die Verschleuderung eines wertvollen Besitzes bedeuten.
6. Von der Überzeugung ausgehend, daß es für Deutschland eine Lebensfrage ist, seine Produktion mehr und mehr zu veredeln, hat der Deutsche Werkbund als eine Vereinigung von Künstlern, Industriellen und Kaufleuten sein Augenmerk darauf zu richten, die Vorbedingungen für einen kunstindustriellen Export zu schaffen.
7. Die Fortschritte Deutschlands in Kunstgewerbe und Architektur sollten dem Ausland durch eine wirksame Propaganda bekanntgemacht werden. Als nächstliegendes Mittel hierfür empfehlen sich neben Ausstellungen periodische illustrierte Veröffentlichungen.
8. Ausstellungen des Deutschen Werkbundes haben nur dann Sinn, wenn sie sich grundsätzlich auf Bestes und Vorbildliches beschränken. Kunstgewerbliche Ausstellungen im Ausland sind als eine nationale Angelegenheit zu betrachten und bedürfen daher öffentlicher Unterstützung.
9. Für einen etwaigen Export ist das Vorhandensein leistungsfähiger und geschmacklich sicherer Großgeschäfte die Vorbedingung. Mit dem vom Künstler für den Einzelfall entworfenen Gegenstand würde nicht einmal der einheimische Bedarf gedeckt werden können.
10. Aus nationalen Gründen sollten sich große, nach dem Ausland arbeitende Vertriebs- und Verkehrsgesellschaften jetzt, nachdem die Bewegung ihre Früchte gezeigt hat, der neuen Bewegung anschließen und die deutsche Kunst mit Bewußtsein in der Welt vertreten.

Henry van de Velde

Gegen-Leitsätze

1. Solange es noch Künstler im Werkbund geben wird und solange diese noch einen Einfluß auf dessen Geschicke haben werden, werden sie gegen jeden Vorschlag eines Kanons oder einer Typisierung protestieren. Der Künstler ist seiner innersten Essenz nach glühender Individualist, freier spontaner Schöpfer; aus freien Stücken wird er niemals einer Disziplin sich unterordnen, die ihm einen Typ, einen Kanon aufzwingt. Instinktiv mißtraut er allem, was seine Handlungen sterilisieren könnte und jedem, der eine Regel predigt, die ihn verhindern könnte, seine Gedanken bis zu ihrem eigenen freien Ende durchzudenken oder die ihn in eine allgemeingültige Form hineintreiben will, in der er doch nur eine Maske sieht, die aus einer Unfähigkeit eine Tugend machen möchte.

2. Gewiß hat der Künstler, der eine »heilsame Konzentration« treibt, immer erkannt, daß Strömungen, die stärker sind als sein einzelnes Wollen und Denken, von ihm verlangen, daß er erkenne, was wesentlich seinem Zeitgeist entspricht. Diese Strömungen können sehr vielfältige sein, er nimmt sie unbewußt und bewußt als allgemeine Einflüsse auf, sie haben materiell und moralisch etwas für ihn Zwingendes; er ordnet sich ihnen willig unter und ist für die Idee eines neuen Stiles an sich begeistert. Und seit 20 Jahren suchen manche unter uns die Formen und die Verzierungen, die restlos unserer Epoche entsprechen.

3. Keinem von uns ist es jedoch eingefallen, diese von uns gesuchten oder gefundenen Formen oder Verzierungen anderen nunmehr als Typen aufzwingen zu wollen. Wir wissen, daß mehrere Generationen an dem noch arbeiten müssen, was wir angefangen haben, ehe die Physiognomie des neuen Stiles fixiert sein wird, und daß erst nach Verlauf einer ganzen Periode von Anstrengungen die Rede von Typen und Typisierung sein kann.

4. Wir wissen aber auch, daß nur solange dieses Ziel nicht erreicht ist, unsere Anstrengungen noch den Reiz des schöpferischen Schwunges haben werden. Langsam fangen die Kräfte, die Gaben aller an, ineinander überzugehen, die Gegensätze werden neutralisiert, und in eben dem Augenblick, wo die individuellen Anstrengungen anfangen zu erlahmen, wird die Physiognomie fixiert; die Ära der Nachahmung fängt an, und es setzt der Gebrauch von Formen und von Verzierungen ein, bei deren Herstellung niemand mehr den schöpferischen Impuls aufbringt: die Zeit der Unfruchtbarkeit ist dann eingetreten.

5. Das Verlangen, einen Typ noch vor dem Werden eines Stiles erstehen zu sehen, ist geradezu dem Verlangen gleichzusetzen, die Wirkung vor der Ursache sehen zu wollen. Es hieße, den Keim im Ei zerstören. Sollte wirklich jemand sich durch den Schein, damit rasche Resultate erzielen zu können, blenden lassen? Diese vorzeitigen Wirkungen haben um so weniger Aussicht, eine wirksame Ausstrahlung des deutschen Kunstgewerbes auf das Ausland zu erreichen, als

eben dieses Ausland einen Vorsprung vor uns voraus hat in der alten Tradition und der alten Kultur des Geschmacks.

6. Deutschland hingegen hat den großen Vorzug, noch Gaben zu haben, die anderen älteren, müderen Völkern abgehen, die Gaben der Erfindung, der persönlichen geistreichen Einfälle. Und es heißt geradezu, eine Kastration vornehmen, wenn man diesen reichen, vielseitigen schöpferischen Aufschwung jetzt schon festlegen will.

7. Die Anstrengungen des Werkbundes sollten dahin abzielen, gerade diese Gaben sowie die Gaben der individuellen Handfertigkeit, die Freude und den Glauben an die Schönheit einer möglichst differenzierten Ausführung zu pflegen und nicht sie durch eine Typisierung zu hemmen, gerade in dem Moment, wo das Ausland anfängt, an deutscher Arbeit Interesse zu empfinden.
Auf dem Gebiet dieser Förderung bleibt fast noch alles zu tun übrig.

8. Wir verkennen niemandes guten Willen und erkennen sehr wohl die Schwierigkeiten, die dabei zu überwinden sind. Wir wissen, daß die Arbeiterorganisation viel für das materielle Wohl des Arbeiters getan hat, aber kaum eine Entschuldigung dafür vorbringen kann, so wenig dafür getan zu haben, die Begeisterung für vollendet schöne Arbeit bei denen zu wecken, die unsere freudigsten Mitarbeiter sein müßten. Andererseits ist uns der Fluch wohl bekannt, der auf unserer Industrie lastet, exportieren zu müssen.

9. Und dennoch ist nie etwas Gutes und Herrliches geschaffen worden aus bloßer Rücksicht auf den Export. Qualität wird nicht aus dem Geist des Exports geschaffen. Qualität wird immer nur zuerst für einen ganz beschränkten Kreis von Auftraggebern und Kennern geschaffen. Diese bekommen allmählich Zutrauen zu ihren Künstlern, langsam entwickelt sich erst eine engere, dann eine rein nationale Kundschaft, und dann erst nimmt das Ausland und die Welt langsam Notiz von dieser Qualität. Es ist ein vollkommenes Verkennen des Tatbestandes, wenn man die Industriellen glauben macht, sie vermehrten ihre Chancen auf dem Weltmarkt, wenn sie a priori Typen produzierten für diesen Weltmarkt, ehe diese ein zu Hause ausprobiertes Gemeingut geworden seien. Die wundervollen Werke, die jetzt zu uns exportiert werden, sind niemals ursprünglich für den Export erschaffen worden, man denke an Tiffany-Gläser, Kopenhagener Porzellan, Schmuck von Jensen, die Bücher von Cobden-Sanderson usw.

10. Jede Ausstellung muß das Ziel verfolgen, der Welt diese heimische Qualität zu zeigen, und die Ausstellungen des Werkbundes haben in der Tat nur dann einen Sinn, wenn sie sich, wie Herr Muthesius so trefflich sagt, grundsätzlich auf Bestes und Vorbildliches beschränken.

Aus der Diskussion

Peter Behrens:

Ich muß offen sagen, daß ich mir nicht ganz klar darüber geworden bin, was Herr Muthesius unter Typisierung gemeint hat. Ich habe zunächst nicht daran gedacht, daß hierunter die Festlegung eines Kanons zu verstehen sei. Ich habe an typische Kunst gedacht, die für mich das höchste Ziel in jeder Kunstbetätigung bedeutet. Sie ist der stärkste und letzte Ausdruck einer tiefen Persönlichkeit. Sie ist die reifste und aufgeklärteste, von allem Nebensächlichen befreite Lösung eines zu schaffenden Objektes. Die besten Werke eines Künstlers werden nach diesen beiden Seiten hin stets Typen bedeuten. Es ist selbstverständlich, daß zum Beispiel ein Warenhaus, das als prägnanter Ausdruck dieser Erscheinung in die Wege tritt, eine bessere Architektur ist, als wenn es die Haltung eines Schlosses einnimmt. Das Streben nach dem Vollendeten hat in früherer Zeit dahin geführt, daß zum Beispiel der Grundriß eines Wohnhauses nicht mehr besser zu gestalten war, daß alle an ihn gestellten Bedingungen für Schönheit und Zweckmäßigkeit erfüllt waren. Es entstand das für eine Stadt typische Wohnhaus, das sich mit feinen Variationen oft wiederholte. In diesem Sinne glaube ich das Typische in der Kunst zu verstehen. An ein Aufheben der künstlerischen Freiheit soll doch wohl nicht gedacht werden. Gerade die Gewährleistung der künstlerischen Freiheit muß eines der heiligsten Gebote der Werkbundbestrebungen bleiben ...

August Endell:

... wenn nun zu diesem unseligen Wort Qualität, das wir gern durch das Wort Schönheit ersetzen möchten, noch das viel bedenklichere Wort »Typisierung« hinzutreten sollte, so würde das Programm des Werkbundes gänzlich verpfuscht sein, denn dieses Wort, das bisher noch nicht einmal existiert hat, läßt an Unklarheit nichts zu wünschen übrig. Und darum müssen wir uns hüten, ein derart gefährliches Wort leichtfertig in unser Programm aufzunehmen. Wir haben die Pflicht, bestimmt, klar und deutlich zu sagen, was wir wollen. Mein Vorredner hat schon vortrefflich auseinandergesetzt, wie schwer dem Begriff Typus und Typisierung beizukommen ist. Ich kann mich daher auf andere Dinge beschränken, die mehr das Positive der Leitsätze betreffen. Schließlich kommen die Leitsätze darauf hinaus, daß wir im großen Stil exportieren müssen und deshalb typisieren sollen ...
Für uns ist es gleichgültig, ob eine Einheit zustande kommt. Wie soll ich eine Einheit machen, wenn zehntausend andere mitlaufen? Wie soll ich die anderen beeinflussen? Eine künstliche Vereinheitlichung der Arbeit könnte nur zur Durchschnittsware führen. Auch ist es gar nicht wahr, daß in früheren Zeiten

jemals eine derartige Einheit bestanden habe, das scheint nur so bei ungenügender Kenntnis der Vergangenheit und unter dem Einfluß der Auffassung der Kunstgeschichte, die seit Hegel bei uns üblich geworden ist ...
Schönheit ist Erlebnis, und nur, wer das Erlebnis gehabt hat, kann überhaupt wissen, worum es sich handelt. Und dieses Erlebnis ist merkwürdig genug, denn es ist kaum zu begreifen, daß eine Blume, ein persischer Teppich, eine chinesische Vase uns nur durch ihr Dasein, nur durch ihre Wirkung auf die Augen in einen unbegreiflich zwingenden Zustand der Erregung versetzt, der dem Nichtergriffenen wie eine Verrücktheit erscheinen muß *(Gelächter)* ...

Hermann Obrist:

Uns scheint jeder Versuch, in der angewandten Kunst eine Typisierung absichtlich und bewußt erreichen zu wollen, voller Gefahren. Voll der Gefahren zum Beispiel der frühzeitigen Sterilisierung der Erfindung, welche doch eine der wenigen geistigen Freuden darstellt, die uns Modernen noch übrigbleiben und ohne die unser künstlerisches Leben nicht mehr der Mühe wert sein würde, gelebt zu werden. Es wäre der Anfang vom Ende. Die Leitsätze 2 und 5 zum Beispiel, die von der Typisierung und dem schöpferischen Weiterausbau handeln, erscheinen uns total unvereinbar. Gerade in Frankreich und England sehen wir, wohin man kommt, wenn diese Typisierung erreicht ist. Diese Völker haben schon ihre Typen und halten daran fest, wollen keine anderen mehr und sind, speziell Frankreich, nach unserer Überzeugung auf unabsehbare Zeit hin zur Sterilität verdammt. Sie wollen es eben so. Wollen wir nicht von ihnen lernen, es anders zu machen? Hüten wir uns vor einer großen deutschen Gefahr, nämlich in Systemen und in Dogmen fossil zu werden. Die deutsche Musik, die man ja eventuell als unseren größten künstlerischen Exportartikel bezeichnen könnte, hat die Welt erobert: nicht durch Typisierung und nicht durch Zweckmäßigkeitsprinzipien, sondern durch ihre Leidenschaft und durch die Seligkeit, die sie den Hörern der ganzen Welt gibt. Exportieren wir gewaltige geistige Werte, statt rationalistischer Artikel, und wir werden uns über den Erfolg nicht zu beklagen haben. Doch genug der Theorie. Die Prinzipien des Werkbundes sind zwar durchaus anfechtbar, aber einige von ihnen sind zweifellos ausgezeichnet und beherzigenswert.
Das Jahrbuch, das der Verein herausgibt, zeigt uns eine Fülle von Bauten, mit denen wir uns einverstanden wohl erklären können. Es ist aber die Frage, ob sie hier auf dieser Ausstellung sehr typisch vertreten sind. Wo sind denn die architektonischen Vorbilder wahrhaft zeitgemäßer Typen, von denen uns immer gepredigt wird? Wir vermissen sie schwer. Schon das Plakat der Ausstellung erscheint uns fast symbolisch für den Geist, der hier viel zu finden ist. Das Pferd des Fortschritts bäumt sich gegen einen Widerstand auf, den man nicht sieht und der in der Tat gar nicht vorhanden ist. Unser Volk stemmt sich ja wirklich gar nicht gegen den großen Fortschritt. Der Wind jedoch, der die Fackelflamme

treibt, der Wind, der weht von hinten. Er ist reaktionär. *(Heiterkeit.)* Was sollen wir, die wir seit schier 20 Jahren intensiv schöpferisch vorwärtsgestrebt haben, sagen, wenn wir diese pseudo-romanischen, pseudo-barocken, pseudo-klassizistischen und Pseudo-Biedermeiergebäude sehen oder dieses Dorf in künstlicher Heimatkunst? Diese nüchternen und nachempfundenen Bauten, diese unbeschreibliche Haupthalle: das sollen die Typen sein, mit denen wir das Ausland erobern sollen? *(Sehr richtig!)* Ist es überhaupt erlaubt, sich so wenig anzustrengen und aus diesem Sich-nicht-Anstrengen womöglich noch ein Prinzip zu machen? *(Lebhafter Beifall!)* Gewiß haben wir das Theater, das Fabrikgebäude, die Synagoge und andere Kunstwerke mehr, und in diesen Bauten ist wirklich ein Bauwille vorhanden, der so stark ist, daß man über die etwaigen Unvollkommenheiten gern hinwegsieht. Aber ist das nicht etwas wenig nach den vielen Jahren der Propaganda? Doch lassen wir das... Halten wir uns an die vielen wirklichen Kunstdinge, die wir in den Hallen finden...
Mögen diese herrlichen Dinge, die nicht aus dem Werkbundgedanken, sondern aus der unermüdlichen Triebfeder des schöpferischen Gestaltungsdranges entstanden sind, vorbildlich werden. Eine Fülle von Geschmack ist vorhanden, der nur die Gefahr birgt, daß er einen ausgenommen femininen Charakter zu bekommen scheint. Das Haus der Frau zum Beispiel unterscheidet sich wenig von den Hallen der Männer, nicht weil die Frauen so maskulin sind, sondern weil wir Männer so feminin werden. Bloßes Geschmacksästhetentum ist auch ein Anfang eines Endes.
So überwiegt denn in den Hallen die vielseitige differenzierte Qualitätsarbeit in erfreulicher Weise und beruhigt uns darüber, daß in unserem begabten Volk die lebendigen Keime der schöpferischen Lust die sterilisierenden Einflüsse einer Typisierung in absehbarer Zeit nicht aufkommen lassen werden. Und in dieser Zuversicht wollen wir schließen...

Karl Ernst Osthaus:

...Das Wort »Typen« ist nicht so ganz wesenlos, wie Herr Endell meint. Es hat ein bestimmtes Gesicht in der Werkbundbewegung. Meines Wissens ist der Typengedanke ausgegangen vom Arbeiterwohnhausbau. Es hat sich nämlich ergeben, daß Arbeiterkolonien wesentlich billiger werden, wenn man bestimmte Bauteile, Fenster, Türen, Heizungsanlagen usw. typisiert, d. h. auf wenige Grundformen zurückführt. Herr Metzendorf zum Beispiel hat bei seiner Kolonie in Essen eine Fensterform 4000mal, eine andere 7000mal im Jahr verwendet. Es ist sehr ersichtlich, daß bei so großen Anlagen die Zurückführung auf einheitliche Formen wesentliche Ersparnisse nach sich zieht, und darin, meine Damen und Herren, liegt wohl die Berechtigung des Typengedankens. Man ist nun nicht stehen geblieben beim Arbeiterwohnhausbau, sondern hat versucht, den Typengedanken auf die Möbelfabrikation zu übertragen. Meines Wissens ist das mit besonderer Vorliebe in den Deutschen Werkstätten in Dresden geschehen. Auch hier handelt es sich darum, daß Möbel verschiedener Art und Bestimmung auf Einheitsmaße zurückgeführt werden, auf Rahmenstücke, Füllungen usw. Es sind da insbesondere von Herrn Riemerschmid sehr sinnreiche Kombinationen erfunden worden, wie man aus Einheitsformen Möbel ganz verschiedener Art (Betten, Kommoden, Schränke, Tische usw.) zusammenfügen kann. Die Typenbildung beruht auch in diesem Falle auf Kalkulationserwägungen, denn es ist klar, daß so fabrizierte Möbel vorteilhafter verkauft werden können als andere. Der soziale Vorteil, der sich daraus ergibt, ist sehr ersichtlich. Wenn diese Typenmöbel wirklich gut erfunden werden, kann eine verhältnismäßig große Zahl von Menschen dadurch Anteil nehmen an den Segnungen der Werkbundbewegung.

Sie sehen, meine Damen und Herren, wie der Begriff »Typen« entstanden ist, und ich glaube, wir werden ohne weiteres zugeben, daß diese Typenbildung Vorteile hat.

Aber ich muß mich im übrigen zu den Leitsätzen des Herrn Professor van de Velde und zu den Worten des Herrn Endell bekennen, indem ich es durchaus ablehne, daß dieser Typenbildung eine Bedeutung für das Künstlerische zugemessen werden soll. Ich stehe mit Herrn Endell auf dem Standpunkt, daß Typenbildung in der Vergangenheit im allgemeinen auf Täuschung, auf schlechtem Hinsehen beruht. Typen bilden sich überall da aus, wo gleiche Lebensbedingungen vorliegen. Schon die Tatsache, daß bei uns zuerst Typen im Arbeiterwohnhausbau entstanden sind, zeigt das deutlich. Wo gleiche Lebensbedingungen vorliegen, können aus diesen gleichen Lebensbedingungen auch gleiche Formen entstehen. Im übrigen aber ist unsere Zeit nicht so beschaffen, daß sie zu gleichen Formen führen könnte...

Alles ist im Werden, und es wäre infolgedessen ein Vorgriff in die Zukunft, schon heute eine Typisierung zu konstatieren oder auch nur zu verlangen. Dazu kommt, daß Typisierung mit Kunst überhaupt nichts zu tun hat...

Wir müssen unsere Bewegung als eine ethische auffassen. Nicht so sehr nach dem Export fragen als danach, ob unsere Arbeit unser würdig ist. Anständig arbeiten, weil wir nicht anders können, weil wir die Arbeit und die Schönheit lieben, weil Schönheit uns »verrückt« macht und wir nichts anderes in unserer Umgebung sehen mögen. Darauf allein kommt es an. Und in dieser Gesinnung liegt die kraftvolle Wurzel unserer Bewegung. Ich bitte Sie, vergessen Sie das nicht...

Richard Riemerschmid:

Es ist davon die Rede gewesen, daß gestern aneinander vorbeigeredet worden sei. Ich habe die Empfindung, daß auch heute aneinander vorbeigeredet wird. *(Sehr richtig!)* Es sind doch ganz und gar zweierlei Dinge, von denen hier so viel gesprochen wird. Es wird auf der einen Seite gesprochen von der Massenarbeit und dem Zusammenwirken der Industrie — ich möchte die Sache in

zwei große Gruppen teilen —, auf der anderen Seite wird von Einzelkunstwerken gesprochen; freilich bestehen da viele Zusammenhänge, aber wenn schon diskutiert wird, dann sollte man doch diesen großen Unterschied möglichst deutlich zu machen versuchen und nicht fortwährend eins ins andere einhüllen und ineinanderbringen, so daß niemand mehr weiß, von welcher dieser Gruppen eigentlich gerade die Rede ist. Der eine spricht vom Boden, der beackert werden soll, und der andere spricht von dem blühenden Baum, der wachsen soll. Das sind zweierlei Dinge!
Zu welchem Zweck ist denn eigentlich der Werkbund gegründet worden? Wenn ich mich recht erinnere, ist der Zweck des Werkbundes so ausgesprochen, daß es heißt: Er soll der Veredelung der deutschen Arbeit gelten im Zusammenwirken von Kunst, Industrie und Handwerk. Beides sollte im Auge behalten werden, nicht eines allein. Ich habe hier oft den Eindruck gehabt, daß der einen oder andern Seite nur ein Ziel gilt, als wenn das andere nicht da wäre.
Das Wort »Typisierung« hat eine große Rolle gespielt. Ich schließe mich ganz der Meinung an, daß eine »Typisierung« nicht anders angestrebt werden kann, als daß sie als Ergebnis schließlich herauskommt, daß man sie nicht mit Bewußtsein und Überlegung anstreben kann oder darf, namentlich dann nicht, wenn unter Typisierung ein Kanon zu verstehen ist. Aber meines Wissens und meiner Beobachtung nach hat gestern Herr Muthesius mit keinem Wort gesagt, daß er unter »Typisierung« einen Kanon versteht. Ich finde im Gegenteil — und ich möchte das betonen —, daß es von den Herren, die andere Anschauungen vertreten, nicht richtig war, ihrerseits an Stelle des Ausdrucks »Typisierung«, der sich bei Herrn Muthesius wiederholt gefunden hat, plötzlich den Ausdruck zu setzen »Typisierung oder Kanon«. Das ist etwas anderes und mit solchen Mitteln... *(die letzten Worte gehen unter dem lebhaften Beifall unter!)* ...
Einen Punkt möchte ich noch berühren. Ich glaube, wir sind verschiedener Meinungen untereinander in der Frage, wie weit wir eigentlich heute sind. Kaum so weit, wie es manchen von uns scheint. Ich glaube, daß wir noch in den ersten Anfängen stecken. Mir scheint diese Ausstellung ein Beleg dafür zu sein. Unsere Zeit hat ein Tempo eingeschlagen, bei dem künstlerische Bestrebungen nicht ohne weiteres mitkönnen. *(Sehr richtig!)* In diesem Tempo stecken ganz bedenkliche Gefahren. Und zu diesen Gefahren zähle ich vor allen Dingen auch die, daß viele Erscheinungen auftauchen, die, getrieben von dem Wunsch, nicht in Widerspruch mit dem Tempo unserer Zeit zu treten, kommen und dann wieder verschwinden, wie irgendeine Herrenmode. Ich kann aber diese Dinge andererseits wieder nicht so tragisch nehmen, wie sie hier genommen werden. Ich glaube, es ist nicht von entscheidender Wichtigkeit, ob in dieser Saison das Dreieck als alleinseligmachend gilt und was dann in der nächsten Saison drankommt. Diese Dinge spielen sich eben ganz außerhalb von wirklich ernsthafter Arbeit ab, die aber nicht auf Ausstellungen geleistet wird, und die auch nicht in Kongressen gefördert wird, sondern die geleistet wird von irgendeinem, der irgendwo ganz allein sitzt und wirkt. *(Lebhafter, langanhaltender Beifall!)* Über

alle anderen Dinge läßt sich streiten, aber über den einen Punkt nicht, daß das lautere Streben das Entscheidende ist, diese subjektive Wahrhaftigkeit, die der Gestaltende in die Dinge hineinträgt. *(Bravo!)* D i e s e Arbeit hat aber ihr eigenes Tempo. Wir im Werkbund haben Dinge zu tun, die in gewissem Sinne oberflächlicher Art sind, aber sie sind zu gleicher Zeit auch unentbehrlich und ungeheuer wichtig. Die nichtoberflächliche Arbeit, die wird eben nicht hier geleistet.

Wilhelm Ostwald:

... Wie geht nun die Einwirkung einer großen Leistung auf die Gesamtheit der Wissenschaft vor sich? In kurzer oder langer Zeit ist das, was bisher die geniale Schöpfung eines Einzelnen war, Gemeingut der ganzen mitarbeitenden Gemeinde geworden. An diesem Gemeingut muß dann gebessert werden. Wie sie der Schöpfer in die Wege gesetzt hat, ist die Leistung noch mit einem starken Schuß persönlicher Einseitigkeit behaftet. Die Wissenschaft hat dafür zu sorgen, daß dies beseitigt wird: dann ist der Gedanke »typisiert« und hat eine dauernde Form angenommen. Dann ist die Sache so weit gebracht, daß niemand sich mehr den Kopf über die Angelegenheit zu zerbrechen braucht und alle schöpferischen Geister nunmehr auf diesem so gewonnenen und festgelegten Boden stehen können und ihre schöpferische Betätigung in den nächsthöheren Schichten ausführen können. Ich glaube, so ist es auch bei Ihnen, den Künstlern. *(Widerspruch! Ruf: nein, nicht!)* Sie widersprechen, weil Sie nicht gewohnt sind, die Sache wissenschaftlich zu analysieren. Gestatten Sie mir ein Beispiel. Wir haben Herrn Prof. van de Velde, der ja eine gewisse Abneigung gegen den rechten Winkel hat. *(Große Heiterkeit!)* Er hat das durch seine Kunstwerke belegt. Das bloße Zusammenlaufen geradliniger Kanten zu einer rechtwinkligen Ecke genügt nicht für sein künstlerisches Gefühl, und deshalb läßt er diese Linien sich in Kurven ausschwingen. Wir brauchen nur hinauszugehen und sein Theater anzusehen. Er bringt so das innere Leben und Empfinden zum äußeren Ausdruck in dem architektonischen Gebilde. Aber auf die Vertikale hat er trotzdem nicht verzichtet *(Heiterkeit!)* und er denkt auch nicht daran, auf sie zu verzichten. Die Vertikallinie ist ein Typ, den wir haben. Er ist außerordentlich primitiv, aber er ist vorhanden, und kein Künstler wird auf die Idee kommen, die Vertikale aufzugeben ...

Also, meine Herren Künstler, ich glaube, ich brauche Sie nur zu bitten, sich auf Ihre eigene Tätigkeit zu besinnen, um Sie davon zu überzeugen, daß Sie eine Menge Dinge, die die Kunst unserer Zeit im stillen besitzt und als selbstverständlich voraussetzt, die also bereits typisiert sind, ohne jeden Widerspruch und Zweifel glatt benutzen ...

Gestern beim Gespräch darüber wurde ich auf die Geschichte von Iwan dem Schrecklichen aufmerksam gemacht, der eine Kirche von einem italienischen Künstler hatte bauen lassen, so schön und prächtig, wie er sie nur bauen

konnte. Als die Kirche fertig war, fragte der Tyrann den Künstler, ob er noch eine schönere bauen könne. Dieser erwiderte: »Wenn ich noch reichlichere Mittel dazu bekomme, ja!« Darauf hat ihm sein Auftraggeber die Augen ausstechen lassen, damit seine Kirche die schönste blieb. Das ist der individualistische Typus des Kunstschaffens in der vergangenen Zeit, und der Gedanke, daß es beim Kunstwerk immer so sein müsse, ist unwillkürlich auf das Kunstschaffen unserer Zeit übergegangen. Wir müssen aber sagen, daß die Sachen inzwischen von Grund auf anders geworden sind. Der Künstler schafft heute nicht mehr für den Einzelnen, sei er Fürst oder Millionär, sondern er schafft für die Nation; seine Arbeit hat einen sozialen Charakter gewonnen...
Das ist der Hauptpunkt, der auch für die Bestrebungen im Werkbund das Entscheidende ist. Unsere Kunst wirkt sozial, und die ganze Kunst, soweit sie bewußt vorwärts geführt wird, hat diese Richtung einzuschlagen. Wir müssen nach rechts und links uns umschauen, daß unser Kunstschaffen diesen sozialen Charakter annimmt. Daß dadurch dann die Typisierung in dem speziellen Sinn, wie wir es vorher gehört haben, uns nahegelegt wird, ja zu einer Bedingung für die Sozialisierung unserer modernen Kunst wird, das brauche ich im einzelnen nicht weiter auszuführen. *(Lebhafter Beifall!)*

Bruno Taut:

... Wie kann ein Niveau entstehen? Was heißt ein Niveau? Ich sehe ein Niveau als ein Verallgemeinern der bedeutenden Ideen an. Die Kunst stellt eine Pyramide dar, die nach unten in die Breite geht. Oben an der Spitze stehen die Tüchtigsten, stehen die Künstler, die Ideen haben. Die breiter werdende Basis bedeutet nichts weiter als eine Verflachung dieser Ideen. Ich kann mir unter keinen Umständen das Typische anders als so denken, und ich finde es überaus betrübend, daß man sich nicht dazu durchreißen kann, einfach immer an die Spitzen zu glauben. Mir scheint die Ausstellung ein deutliches Bild von dieser Auffassung zu geben. Man glaubt, wenn man von dem etwas wegläßt und von dem und jenes vereinfacht, dann kommt das Typische heraus... Glauben Sie nicht, daß ich nur von ganz hohen Dingen spreche, von sogenannter reiner Kunst. Es bezieht sich das auf jeden einzelnen Gegenstand. Wenn ein großer Künstler einen schönen Teelöffel macht, vielleicht van de Velde, so wird dieser Teelöffel unbedingt seine Kreise ziehen. Er wird immer wieder nachgeahmt werden, bis er schließlich gar nicht mehr von einem gewöhnlichen zu unterscheiden ist... Im Werkbund aber gibt es nur den einen Weg, daß sich der Vorstand zu der Ansicht aufrafft, daß mit Kommissionen niemals etwas gemacht ist, und daß besonders in Dingen, wo etwas Künstlerisches entstehen soll, zum Beispiel in einer Ausstellung, die einen einheitlichen Guß haben soll, daß da eine Vielheit von Köpfen, und mögen sie noch so tüchtig sein, niemals etwas Gutes hervorbringen kann. Ich schlage deshalb vor, in allen Dingen, die künstlerische Fragen angehen, zur Organisation einen anerkannten Künstler als —

Diktator zu wählen, der absolut bestimmend wirkt. Die Zeit kann ja beschränkt sein, etwa auf 3 Jahre. Aber eine Diktatur in künstlerischen Dingen — ich glaube ganz bestimmt, nach all den Ansichten, die die Herren Endell, Obrist, van de Velde usw. geäußert haben, daß darin der einzig mögliche Weg liegt, um das Gute, das Künstlerische durchzusetzen. Wenn ich Namen nennen darf, würde ich für eine solche Diktatur — van de Velde oder Poelzig vorschlagen. *(Beifall.)*

Walter Riezler:

... Es ist von mehreren Seiten darauf hingewiesen worden, daß die Kunstgeschichte in ihrer nach und nach immer weiter vorgeschrittenen Erkenntnis lehrt, daß ebenso, wie heute durch Individualitäten und durch ein rein individualistisches Schaffen die Architektur vorwärts gebracht und entwickelt werden soll, so es sich auch früher in der Architektur nicht um ein »typisierendes«, sondern um ein rein »individualistisches« Schaffen handelte. (So kann man vielleicht diese beiden gegensätzlichen Anschauungen formulieren.) Nun möchte ich nur ein Beispiel anführen, und zwar eins wählen aus dem Gesichtspunkt heraus, daß es wohl allen so ungefähr gegenwärtig ist, um zu beweisen, daß diese Ansicht tatsächlich unrichtig ist. Wir können sagen, daß irgendeine Art von höchster Vollendung — ich will nicht sagen die höchste Vollendung — in dem Bauwerk, das wir als den Griechischen Tempel bezeichnen, Form geworden ist. Ich glaube nun, daß es allen von Ihnen möglich ist, sich nur aus der Erinnerung, aus Bildern usw. klarzumachen, daß es sich in keinem Moment der Entwicklung des Griechischen Tempels um eine individualistische Leistung handelt, die diesen Typus festgestellt, die dann weiterhin ihre Kreise gezogen und die kleinen Talente mitgerissen hätte; es hat sich vielmehr hier darum gehandelt, daß in der unablässigen Arbeit der Jahrhunderte aus einer realen praktischen Aufgabe heraus sich schließlich jene Form entwickelt hat, die zur absoluten Vollendung führte, und daß durch diese Arbeit der Generationen das erreicht worden ist, was Herr Peter Behrens in ganz vorzüglicher Weise als das Endziel der Architektur bezeichnet hat, nämlich die »Vergeistigung des Materiellen«. Und wenn man weiter untersucht, würde man wahrscheinlich darauf kommen, daß es überall so war. Ich bestreite nicht, daß es individuelle Unterschiede gibt und daß die Größe des einzelnen künstlerischen Individuums innerhalb dieser unindividuellen Arbeit zu erkennen ist. Es ist ganz selbstverständlich für jeden, der sich einmal mit der Frage des griechischen Tempels beschäftigt hat, daß dasjenige, was zum Beispiel ein Iktinos beim Bau des Parthenon geleistet hat, daß das auf Grund eines unglaublichen individuellen künstlerischen Feingefühls geschehen ist. Ich muß aber auf das entschiedenste bestreiten, daß es irgendeinem Individuum möglich wäre, rein aus seiner individuellen Eigenart heraus etwas zu schaffen, was diesen Stempel der Vollendung trüge. *(Bravo)* ...

Und es ist außerordentlich fraglich, ob jenes individualistische Schaffen, das nur rein aus seiner individuellen Eigenart heraus zu ganz neuen, noch nie dagewesenen Lösungen kommen will, daß dieses Schaffen irgendwie mit dem Reich der Ideen zusammenhängt. Ich persönlich bin davon überzeugt, daß im Gegenteil bei diesem Schaffen die Nabelschnur zur Unendlichkeit so radikal durchschnitten ist, wie es bei keinem anderen Schaffen geschah. Nicht das Individuum in seiner Vereinzelung ist es, das mit dem Unendlichen, mit dem Reich der Ideen zusammenhängt, sondern das Individuum nur so weit, als die großen Urkräfte der Menschheit in ihm lebendig sind. *(Bravo!)*
Herr Endell hat davon gesprochen, daß der Zustand der »Verrücktheit«, in den man kommt, wenn man die Schönheit sieht, daß das der Zustand ist, aus dem die großen Kunstwerke entstehen. Ich möchte doch auch von dem das Gegenteil behaupten. Daß der »heilige Wahnsinn« das Urchaos ist, aus dem sich die Kunst entwickelt, das mag richtig sein. Aber dieser heilige Wahnsinn ist, soweit es sich um das architektonische Schaffen handelt, nicht etwa der individuelle Zustand, sondern höchstens der Zustand der Zeit. Nicht das Individuum, das den gotischen Dom gebaut hat, war im heiligen Wahnsinn, sondern die Zeit. *(Sehr richtig.)* Und aus dieser Zeit heraus hat sich das begabte Individuum durch seine Bewußtheit, durch seine absolute Klarheit und Ruhe herausgehoben, und nur aus diesem Zustand heraus ist jemals Architektur und alles, was damit zusammenhängt, gemacht worden und wird durch Jahrhunderte und Jahrtausende hindurch gemacht werden. Eine Architektur, die aus einem individuellen »verrückten« Zustand heraus entsteht, trägt leider den Stempel der »Verrücktheit« oft nur allzu deutlich an der Stirn.
Ich möchte noch auf eine Äußerung eines der Vorredner hinweisen, auf ein Bild, das in der Art, wie es angewendet wurde, außerordentlich charakteristisch ist für die Anschauung dieser Kreise und das diese Anschauung ad absurdum führt. Er hat die Kunst mit einer Pyramide verglichen und hat gesagt, nicht etwa: auf die Spitze komme es an, sondern von der Spitze hänge alles ab. »Von der Spitze müssen wir ausgehen.« Nun, meine Damen und Herren, stellen Sie sich eine Pyramide vor, wo man von der Spitze ausgeht. Es ist geradezu symbolisch für die Auffassung dieser Kreise, wenn man meint, man könne von einem Individuum aus, das in der Luft schwebt, eine Basis von Kunst und Formen schaffen. *(Lebhafter Beifall!)* Ich bin überzeugt, daß es sich umgekehrt verhält. Wo die Basis nicht da ist, da kann, wenigstens soweit es sich um diese Dinge handelt, eine vollkommene Lösung niemals erreicht werden. Und diese Basis entsteht auf dem Wege, den Herr Muthesius meint, wenn er von einer »Typisierung« spricht. *(Lebhafter, langanhaltender Beifall!)*
Mein Herr Vorredner hat von den Kreisen gesprochen, die ein Teelöffel von Herrn van de Velde zieht. Jeder von uns kennt diese Kreise, ich glaube aber nicht, daß Herr van de Velde selbst von diesen Kreisen sehr erfreut ist. Ich will von der individuellen Leistung, die diesem Teelöffel zugrunde liegt, nicht reden. Aber es muß zu denken geben, was das für Kreise sind, die diese rein individualistische Kunst zieht ...

Ich glaube, es ist ganz ausgeschlossen, daß die Hauptaufgabe des Werkbundes die ist, das individualistische Schaffen von einzelnen Künstlern mit allen Mitteln zu stützen. Ich halte das deswegen für ausgeschlossen, weil über dieses individualistische Schaffen der Künstler noch nicht die mindeste Einigkeit besteht. Mein Vorredner hat vorgeschlagen, man möge aus der Mitte des Werkbundes heraus einen Künstler als Diktator erwählen, der für drei Jahre den Stil festsetzt. *(Lebhafter Widerspruch! Unruhe!)* Es tut mir leid, ich muß den Herrn dann falsch verstanden haben. Aber hat zwei Persönlichkeiten zur Wahl gestellt. Das liegt absolut klar. *(Widerspruch!)* Was heißt zum Diktator erwählen? Ein Diktator hat unbedingte Macht. *(Lebhafte Unruhe!)* Es ist besser, diesen Punkt nicht weiter zu erörtern, da eine ruhige Aussprache doch nicht möglich ist. Ich glaube nicht, daß der Vorschlag real durchzuführen ist, schon aus dem einen Grunde, weil eine Einigkeit über die Bedeutung dieser Künstler gar nicht besteht. Das ist eine Tatsache, die ich konstatiere, ohne mich irgendwie auf die eine oder andere Seite zu stellen. *(Von einer Gruppe werden lebhafte Schlußrufe laut, von einem anderen Teil der Versammlung wird dagegen protestiert. Minutenlange Beifallskundgebungen für den Redner)* ...
Dagegen gibt es — und das möchte ich betonen — ganz bestimmte Dinge, die innerhalb einer Genossenschaft, wie es der Werkbund ist, getan werden können. Nach meiner Überzeugung hängt das Schicksal des Werkbundes davon ab, daß diese ganz realen Aufgaben, die nichts mit künstlerischer Individualität und nichts mit Mystik und allen diesen Dingen zu tun haben, gelöst werden, und an diesen realen Aufgaben kann jeder mitarbeiten. Nach meiner festen Überzeugung hat der Werkbund sich nur mit dieser ganz allgemeinen Aufgabe abzugeben. Das andere ist eine Lächerlichkeit: Wir können nicht innerhalb eines Bundes eine künstlerische Kultur oder irgend etwas, was die allerhöchste Spitze bedeutet, festsetzen und gewissermaßen der Welt aufoktroyieren. *(Beifall!)* Was Herr Riemerschmid gesagt hat, ist durchaus richtig. Es handelt sich um eine tiefe innere Selbstbescheidung des Werkbundes. Es handelt sich darum, Dinge zu tun, die nach außen nicht die mindeste blendende Wirkung haben, die am besten ganz unterirdisch geschehen, wenn es nicht aus dem Gesichtspunkt der Propaganda nötig ist, manchmal die Welt darauf aufmerksam zu machen, und etwa eine Ausstellung zu veranstalten. *(Sehr richtig!)* Die eigentlichen Aufgaben werden nicht auf Ausstellungen gelöst, sondern in einer stillen Arbeit, in einer Arbeit, die ja in den Sätzen, die bei der Gründungsversammlung des Werkbundes festgesetzt worden sind und die Herr Riemerschmid bereits zitiert hat, von der Veredelung der deutschen Arbeit, die wir anstreben wollen, bereits bezeichnet ist. Nur soweit diese ganz realen Aufgaben behandelt werden, nur soweit hat der Werkbund nicht nur Lebensberechtigung, sondern Lebensfähigkeit. *(Lang andauernder, tosender Beifall!)*

Rudolf Bosselt:

... Das was nun von dem Vorhandenen, von dem, was produktiv geschaffen wird, immer wieder herangezogen, immer wieder ausgewählt wird, das, glaube ich, wird allmählich zum Typischen, und so wäre denn das Typische eine vom schaffenden Künstler geprägte Form, jene Form, die, sagen wir einmal, die größte Durchschlagskraft besitzt. Die Bildung einer solchen typischen Form vollzieht sich heute nicht mehr unter denselben Bedingungen wie früher, und so außerordentlich fein gerade die Ausführungen von Herrn Dr. Riezler waren, so wenig scheint es angebracht, den Bildungsprozeß von heute gerade in Vergleich zu setzen mit dem, der die Form des dorischen Tempels oder die gotische Kathedrale schuf; bis zur Gotik einschließlich ist es immer die Kunstbetätigung für rein religiöse Gefühle gewesen, die Formen geschaffen hat, und alle anderen Inhalte derselben Zeit erhielten ihre Formen dadurch mit. Es ist für mich sehr fraglich, ob die Mächte, die für uns heute im Vordergrund stehen — und daß es die Religion nicht ist, ist nicht zu leugnen, die hat ihren Ausdruck gefunden —, ich meine es ist für mich sehr fraglich, ob alle die anderen Mächte — die Organisation, der Verkehr, die Technik — ob sie dieselbe formbildende Kraft besitzen können, wie die höchste: die Religion. So wird sich dieser Prozeß, daß typische Formen sich bilden und übernommen werden, vollziehen, ohne daß wir ihn hindern können. Wenn er aber einmal vollzogen ist, wenn das, was aus unserer Bewegung sich entwickelt, sich niedergeschlagen hat, so daß es tatsächlich als einheitliche Abwicklung dasteht, dann ist nach meiner Meinung auch das darin erloschen, was das Zeugende und Treibende gewesen ist. Deswegen scheint es mir auch nicht richtig, etwa mit mehr Wille, als nötig ist, oder überhaupt darauf hinzuarbeiten. Ich glaube, wir kommen zu einer solchen Typisierung und zu Normen früher, als es uns lieb sein kann ...

Der Wagemut, der darin lag, überhaupt das ganze Gefühl, das zu eigenen Wegen drängte, das kann nach meiner Meinung gehemmt werden, und ist schon gehemmt worden, durch die Überbetonung des guten Geschmacks, durch den Übereifer, möglichst schnell zu dem zu kommen, was Typisierung ist. Wir brauchen uns gar nicht den Kopf über die Einheit zu zerbrechen, auch nicht über die Typenbildung, denn der Weg zum Typischen ist unabwendbar, und es wird Endziel sein. Aber wenn das erreicht ist, dann glaube ich wird eine neue, eine kraftstrotzende Zeit nicht nach dem Typenbildner rufen, sondern nach dem Typenbrecher. *(Bravo!)* ...

Robert Breuer:

Geehrte Versammlung! Ich weiß nicht, ob man in dieser Stadt über sexuelle Probleme reden darf. Aber ich bin der Meinung, daß das, was wir heute hier erleben, in dieses Gebiet gehört. Wir erleben nämlich eine Ehekrise, und zwar die Krise einer unnatürlichen Ehe. Die Krise einer Ehe zwischen Schulmeister und Künstler.

Als vorhin Endell davon sprach, daß man beim Anschauen einer Form blödsinnig werden könnte, lachte die Majorität. Die Majorität hat das Recht, über eine derartige Enthüllung des künstlerischen Erlebens zu lachen. *(Beifall.)* Es wäre sogar peinlich gewesen, wenn die Majorität nicht gelacht hätte. Es ist unmöglich, und es ist nicht einmal wünschenswert, daß die Majorität ein derartig gespanntes Empfinden für das Künstlerische besitzt, um über Endell nicht zu lachen. Die Majorität hat mit Kunst gar nichts zu tun ...
Soll die Ehe geschieden werden? Ich bin nicht der Meinung. Ich glaube, daß auch die meisten Künstler der Meinung sein werden. Hat sich doch die Ehe in vieler Hinsicht als glücklich erwiesen. Eine ganze Schar lieblicher Kinder ist vorhanden. Bisher ist alles ganz gut gegangen. Nur jetzt scheint sich plötzlich so etwas wie ein Aufstand — ich will nicht sagen der Herde —, ein Aufstand des Schulmeisters in einzelnen Gemütern bemerkbar zu machen. Da ist es denn notwendig, ganz deutlich festzustellen: Wenn die Ehe des Werkbundes bestehenbleiben soll, dann gehört vor allen Dingen dazu ein unendlicher Respekt vor den Künstlern ...
Herr Riezler hat eine Soziologie der Kunst skizziert. Er hat klargemacht, daß die Kunst von unten heraufwachse. Anscheinend hat er geglaubt, damit Sozialismus vorzutragen. Nun, ich dürfte kaum in dem Geruche stehen, Aristokratie zu propagieren. Aber ich muß sagen, daß das, was Herr Riezler sprach, Demagogie ist. Die Kunst wächst nicht aus den Massen heraus; das tat sie zu keiner Zeit und wird sie auch zu keiner Zeit tun. *(Bravo!)* Es ist wohl richtig, daß die Kunst in ihrer Gesamtheit von der jeweils herrschenden Macht, im modernen Staat also von den Massen, getragen wird. Aber der Prozeß der Schöpfung geht nicht nur aus diesen Massen nicht hervor, sondern er geht zumeist gegen den Willen dieser Massen. Selbst wenn der Sozialismus die Welt erobert haben wird, was ihm hoffentlich gelingt, selbst dann wird die Kunst gegen die Massen gehen. Selbst dann wird der Künstler mit der Masse zu ringen haben, ehe sich die Masse fügt. *(Bravo!)* Auch wenn die Masse die Aufträge diktiert, wie einst die Könige das Schloß und die Päpste die Kirche diktiert haben, wird es nicht so gehen, daß der Künstler ein in Freiheit wundervolles Dasein hat, sondern es geht auch dann auf Tod und Leben und um Blödsinn. *(Sehr richtig!)* Der Künstler hat immer recht, und die Majorität hat, wenn sie sich im Gegensatz zu dem Künstler stellt, nur sehr selten recht. Die Majorität hat zu gehorchen und darf bestenfalls den Künstler beraten; aber sie hat nicht im geringsten einen Anspruch darauf, den Künstler kritisieren oder gar ihn in bestimmte Bahnen lenken zu wollen ...

József Vágó:

Meine hochverehrten Damen und Herren! Ich möchte doch noch einige Worte zu der Frage der Individualität sagen. Der ganze Irrtum in der Auffassung stammt daraus, daß man glaubt, die Kunst sei etwas in sich Geschlossenes, etwas von allen anderen Sachen der Welt unabhängig Freies. Das ist eine große Täu-

schung. Die Kunst ist ebenso dem einheitlichen zwingenden Gesetz des Universums unterworfen, wie alles andere in der Welt. Man glaubt, und das ist sozusagen Mode, daß die Kunst von einigen Leuten, sogenannten Künstlern, gemacht werde, die frei von allen Fesseln und Gesetzen nach ihren Kräften arbeiten. Das ist grundsätzlich falsch. Die Kunst ist eine Offenbarung menschlichen Tuns und Arbeitens, und wenn wir es so auffassen, dann ist sie ein Produkt sozialer Arbeit. Was ein Künstler macht, das macht er nur darum, und das kann er nur darum machen, weil vor ihm schon Tausende und aber Tausende Menschen waren, die für die Kultur gearbeitet haben ...
Wie steht es eigentlich mit der Kunst? Man sagt immer, Kunst ist für sich selbst. L'art pour l'art! Ich meine aber, die Kunst ist nicht für sich selbst da, sondern sie ist, wie alle menschliche Arbeit, dafür da, um mit dieser Arbeit, mit dieser Kunst das Leben der ganzen Menschheit zu verschönen. Wenn wir die Kunst so auffassen, werden wir sehen, daß man über die Kunst ebenso sprechen darf und sprechen muß, wie etwa über die Schuhmacherei. Wie auch die Schuhmacherei nicht für sich selbst da ist, sondern um der Menschheit gute Schuhe zu liefern ...
Ich teile nicht die Meinung und die kleinliche Auffassung einiger Herren, die dem Worte Typus gewissermaßen den Hals umgedreht haben. Sie haben ungefähr so darüber geredet, wie wenn der Typus »Schablone« wäre ...
Man sagt, daß der Künstler frei sein muß, um seine Tätigkeit frei entfesseln zu können. Es ist nun die Frage, ob der Künstler wirklich so frei ist, wie er glaubt, ob er nicht auch verschiedenen Gesetzen unterworfen ist. Bei der Bildung der Kunst sind andere Faktoren tätig, die viel stärker sind, als der Künstler selbst. Die Technik, die Weltwirtschaft, die soziale Konstruktion der ganzen Gesellschaft ...
Das Ende dieser Typenbildung ist das, was die Nachwelt einen Stil nennen wird. Was wir heute griechisch, romanisch, gotisch oder Renaissance nennen, das ist das, was wir in der Jetztzeit als Typus nehmen. Das sind die Addierungen verschiedener Merkmale, die eine Epoche kennzeichnen. Und ich frage Sie, was ist eigentlich wichtiger in einer Kunst, die einheitlichen gemeinsamen Merkmale, die ein griechisches, romanisches oder gotisches Kunstwerk kennzeichnen, oder diese kleinen individuellen Verschiedenheiten? Ist der Unterschied zwischen einer ägyptischen Pyramide und dem Kölner Dom in ihren typischen Verschiedenheiten nicht viel größer und wichtiger als der Unterschied, der zwischen dem Kölner Dom und dem Straßburger Münster in ihrem individuellen Reiz besteht? Ich finde, daß diese typischen Merkmale die wichtigsten sind, so in der Kunst wie auch überall in der Welt ...

Erich Pistor:

... Ich möchte zunächst die Ansichten dahingehend charakterisieren, daß ich bei dem Vortrag des Herrn Muthesius das Gefühl hatte, daß seine Thesen aus der Erfassung und Wertschätzung der Größe der Werkbundidee entstanden sind,

und daß er in den Thesen, in der Begeisterung für sie die Absicht hatte, alles zu mobilisieren, was raschestens dieser großen Idee zur Durchführung verhelfen könnte. Wir wissen, daß der Werkbundgedanke einer der wichtigsten Kampf- und Hilfsmittel für die Entwicklung des Deutschtums zur Weltmacht darstellt, und Sie werden mir gewiß gestatten, daß ich das kampfgewohnte und kampferprobte Deutschtum im Süden der Sudeten und an der Donau als Fleisch von Ihrem Fleisch und als treuen Bundesgenossen hinzuzähle. *(Bravo!)* ...
Für alle Fälle möchte ich aber betreffend Kunst und sogar Kunstgewerbe mich dahin aussprechen, daß für sie das Typenbedürfnis und der Gedanke des Typensystems derzeit für die Entwicklung moderner deutscher Schaffensbetätigung eine Gefahr und um Jahrzehnte verfrüht wäre, wie dies Muthesius ausgezeichnet in seinem Vortrag und van de Velde in seinen Thesen auseinandergesetzt haben. Die verfrühte Typisierung könnte uns, statt wie notwendig näher zum Künstler, weiter von ihm und seinem Einfluß in das Gefolge des nur noch Typen arbeitenden Banausen bringen ...
Und wir sind uns doch gerade als Werkbündler bewußt, daß diese moderne Kunst nicht nur eine zeitgemäße sondern vor allem eine ausgesprochen und fast ausschließlich deutsche Kunst ist. Nur wer im deutschen Sinne national zu empfinden vermag oder entsprechend unter dem Einflusse deutscher Kultur steht und ebenfalls national und zeitgemäß empfindet, wird diese Produkte verstehen, schätzen — und kaufen.
Da wird es mit der opferwilligen Wertschätzung im Ausland noch geraume Weile brauchen. Amerika und England werden uns am besten verstehen. Aber diese Schwierigkeiten dürfen uns natürlich nicht hindern, uns selbst treu zu bleiben ...

Karl Schaefer:

Die Produktion jeder Zeit besteht aus Typen und aus Einzelleistungen daneben. Die Typen bilden sich von selbst in unserer Zeit, wie sie sich im Empire oder in der Renaissance gebildet haben, je mehr wir gezwungen sind, gut geformtes Gebrauchsgerät für den Alltag zu billigen Preisen hervorzubringen. Für die Einzelleistung des Künstlers müssen wir recht viele schöne Aufgaben vorbehalten und ihm absolute Freiheit lassen, sie zu gestalten. In jedem Museum können Sie sich überzeugen, daß es in der angewandten Kunst jederzeit Typen gegeben hat, und ich möchte bitten, daß wir uns darüber heute klarwerden, daß wir keine individuellen Stühle mehr haben, sondern daß wir typische Stühle brauchen. Das sind Dinge, zu denen die Arbeit des Künstlers nicht mehr nötig ist. Sie stehen fest und vererben sich als Kunstsitten ...

Aus dem Schlußwort von Hermann Muthesius

... Es ist hier hervorgehoben worden, daß der ganze Werkbund etwas Unnatürliches hat, insofern, als hier Elemente aneinandergekoppelt sind, die sich eigentlich unmöglich vertragen können, nämlich die Kunst und die Industrie; Elemente, die in den letzten Jahrzehnten aufeinander losgeplatzt sind, die in die schwersten Polemiken verwickelt, in die heißesten Kämpfe miteinander geraten sind.
Zu meiner Bestürzung hat sich an die meiner Ansicht nach ganz sachlichen Ausführungen, die ich gestern zu machen glaubte, eine Leidenschaftlichkeit geknüpft, für die es mir schwer wird, eine Berechtigung zu finden...
In meinen Thesen spielt das Wort »Typisierung« eine Rolle... Ich möchte die Gelegenheit benutzen, um Ihnen — den Herren Künstlern besonders — nochmals die Versicherung zu geben, daß mir nichts ferner gelegen hat, als Ihre Individualität in irgendeiner Weise anzutasten...
Es wäre Wahnsinn, wenn hier irgendwelche Tendenzen vorlägen, den Künstler von der Arbeit auszuscheiden. Ich bin vollständig der Ansicht des Herrn Breuer: Der Werkbund steht und fällt mit der Arbeit des Künstlers. Und wenn unsere besten Künstler nicht zu uns gehören, dann ist der Deutsche Werkbund nicht das, was er sein soll und sein muß...
Es ist zum Schluß von Herrn Reichel — ich weiß nicht, ob es ein Antrag sein sollte — die Meinung geäußert worden, ich möchte die Thesen zurückziehen. Ich tue das hiermit, nicht, weil ich die Thesen für falsch halte, sondern weil ich auch hier meiner Lebensmaxime... nachkommen möchte, nämlich die Künstler wie höchst empfindliche Wesen zu behandeln, die man in Watte einwickeln muß. *(Heitere Zustimmung!)* Ich kann diese Thesen zurückziehen, ohne eine Selbstverleugnung zu üben, denn was hier in den Thesen steht, steht Satz für Satz auch in meinem Vortrag... Wenn Sie aber etwa von mir verlangen sollten, daß ich auch den Inhalt meines Vortrages zurücknehme *(Zurufe: Nein! Nein!)* ... wenn Sie das verlangen sollten, dann muß ich Ihnen sagen: das kann ich nicht... Wenn der Vortrag als Stein des Anstoßes betrachtet wird, dann ziehe ich mich mit meinem Vortrag aus dem Deutschen Werkbund zurück...

Werkbund und Weltwirtschaft*

... Wir wollen das Beste machen für die weite Welt, so gut wir können ... Diese Legende aber muß der großen französischen Kunst gegenüber begriffen und verstanden sein. Denn der kennt die Welt auf diesem Gebiet noch wenig, der die ältere und größere Legende von der französischen Kunst unterschätzt. Die ist da, die geht durch die Länder, die ist in den Schlössern, und da bleibt sie am längsten: dort, wo alles am erblichsten ist, dort bleiben auch die Künstler am längsten. Wer dort aufgewachsen ist, umgeben von derartigen Eindrücken, über den dürfen wir uns gar nicht wundern, daß er nicht einfach umfällt, wenn er selbst einmal zu einer Werkbundausstellung kommen sollte *(Heiterkeit.)* Wir sehen es auch sonst: überall dort, wo alteingesessene selbstgewordene Aristokratie ist, und sei es auch klerikale Aristokratie, da hat sie ihre Form. Und damit kämpft die neue Legende; sie kämpft für eine Art neuen gewerblichen Glauben gegen einen alten gewerblichen Glauben. Die beiden ringen miteinander, und in all den hundert und tausend Debatten, wo zwei oder drei Menschen abends am Wasser unter den Bäumen hinspazieren gehen, statt zu fragen: Sag mal, wie hältst du's mit der Religion? fragen sie dann: Wie gefällt dir das Haus von Behrens? Sage es mir aber ganz ehrlich! *(Heiterkeit!)* So wird hin- und herdebattiert, und so ist es zu einem Seelenstück geworden, und von da aus klingt und kämpft es in vielen mit, die gar nichts weiter dazu tun können, und es gehört doch zum gesamten Wachstum dieses deutschen Glaubens in seiner eigenen gewerblichen Kraft, daß auch die mitgezogen werden, die froh sind, wenn sie sich ein paar Abdrücke davon kaufen können und mit nach Hause nehmen. Man soll auch nicht unterschätzen, das Volk in seiner Gesamtheit muß ja etwas miterleben und mit durchleben, damit es überhaupt etwas werden kann.
Da bin ich nun beim Werkbund angelangt und mitten drin. Ich versprach Ihnen, draußen bei der weiten Weltwirtschaft anzufangen und schließlich zum Werkbund zu kommen ... Dieser Werkbund kann ja selbst keine einzige Vase herstellen, denn er hat keine keramische Fabrik. Dieser Werkbund kann keinen Teelöffel herstellen; er muß ihn kaufen. Kurz: Der Werkbund stellt nicht her als Bund, sondern als Bund ist er ein Verband von denen, die gemeinsame Interessen vertreten. Diese gemeinsamen Interessen sind nun nicht so gedacht, daß jedes Interesse, das der Werkbund vertritt, das Interesse aller seiner Mitglieder sein müßte. Es schien in den bisherigen Besprechungen so: wenn man redet von dem Vorteil derartiger geschäftlicher Tätigkeit, als ob das nun ein Zwang wäre für die Leute. Nichts liegt ferner. Wenn der Werkbund z. B. die Arbeit über die Farbenskala gemacht hat und wenn Sie am deutschen Farbenbuch arbeiten, dann gibt es Leute, die nie etwas färben. Für die ist das keine Benachteiligung, daß wir das Farbenbuch machen. Für die machen wir etwas anderes. So ist das, wenn wir Veranstaltungen machen für Export. Es wird niemand dadurch gekränkt, der

---

* Auszug aus dem öffentlichen Vortrag von Friedrich Naumann in der Festhalle der Werkbund-Ausstellung am 4. Juli 1914.

nicht exportieren will. Es liegt gar kein Zwang darin, sondern es wird denen gedient, die in dieser Richtung ihre Arbeit einsetzen wollen. Und will man einmal auf diesen Exportgedanken gehen, dann müssen viele Leute interessiert werden und müssen es verstehen lernen...
Das alles kann nie ein einzelner Künstler für sich machen. Das kann auch nie ein einzelner Unternehmer für sich allein. Ich hörte, die großen Kunstwerke entstehen isoliert, sozusagen im Kloster, in den vier Wänden, und sie entstehen mit den höchsten, auch den schmerzlichsten Gefühlen, so wie Faust im Mondenschein seine Gedanken hatte in seiner Klause, das ist wahr. Aber, wenn sie entstanden sind, dann ist das sozusagen erst der Anfang der Geburt, denn nun erst wollen sie den Weg in die Welt hineinnehmen. Wieviel Talente gibt es heute in Deutschland — aber noch nicht Gebrauchmöglichkeiten genug! Laßt uns Expansisten sein, d. h. laßt uns eine Ausdehnung des Gebietes machen, auf dem wir solche Talente brauchen können, und wenn Künstler sagen, daß ihre Freiheit darunter litte, so seien wir ehrlich und sagen uns, wer das mitmacht, muß einen gewissen Teil seiner Freiheit aufgeben. Jeder, der etwas mitmacht, muß aufgeben. Ganz frei ist der Mensch auf der Lüneburger Heide, der sich um niemand anders kümmert. Jeder Mensch, der an einen anderen gern verkaufen will, ist schon nicht mehr ganz frei. Jeder Mensch, der in einem geordneten Verband im Ausland ausstellen und verkaufen will, der hat einen gewissen Zwang. Denn ich kann mir ein großes deutsches Auslandsgeschäft in guter Ware nicht ohne Disziplin vorstellen. Wir waren auf der Ausstellung in Brüssel, und ich habe an dieser deutschen Ausstellung in Brüssel am meisten geschätzt, daß viele Sachen nicht da waren. Der Eindruck, den wir gehabt haben, wäre ein viel schwächerer gewesen, wenn wir die doppelte Quantität in Brüssel ausgestellt hätten.
Dieser ganze Stoß ins Ausland hinein muß, soweit es menschenmöglich ist, diszipliniert und gesäubert vor sich gehen, denn eben jener Glaube, den ich vorhin eine Legende nannte, er gibt uns etwas, was das Alte übertrifft; und ich glaube, wenn wir das Ideal dieser gemeinsamen Auslandsarbeit erfaßt haben, werden wir wissen, daß diese Disziplin keine Unterbindung der persönlichen Eigenschaften und Fähigkeiten ist. Es gibt sehr viele, die mit ganz bestimmten Aufträgen die genialsten Dinge geleistet haben. Sehen Sie alle großen Architekturen von der Peterskirche an bis zu den heutigen großen Bahnhofsbauten usw., die auf gegebener Fläche mit gegebenen Aufgaben, mit gegebenen Quantitäten auszuführen sind! Sie sind nicht auszuführen, wie wenn jemand ein Bild für die Lustigen Blätter zeichnet, sondern sie werden ausgedacht von gegebenen Räumen, Quantitäten, Ziffern und Aufgaben aus. Nichts anderes wird gewollt für den Dienst im Ausland, und dabei wachsen die Aufgaben. Denn wenn wir international arbeiten wollen und dabei das eigene geben, so werden wir das eigene nicht so geben, als ob wir überhaupt nicht wüßten, an wen wir's geben. Das ist doch nicht höchste Kunst bloß, mit sich zu reden, sondern der Künstler soll wissen, für wen und wohin er schafft. Deutsche Künstler brauchen wir, die so viel Amerikasinn haben, daß sie deutsch für Amerika arbeiten! Das ist die erweiterte Aufgabe, d. h. in letzter Instanz: Werkbund und Weltwirtschaft.

Karl Scheffler:
Über die Auseinandersetzung im Deutschen Werkbund*

... denn es handelte sich, neben all dem unerfreulich Persönlichen, um etwas Grundsätzliches. Von der einen Seite war eine Reihe von Leitsätzen aufgestellt worden, worin es hieß, die architektonische Kunst Deutschlands müsse zur Typisierung hinstreben, und von der anderen Seite waren Gegenthesen ausgearbeitet worden, die jede Typisierung verwarfen und unbedingt die persönliche Gestaltungsfreiheit forderten. Bei der Aussprache stellte sich heraus, daß die erste Forderung das Glaubensbekenntnis jener Mitglieder ist, die ihren Werken oder Überzeugungen nach Eklektizisten, Theoretiker und Opportunisten sind, und daß die zweite Forderung die Überzeugung der Mitglieder wiedergibt, die den Ehrgeiz haben, freie Künstler und lebendige Talente zu heißen. Jene wollen die unpersönliche Norm, diese erstreben die persönliche Form; dort hatte man mehr die wirtschaftlichen Erfolgsmöglichkeiten im Auge, hier dachte man an das Kunstideal, das an sich zweckfrei ist.
Scheffler bezieht dann diesen Gegensatz von Köln auf den der deutschen Baukunst durch die Jahrhunderte immanenten Gegensatz zwischen Klassik, also dem Typischen, und Gotik, also dem freien Wuchs. Selbstverständlich bezeichnet auch er die Gotik als eine Schöpfung des deutschen oder germanischen Geistes. Diese Zuordnung zeigt: wie stark gerade Muthesius mißverstanden wird, der ja selbst von der Gotik und dem germanistischen Geiste ausgegangen ist. Karl Scheffler ist vielleicht der einflußreichste deutsche Kritiker jener Zeit gewesen. Sein Angriff zeigt das Ausmaß der Schwierigkeit, der sich die gegenüber sahen, die wie Muthesius sich um ein Verständnis für die Grundsätze und Notwendigkeiten der neuen Gestaltung für den Alltag bemühten.
Rückblickend, im Jahre 1933, hat Karl Scheffler sich dann immerhin ruhiger über jene berühmte Sitzung des Werkbundes ausgesprochen. Er hat seinem Bericht ein kurzes Lebens- und Charakterbild Muthesius' angefügt, eines Mannes, den er nicht liebte, den er aber gut gekannt und immerhin geschätzt hat. (Karl Scheffler: Die fetten und die mageren Jahre. 1933.)
Dort (in Köln) kam es zu wahrhaft homerischen Redeschlachten. Auf der einen Seite standen die Vertreter der Norm, an ihrer Spitze Hermann Muthesius, auf der anderen Seite standen die Vertreter der Form, geführt von Henry van de Velde. Hinter Muthesius scharten sich im wesentlichen die, die schnell zu allgemeingültigen Resultaten kommen wollten, die des Experimentierens müde waren, sie forderten einfache Stilformen, mit deren Hilfe die Aufgaben der Zeit praktisch-vernünftig erledigt werden könnten. Normen, wonach sich jedermann richten sollte, um dem verwirrenden Individualismus ein Ende zu machen. Der Grundgedanke war ganz richtig. Nur waren seine Anhänger wieder einmal zu

---

* Auszug aus dem Vortrag von Karl Scheffler in Köln 1914, veröffentlicht in *Deutsche Kunst*, 1915.

schnell mit einem Resultat bei der Hand, sie waren zu leichtfertig, weil Formen, die wirklich die Kraft und Ausdauer haben, daß sie zur Norm werden, langsam reifen und sich hundertfach bewähren müssen. Denn sie sind entweder Quintessenzen, oder nur Kompromisse, Quintessenzen konnten sie in diesem Falle nicht sein, es lief in Wahrheit auf ein englisch gefärbtes neues Biedermeier hinaus. In der Gruppe, die für die Norm eintrat, fanden sich darum auch die profanen Naturen, nicht die führenden Talente. Diese, die Anstifter der Bewegung, standen (für den Augenblick) hinter van de Velde. Sie meinten Formen, die zu Normen werden können, sie begriffen das Wort Stil tiefer, begriffen es säkular, wollten keine Voreiligkeit und redeten dem Talent und der Persönlichkeit das Wort, weil nur diese die Gestaltung entscheidend fördern könnten. Nicht einen Stilersatz wollten sie, sondern einen »Neuen Stil«. So kam es, daß beide Parteien mit verkehrten Fronten kämpften: die Anhänger der Norm zielten de facto auf einen nichtssagenden Eklektizismus, auf neuen Historizismus, die Anhänger der Form dagegen zielten auf eine sich in ferner Zukunft von selbst herausbildende Stilnorm. Während des hitzigen Streites aber, in dem sich alle namhaften Mitglieder des Bundes zum Wort meldeten, grollte draußen bereits das weltgeschichtliche Gewitter. Eine Woche später marschierten über dieselbe Rheinbrücke, die die Werkbundleute morgens überschritten, um in ihre Ausstellung zu gelangen, deutsche Soldaten der belgisch-französischen Grenze zu. Der Geisterkampf um einen Stil ist im tieferen Sinne freilich von den folgenden Ereignissen nicht überholt worden, er ist noch heute nicht ausgefochten. Für dieses Mal jedoch war er gründlich erledigt.

Wie Hermann Muthesius, der der Vater des Werkbundes genannt worden ist, bei dieser Gelegenheit kunstpolitisch hervortrat, so tat er es oft. Ihm lag es im Blut, die Kunst politisch zu behandeln. Sein Entwicklungsgang hatte diese Anlage gestärkt. Nicht von der Malerei kam er her, er war vielmehr ein zünftiger Architekt. Früh gelangte er ins Ausland und weitete dort seinen Blick. Als junger Architekt hatte er einen namhaften Berliner Baumeister nach Japan begleitet, der dort ein Bauvorhaben der japanischen Regierung ausführen sollte und der sich einen Gehilfen wünschte, welcher nicht auf dem Bauplatz zu brauchen war, sondern der auch gut genug Klavier spielte, um ihn, den Amateur-Geiger, zu begleiten. So wurde Japan die erste Station für Muthesius; den Japanern hat er die Fähigkeit, intim zu wohnen, abgesehen. Darauf kam er als Attaché an die deutsche Gesandtschaft in London, nicht als Politiker, sondern als künstlerischer Beirat, was durchaus neu war. Die Bewegung des englischen Kunsthandwerks hatte so stark die Aufmerksamkeit in Deutschland erregt, daß es der Regierung wünschenswert erschien, einen zuverlässigen Fachmann als Berichterstatter an Ort und Stelle zu haben. In England wurde Muthesius, wie damals fast alle, die längere Zeit drüben geweilt hatten, ein Anglomane. Er lernte das englische Haus, das alte und das neue, genau kennen und schrieb später ein gutes Buch darüber, er besuchte viele Ausstellungen, Werkstätten und Ateliers und vermochte im Besitz solcher Kenntnisse in Deutschland wertvolle Anregungen zu geben. Nach seiner Rückkehr wurde er Geheimrat im preußischen Handelsministerium, das für Fragen des Kunstgewerbes und der gewerblichen Erziehung zuständig war. Durch diese Stellung war Muthesius in Berlin und in Deutschland einflußreich, er wurde es mehr noch durch seine private Bautätigkeit und durch die ihm eigene Regsamkeit und vernünftige Tüchtigkeit. Als Architekt war er keine ursprüngliche Baubegabung, doch war er als ein erfahrener Praktiker der nicht leichten Aufgabe gewachsen, den neuen englischen Landhausbau auf deutsche Verhältnisse zu übertragen. In seinem Kampf gegen die »Villa«, gegen dieses aufs Land hinausgetragene hochunterkellerte Stadthaus, behielt er recht. Wenn er die Vorzüge der eigenen und der englischen Landhäuser auseinandersetzte, wenn er die Wohn- und Schlafräume nicht nach der zufällig laufenden Straße, sondern nach dem Grad der Besonnung angelegt wissen wollte, so verstand ihn jeder Bauherr. Darum erhielt er viele Aufträge. Daneben war er unermüdlich tätig als amtlicher Berater, als Reformator der Kunstgewerbeschulen, als Vorsitzender des Werkbundes und als Schriftsteller. Mit ruhiger Emsigkeit kam eines zum anderen. Auch war er eine gesellige Natur. In dem Hause, das er sich rationell-romantisch in Nikolassee, auf der Höhe an der Rehwiese erbaut hatte, versammelten sich die, mit denen ihn Interessen verbanden. Alle waren erfüllt von einem lebendigen Willen zum Echten, doch liefen auch persönliche Wünsche mit unter. Ein gastliches Haus, eine gar nicht steife Gesellschaft und ein schöner Wille zur Sache, doch wusch auch eine Hand immer die andere. Dieses ergab sich fast von selbst. Im allgemeinen verdienen Häuser, in denen sich beruflich und geistig gleichartig interessierte Männer und Frauen begegnen dürfen, wo sie in guten Formen ihre Erfahrungen und Meinungen austauschen und nebenbei persönliche Interessen fördern können, die Dankbarkeit der Gäste. Um so wunderlicher ist es, daß dieser Dank selten gespendet wird. Gäste sind von Natur undankbare Wesen, sie benehmen sich meistens, als hätten sie den Wirten mit ihrem Kommen eine Gefälligkeit erwiesen, als hätten sie mit ihrer Unterhaltung die Einladung vollauf bezahlt. Dieses ist eine Verkehrtheit, die nicht leicht zu erklären ist, die aber immer wieder angetroffen wird.

Die Art, wie in diesem Bericht durch die Schätzung, die er dem Manne — und sogar seiner Sache in Köln — nicht ganz versagen kann, Schefflers tiefe Antipathie gegen Muthesius und seine Richtung immer wieder hindurchschlägt, ist höchst amüsant; übrigens ist der Bericht meisterhaft als milde und doch höchst wirksame Verunglimpfung. Es läßt sich aber nicht leugnen, daß das Schefflersche Bild die Atmosphäre, die sich um Muthesius und seine Bestrebungen breitete, fühlbar macht. Deswegen mag auch diese feindliche Äußerung zur Abrundung des Bildes beitragen.

Die neue Bauweise, 1927*

Muthesius' Kritik der Weißenhofsiedlung Stuttgart

Muthesius hat sich noch kurz vor seinem Tode mit dem Funktionalismus der zwanziger Jahre auseinandergesetzt. Er erblickt in ihm einen neuen Formalismus. Dies hindert ihn jedoch nicht, das Experiment Weißenhof gutzuheißen. »Es kann gar keinem Zweifel unterliegen, daß die Zukunft sich mit dem heutigen Baubetrieb nicht mehr restlos einverstanden erklären wird.«
Muthesius möchte das Experiment fortgesetzt sehen: Man soll beobachten, wie sich dort neue Bauweisen bewähren und »wie sich die Bewohner in den neuartigen Häusern fühlen«.

Es wird die neuzeitliche Rationalisierung der Wohnung scharf hervorgehoben, wobei allerdings so getan wird, als wäre nach dieser Richtung hin überhaupt noch nichts geschehen. Das, was die deutsche Architektenschaft in den letzten 25 Jahren reinigend, veredelnd und reformierend geleistet hat, wird übersprungen, und man versucht, das Publikum in den Glauben zu versetzen, daß man gegen äußerste Barbarei ankämpfen müßte. Zugestanden muß freilich werden, daß neben diesen Bauten eine Überfülle von unvernünftigem Bauen noch täglich geübt wird. Von dieser Tatsache ausgehend kann eine neue Propaganda für die Verbesserung des Wohnens nur begrüßt werden, aber man fragt sich, ob sie notwendigerweise zu solchen Verstiegenheiten führen mußte, wie sie auf der Ausstellung teilweise zutage traten. Die tatsächliche Benutzung der Häuser wird darüber Aufklärung bringen, ob wirklich die neue Generation, für die man angeblich baut, einen wesentlichen Teil ihres Lebens wie in arabischen Ländern auf dem Dach verbringen wird, ob sie wirklich im Winter vor enormen Glasflächen frieren will, ob sie das Gemeinschaftsleben so weit ausdehnen will, daß kein abgeschlossener Raum im Haus vorhanden ist, in dem man geistig arbeiten kann, ob sie wirklich auf jeden Abstellraum verzichten will.
Außer diesen beiden Zielen (also neue Bauweisen und neues Wohnen), die die Ausstellung verfolgt, wird dann noch vereinzelt der neue Formwille als Richtschnur genannt. Und in der Tat, hier liegt der eigentliche Kern der ganzen Bewegung. Wer sich bemüht, der Sache auf den Grund zu gehen, wird erkennen, daß das, was heute die Geister jenes Kreises bewegt, eigentlich die neue Form ist. Die neue Form, die sie so mächtig beeinflußt, daß alle anderen Gesichtspunkte in den Hintergrund treten. Die neue Form wirkt so tyrannisch auf ihre Vertreter, daß die beiden anderen Leitmotive, vornehmlich also das überaus stark Betonte der Rationalisierung, unterdrückt, ja fast zermalmt werden. Die neue Form ist es, die das flache Dach gebietet ...

---

* Auszug aus einem Bericht von Hermann Muthesius für das Berliner Tageblatt, 1927.

Die neue Form ist es, die zu der m a ß l o s e n Ü b e r l i c h t u n g der Wohnräume führt, weil sie ihren Vertretern diktiert, daß vor allem rings um das Haus herum laufende ununterbrochene Fensterreihen angebracht werden müssen. Die neue Form ist es, die die Außenwände schutzlos dem Wetter preisgibt, indem sie das bisher in unserem Klima üblich gewesene überstehende Dach vermeidet. Alle diese Dinge haben weder mit Rationalisierung noch mit Wirtschaftlichkeit noch mit Konstruktionsnotwendigkeit irgend etwas zu tun. Es handelt sich um reine Formprobleme. Das Ideal ist, k u b i s c h e B a u m a s s e n zu bilden...
Daß man bei dieser Zusammenschiebung der kubischen Einzelteile häufig wieder zu jenen wildgruppierten Baugebilden kommt, die vor 30 Jahren als »deutsche Villa« üblich waren, und daß die inzwischen mühsam erlangte Geschlossenheit des Hauses dadurch wieder verlorengeht, wird nicht beachtet. Wie denn überhaupt die Befangenheit der neuen Architekten in äußeren Gestaltungsmotiven, trotz aller Ableugnung, mindestens so stark ist wie bei den früheren Stilarchitekten. Gerade in der jetzt wieder hervortretenden Gruppierungssucht werden später die Ursachen für rasche Vergänglichkeit gefunden werden... Die Bauten werden vermutlich nach wenigen Jahren infolge der in unserem Klima unvermeidlichen Durchnässung r u i n e n h a f t wirken...
Es ist also die F o r m, auf die es in den Bauten der Ausstellung und in der sogenannten neuen Architektur überhaupt ankommt. Und das braucht nicht weiter zu überraschen, denn k ü n s t l e r i s c h e S t r ö m u n g e n s i n d s t e t s f o r m a l e r N a t u r ... Daß es sich bei der Mode um Neuigkeiten in der Form handelt, wissen die Vertreter der Kleiderkunst ganz genau, während die Vertreter der sogenannten neuen Architektur jede Andeutung des Wechselbaren der von ihnen jetzt vertretenen Formen mit Entrüstung zurückweisen und ihre Formen als der Weisheit letzten Schluß betrachten. Dabei ist das rasche Ende des mit ebensoviel Enthusiasmus verteidigten Jugendstiles noch in frischer Erinnerung.
... Im großen und ganzen jedoch bietet die Ausstellung v i e l e A n r e g u n g e n i n d e r k n a p p e n, s c h a r f e n u n d s a u b e r e n A r t d e r R a u m g e s t a l t u n g, und es muß überhaupt gesagt werden, daß die Umbildung unserer ästhetischen Begriffe sich tatsächlich in dieser Richtung bewegt, wie übrigens schon seit Jahrzehnten ausgesprochen und unter Kundigen allgemein bekannt ist...

Register

Seitenangaben in Kursivschrift weisen auf Originalbeiträge hin. Abbildungen sind mit einem Stern gekennzeichnet

Arnold, Matthew 54
Ashbee, Charles Robert 14, 16, 22, 95 f., *97 ff.*
Baillie Scott, M. H. 10, 18, 139
Barnsley, Sidney H. 148
Behrens, Peter 22, 24, *208*, *223*
Belcher, John 129
Bidlake 18
Blomfield, Reginald 129
Bodley 95
Bosselt, Rudolf *218*
Breuer, Robert *218*
Bruckmann, Peter 20
Burne Jones, Sir Edward 123 f., 126
Carr, Jonathan 131
Choisy, Auguste 7
Crane, Walter 124, 140
Day, Lewis F. 124
Devey, George 71
Dohrn, Wolf 20 f.
Eckstein, Hans 19 ff.
Ellis, Clough Williams 94
Endell, August *208*
Fischer, Theodor 20, 22
Geddes, Patrick 95
Grenander, Alfred 24
Gropius, Walter 24, 34, 105
Haussmann, Baron Georges-Eugène 40
Heal, Sir Ambrose 18
Hepworth, P. D. 94
Hoffmann, Joseph 22
Holiday, Henry 124
Howard, Ebenezer 145
Image, Selwyn 124
Jackson, Sir Thomas Graham 67, *68 f.*
Jones, Inigo 130

Jones, John Brandon 71
Kerr, Robert 122
King, Jessie 143
Kreis, Wilhelm 22
Labrouste, Henri 152
Läuger, Max 22
Lauder, Alexander 27
Le Corbusier 8 f.
Leonardo da Vinci 192
Lethaby, William Richard 8 f., 14 ff., 22, 25, *27 ff.*, 33*, 67, 73 f., 105, 111, 134 ff.
Loos, Adolf 23
Lutyens, Sir Edwin 18, 143 f., 144*
Lux, Joseph August 20 f.
Macbeth, Ann 143
MacDonald, Francis 141
MacDonald, Margaret 141
Mackintosh, Charles Rennie 18, 141, 148
Mackmurdo, Arthur H. 71, 124
McNair, Herbert 141
Messel, Alfred 152
Morris, William 7, 14, 18, 27 f., 61, 71 f., 96, 100, 117, 123 ff., 132, 139 f., 150, 160
Muthesius, Günther 109
Muthesius, Hermann 17 ff., 23 ff., 34, 39, *41 f.*, 96, 105, 109 ff., 112 ff.*, *117 ff.*, 222, 225 ff., *228 f.*
Naumann, Friedrich 20, 43, *223*
Nash, John 11*
Neumann, Ernst 24
Newberry, J. R. 143
Newton, Ernest 27, 137
Niemeyer, Adalbert 22
Obrist, Hermann *209*
Olbrich, Joseph Maria 22
Osthaus, Karl Ernst *210*

Ostwald, Wilhelm *213*
Papworth, John Buonarrotti 10
Paul, Bruno 22
Paxton, Joseph 152
Peatfield, Thomas 93
Perret, Auguste 8
Pistor, Erich 220
Poelzig, Hans 24
Prentice, N. A. 16*
Prior, R. 17
Pugin, A. 7, 71, 132
Riemerschmid, Richard 22, *211*
Riezler, Walter *215* f.
Rousseau, J. J. 188
Schaefer, Karl *221*
Scharvogel, J. J. 21 f.
Scheffler, Karl *225* f.
Schinkel, Karl Friedrich 187
Schmidt, Karl 20 f.
Schultze-Naumburg, Paul 22
Schumacher, Fritz 21 f.
Scott, Geoffrey 7, 16, 25, *105 ff.*, 187
Scott, Gilbert 67
Seddon, J. P. 71

Shaw, Bernard 98
Shaw, Norman 10, 16, 25, 27, 67, 71, 73, 127 ff., 129*, 138, 143, 172
Storrs, Sir Ronald 95
Sullivan, Louis H. 8
Taut, Bruno *214*
Townsend, Horace 76
Vàgò, Jòszef *219*
Velde, Henri van de 18 f., 24, 111, 162, 204, *206* f., 225 f.
Viollet-le-Duc, Eugène-Emmanuel 7 f.
Vitruvius 8
Voysey, Charles Francis Annesley 10 ff., 25, 71 ff., *74 ff.*, 77 ff.*, 93 f., 111, 137 ff., 141
Wachsmann, Konrad 34
Wagner, Otto 160
Wallot, Paul 109, 151, 153
Walton, E. A. 18
Webb, Philip 10, 18, 27, 61, 71, 126 f., 130, 134
Webb, Sidney 98
White, Gleeson 125
Wright, Frank Lloyd 95

Ullstein Bauwelt Fundamente

1 Ulrich Conrads, Programme und Manifeste zur Architektur des 20. Jahrhunderts
   180 Seiten, 27 Bilder, DM 10,80 / öS 80,— / sfrs. 12,80

2 Le Corbusier, Ausblick auf eine Architektur
   216 Seiten, 231 Bilder, DM 10,80 / öS 80,— / sfrs. 12,80

3 Werner Hegemann, Das steinerne Berlin
   Geschichte der größten Mietskasernenstadt der Welt
   344 Seiten, 100 Bilder, DM 12,80 / öS 95,— / sfrs. 15,—

4 Jane Jacobs, Tod und Leben großer amerikanischer Städte
   221 Seiten, 4 Bilder, DM 8,80 / öS 65,— / sfrs. 10,60

5 Sherman Paul, Louis H. Sullivan
   Ein amerikanischer Architekt und Denker
   164 Seiten, 26 Bilder, DM 9,80 / öS 72,50 / sfrs. 11,65

6 L. Hilberseimer, Entfaltung einer Planungsidee
   140 Seiten, 121 Bilder, DM 10,80 / öS 80,— / sfrs. 12,80

7 H. L. C. Jaffé, De Stijl 1917—1931. Der niederländische Beitrag zur modernen Kunst
   (In Vorbereitung)

8 Bruno Taut, Frühlicht — Eine Folge für die Verwirklichung des neuen Baugedankens
   224 Seiten, 240 Bilder, DM 9,80 / öS 72,50 / sfrs. 11,65

9 Jürgen Pahl, Die Stadt im Aufbruch der perspektivischen Welt
   Versuch über einen neuen Gestaltbegriff der Stadt
   176 Seiten, 86 Bilder, DM 10,80 / öS 80,— / sfrs. 12,80

10 Adolf Behne, Der moderne Zweckbau
   132 Seiten, 95 Bilder, DM 10,80 / öS 80,— / sfrs. 12,80

11 Julius Posener, Anfänge des Funktionalismus. Von Arts and Crafts zum Deutschen Werkbund
   232 Seiten, 48 Bilder, DM 12,80 / öS 95,— / sfrs. 15,—

Ullstein Berlin Frankfurt/M Wien

Bei Fragen zur Produktsicherheit wenden Sie sich bitte an:
If you have any questions regarding product safety,
please contact:

Birkhäuser Verlag GmbH
Im Westfeld 8
4055 Basel, Schweiz
productsafety@degruyterbrill.com